다른 경제는 만들 수 있다

위기 시대를 건너는 경제와 문화

일러두기

- 원서에서 이탤릭체로 강조한 부분은 고딕체로 표기하였습니다.
- 본문과 각주에서 '[옮긴이]' 표시가 되어 있는 부분은 독자의 이해를 돕기 위해 옮긴이가 덧붙인 것입니다.

Another Economy is Possible (1st Edition)

by Manuel Castells, et al.

This collection copyright ⓒ Polity Press 2017
Introduction copyright ⓒ Manuel Castells
Chapter 1 copyright ⓒ Sarah Banet-Weiser and Manuel Castells
Chapter 2 copyright ⓒ Giorgos Kallis
Chapter 3 copyright ⓒ Sviatlana Hlebik
Chapter 4 copyright ⓒ Lana Swartz
Chapter 5 copyright ⓒ Lisa J. Servon
Chapter 6 copyright ⓒ Angelos Varvarousis and Giorgos Kallis
Chapter 7 copyright ⓒ Manuel Castells and Sviatlana Hlebik
Chapter 8 copyright ⓒ Sarah Pink and Kirsten Seale
Conclusion copyright ⓒ Manuel Castells

Korean translation copyright ⓒ HanulMPlus Inc. 2024
All rights reserved.
This edition is published by arrangement with Polity Press Ltd., Cambridge

MANUEL CASTELLS et al.

ANOTHER ECONOMY IS POSSIBLE

다른 경제는 만들 수 있다

위기 시대를 건너는 경제와 문화

마누엘 카스텔 외 지음
이가람 옮김

한울
아카데미

차례

옮긴이의 글

이 책을 처음 알게 된 것은 사회적 경제에 관심을 갖고 박사학위를 준비하던 2018년이었다. 이 책의 연구진 중 일부가 참여한 다른 책 『여파After-math: The Cultures Of The Economic Crisis』의 후속 작업이 있는지 검색하던 중 유럽 및 미국, 호주를 중심으로 금융위기 이후 이루어진 다양한 대안 경제활동을 연구한 결과물이 단행본으로 나왔음을 알게 되었다. 사회적 경제, 더 넓게는 대안 경제라는 이름으로 이루어지는 활동들이 한국 사회에서 어떤 의미를 만들고자 하는가, 그 실천의 의미와 가능성을 어떻게 보아야 할까 고민하던 시기에 이 책의 접근 방식과 등장하는 사례들을 보면서 그 내용을 한국에 소개하고 싶다는 생각에 다짜고짜 현지 출판사에 한국 판권을 문의하는 이메일부터 보냈다. 그렇게 한울엠플러스와 연이 닿았고, 그리고 나서도 적지 않은 시간이 흘러 드디어 이 책을 한국 독자들에게 소개할 수 있게 되어 기쁘다.

이 책의 연구가 2011년부터 2015년에 걸쳐 이루어졌으니, 연구의 완결만 기준으로 보자면 10여 년을 채워간다. 시간상으로는 길다면 길고 짧다면 짧은 이 기간 동안 한국 사회도 대내외적으로 '급격한' 변화를 경험했다. 여성주의는 이제 시대를 관통할 만큼 파급력이 있는 이슈가 되었고, 한국 사회에서도 본문에 등장하는 다양한 갈래의 여성주의와 연결된 사례들이 많아졌다. 기후위기를 둘러싼 위기감은 이제 위기를 넘어 실제 위협의 감각으로 확장되었고, 이러한 분위기 속에서 생태경제학에 대한 관심도 이전에 비해 부쩍 커졌다. 이전에 유럽 및 미국발 금융위기를 다루었던 많은 문헌이 일부 서구 국가들의 경험으로 읽히기도 했다면, 전 세계로 퍼진 코로나19 팬데믹의 경험과 이어지는 경기 불황을 겪으며 기존 체계가 흔들리는 경험을 직간접적으로 해서인지 이제는 이 책의 부제인 "위기 시대를 건너는 경제와 문화"를 우리 사회의 문제로 보다 가깝게 느끼게 되는 지점도 있다.

이 책에 등장하는 여러 가지 모습의 '다른' 경제실천은 어떤 면에서는 더 이상 낯선 것이 아닌 새삼 다른 느낌으로 와닿기도 한다. 서민을 위하는 것 같지 않은 금융 관행에 대한 비판, 팬데믹 이후 돌봄의 불평등과 저평가 문제, 돌봄의 사회적 전환이 필요하다는 논의가 얼마나 오랜 기간 미디어에 등장해 왔는지 떠올려 보자. 개인적으로는 초벌 번역을 할 당시만 해도 블록체인 화폐에 관한 논의에 일부 업계 관계자들이 아닌 일반 독자들이 얼마나 관심을 가질 수 있을까 적잖이 걱정을 했었다. 그러나 이마저도 당시의 상상, 특히 결합형 블록체인의 상상은 어느새 우리 일상에서도 쉽게 연결고리를 찾을 수 있는 현실이 되었다. 흔히 말하는 코인 대란을 중심으로 비트코인이며 블록체인이라는 단어가 미디어를 장식하고, 비대면 핀테크가 빠른 속도로 일상 속으로 파고든 것이다. 이는 한국 사회 역시 이 책이 다루고 있는 네트워크 사회의 한복판에 들어와 있음을 여실히 보여주는 것이기도 하다.

각 사회의 다양한 배경 속에서 등장한 대안 경제실천들은 한국 사회에 어떤 메시지를 줄 수 있을까? 가장 직관적으로는 비슷한 상황에서의 한국 사회 사례와 비교를 하거나 적용 가능한 지점을 찾아볼 수 있을 것이다. 굳이 가치소비니 미닝아웃meaning-out이니 하는 신조어를 붙이지 않더라도, 이 책의 다양한 사례에서 보여주듯 자본주의적 이윤 축적이 아닌 다른 목적을 중심으로 자원의 생산과 소비, 교환을 조율해 나가는 방식은 의외로 우리 일상과 가까이 맞닿아 있을 수 있다. 책에 소개된 여러 나라들 역시 코로나19, 기후위기 등 네트워크 사회 구성원으로서 공통의 위기를 또 한 번 지나고 있는 시점에 이 책에 소개된 실천이 지금까지도 지속가능성을 유지하고 있을지, 지금은 어떤 과정을 겪고 있는지에 대해서도 더 탐구해 볼 수 있을 것이다.

번역 과정에서 애써 주신 많은 분들, 특히 덥석 번역을 하고 싶다고 나선 젊은 연구자의 패기를 너그럽게 받아들여 주시고 오랜 시간 편집에 공을 들여주신 한울엠플러스와 정은선 편집자님께 감사드린다. 다양한 학자들의 글을 모아놓은 책이다 보니 각 장마다 문체나 글쓰기 스타일이 다르고, 학술적인 용어와 이론을 배경으로 논의가 전개되는 부분도 많다. 사회학 이론과 개념에 관한 배경 지식은 원문에도 어느 정도 소개가 되어 있지만, 정은선 편집자님은 글 자체를 국내 독자들에게 좀 더 쉽게 읽히게 할 수 없을지 계속해서 함께 고민해 주셨다. 사회와 경제를 사유하는 과정의 중심에 늘 자리 잡을 수밖에 없는 나의 사랑하는 가족에게도 지면을 빌려 감사를 전한다. 일 욕심 많은 딸, 며느리, 아내, 엄마를 언제나 참고 기다리며 지지해 주는 가족들의 돌봄과 배려에 늘 진심으로 감사한 마음이다.

이 책을 소개하고 싶었던 가장 큰 이유는, 어느 나라에는 이런 성공 사례가 있다더라 하는 식의 소개와 접근이 아니라, 이론적으로나 과정에 관심을 두고 심층적으로 접근하고 있기 때문이었다. 경제, 사회, 생태 위기 극복의 필요성을 체감하는 사회 구성원들이 어떠한 과정을 통해 대안 경제실천을 만들어 가고 있는지, 대안적인 경제실천의 범주로 뭉뚱그려 설명되는 현상의 구체적인 실체를 차분히 살펴보는 것은 사회학과 인류학을 기반으로 하는 통찰과 연구 방법이 갖는 강점이라고 할 수 있다. 경제적 가치의 원천이 돈에 기반한 시장가치인 교환가치라고 보는 믿음 역시 자본주의라는 특정 체제에 익숙해진 문화와 제도의 산물이라는 관점은, 사람들이 다른 생각과 문화를 선택하는 것이 다른 경제를 만드는 원천일 수 있음을 잘 보여준다.

새롭다고 해서 모두 다 '대안'으로 여겨지지는 않는다. 경계성과 리좀이라는 이론적 개념을 통해 그리스의 공유화 실천을 연구한 6장의 표현을 빌자면, 사람들은 심지어 "매우 불완전하고 모순적인 방식"으로 대안적인 형태의 사회운동을 제안하고 실천할 수도 있다. '대안'과 그렇지 않은 것들 사이의 구별을 따라가다 보면, 단순히 '다름'이 아닌 가치에 대한 고민으로 돌아가게 된다. 각자 추구하는 가치만 지나치게 주장하는 '가치 과잉 정치'의 시대에, 특정 선택을 추동하게 만드는 저변의 문화와 전제부터 톺아보는 이러한 접근 방식은 대안을 찾고자 하는 사람들에게는 참고할 만한 성찰의 이정표를, 대안 경제를 추동하는 일에 반드시 동의하지는 않지만 궁금해하는 사람들에게는 보다 심층적인 이해의 단초를 제공할 수 있을 것이다.

이 책에서 대안 경제실천을 다루는 방식에서의 또 한 가지 미덕은 '대안=좋은 것'이라는 막연한 접근이 아니라, 대안 경제실천을 일련의 가치를 공유하는 사람들 사이에 때로는 느슨하게 연결된 문화라는 관점에서 가치중립적으로 바라보았다는 점이다. 이 책에서는 다양한 형태의 '다른 경제'를 보여주지만, 그것이 반드시 더 좋은 선택지이거나 정답이라는 인상을 주지는 않는다. 작은 대로, 가까운 대로, 승리의 서사가 아니더라도 그대로 빛나는 이야기들, 때로는 강렬한 믿음의 산물이 아니더라도 현상으로 드러나는 다른 경제 자체의 형성 기제를 깊이 탐구한다. 그저 일상에서 다른 경제 방식대로 사는 삶의 모습을 보여주고 필요에 따라 이를 구성하는 문화적 요소들, 다양한 시각과 이를 뒷받침하는 이론적 관점들을 담담히 소개한다.

독자마다 이 책에서 추적하고 연구한 변화의 사례들은 다르게 보일 것이다. 이 책의 내용이 누군가에게 다른 관점에서의 실천이 반드시 고매한 어떤 것은 아닐지 몰라도, 다른 각도로 바라보고 다른 상상을 실천해 보는 것 자체를 주저할 필요도 없겠다는 생각을 하게 되는 계기가 된다면 좋겠다. 다른 길이 있을 수 있다는 생각을 하는 것만으로도 선택의 가능성은 크게 늘어날 것이다.

한국 사회 안에서도 다양한 변화와 다른 경제의 씨앗들은 제법 많이 뿌려져 있다. 한국의 사회-문화-경제-생태적 맥락에서 피어나는 다른 경제들을 이 책에서와 같이 심층적으로 소개하고 그 의미와 가치를 정리하는 것은 나를 포함한 한국 사회과학 연구자들의 숙제일 것이다. 사회문화적인 토양은 늘 변화하겠지만, 한국 사회에서도 이러한 다른 경제의 가능성들이 계속해서 몽실몽실 피어나기를 희망한다.

이가람

감사의 글

이 책은 대안 경제활동과 문화 기반을 연구하기 위해 모인 국제 공동 연구 네트워크에서 2011년부터 2015년까지 조사와 회의를 거쳐 연구한 내용을 담고 있다. 네트워크의 연례회의는 2011~2012년에는 바르셀로나의 카탈루냐 개방대학교에서, 2013~2015년에는 파리 인문과학재단 글로벌연구대학에서 열렸다.

이 사업은 글로벌연구대학으로부터 재정을 지원받았다. 저자들은 인문과학재단 이사장 미셸 비비오르카Michel Wieviorka 교수와 글로벌연구대학 학장 올리비에 부앵Olivier Bouin 박사가 3년이 넘는 시간 동안 이 사업에 보여준 지적 독려와 물질적 후원에 감사드린다.

또한 파리에서 연례회의를 조직하는 데 도움을 준 인문과학재단의 쥘 데푸Gilles Desfeux와 메종 쉬게Maison Suger라는 역사적 장소에서 회의를 열 수 있도록 친절을 베풀어 준 인문과학재단 부속 메종 쉬게의 책임자 장 뤼 쿠히Jean Louis Cury에게도 감사드린다.

2011~2012년 바르셀로나에서 열린 회의 준비는 카탈루냐 개방대학교 인터넷 학제 간 연구소의 노엘리아 디아스 로페스Noelia Diaz Lopez가 수고해 주었다.

이 사업의 조율은 로스앤젤레스 서던캘리포니아 대학교 애넌버그 커뮤니케이션 대학의 파울리네 마르티네스Pauline Martinez와 레아나 마르티네스Reanna Martinez 덕분에 가능했다. 모두의 노고에 감사를 드린다.

서론

마누엘 카스텔

　이 책은 2008년 금융위기에 뒤이어 나타난 경제실천들의 의미를 다시 생각해 보려는 도전으로부터 나왔다. 거의 무너져 가는 금융자본주의 앞에서 정부와 금융 엘리트들은 상황을 원래대로 되돌려 보려고 애썼지만, 위기로 인해 경제적·사회적·인간적 상처가 발생하면서 사람들은 규제 없는 자본주의를 어쩔 수 없는 현실로 받아들여야만 하는지 다시 생각해 보게 되었다. 대안 가치를 담은 여러 경제실천이 유럽과 미국 곳곳에서 나타났다. 이러한 실천들은 돈의 가치가 아닌 삶의 가치를, 치열한 경쟁이 아닌 협동의 유효성을, 장기적 이윤 창출보다 탐욕을 따르느라 경제 전반을 파국 직전까지 몰고 갔던 단기적 금융 전략이 아니라 기업의 사회적 책임과 정부의 책임 있는 규제를 촉구했다. 스페인에서부터 그리스, 미국부터 호주에 이르기까지, 그리고 우리가 직접 관찰하지 못한 많은 나라에서, 우리는 일과 삶을 조직하는 데서부터 여러 혁신의 경험이 피어나는 것을 보았다. 협동조합, 물물교환 네트워크, 윤리은행ethical banking, 공동체화폐community currencies, 시간공유은행time sharing banks, 대안 결제수단 등은 사람들의 필요를 충족시키는 모든 활동 영역에서 빠르게 발전 중인 공유경제sharing economy로 가는 길을 닦고 있다. 이러한 새로운 경제실천 중 일부는 일반적인 경제 조정 방식이 위기의 시기에 재화, 서비스, 신용거래를 제공할 수 없게 된 데 따른 반응으로 보이기도 하지만, 빠르게 변화하는 사회에서 경제 거래가 문화, 기술, 제도와 공진화co-evolve하는 방식을 들여다보면 다른 혁신들도 점차 뚜렷하게 드러난다. 비트코인bitcoin으로 알려진 암호화 가상화폐cryptographic virtual currencies는 자유주의 기업가정신과 정보기술이 만나 일반적인 화폐 형태에 대안을 제시한 사례다. 아주 다른 맥락에서 나타난 최하위 저소득층을 위한 다양한 금융 형태 역시 혁신의 사례다. 이러한 사례들이 만들어 내는 금융의 물밑 지형은 나름의 규칙도 있고 효과도 나타난다.—이 세계는 이 책에 실린 일부 연구에서 사용한 참여관찰의 방법을 통해서만 이해할 수 있다.

그렇다고 이 책이 다양한 사례연구만 모아놓은 것은 아니다. 우리의 공동 연구와 이 책 전반에는 다각적인 관찰을 이어주는 공통의 주제가 있다. 세상에는 문화가 많은 만큼 경제실천도 많다. 만일 표준화된 자본주의가 경제실천을 획일화하는 것처럼 보인다면, 그것은 단지 자본주의의 다양한 형태들이 문화를 지배하기 때문일 것이다. 자본주의에 따라 문화를 움직이게 만드는 제도의 규칙은 권력투쟁이 법으로 어떻게 제도화되는지에 따라 만들어지며, 항상 유동적이다. 대안 경제실천은 사람들이 위기 상황에서 일반적인 경제활동을 할 수 없기 때문이든 금융자본주의에 담긴 가치에 도전하기 때문이든, 일반적인 경제활동이 사람들의 현실과 맞지 않을 때 나타난다. 대안 경제실천이 반드시 자본주의에 반대되는 것은 아니지만(비트코인은 자본주의에 반대하지 않는다), 현재의 자본주의와는 다르다. 우리의 공통 주장은 이러한 관찰을 바탕으로 한다. 경제는 그저 문화와 관련된 정도가 아니라, 경제가 바로 문화다. 우리가 직접 관찰하였거나 (여성주의 경제학이나 생태경제학처럼) 문화 관점에서 더욱 폭넓게 이미 연구가 이루어진 여러 경제실천을 살펴보면, 이러한 경제체제의 핵심에 있는 사회 변화의 논리를 이해할 수 있다. 만일 경제가 문화고 문화는 다양하며 많은 경우 모순적이라면, 여러 경제실천들은 똑같이 의미가 있으며, 사람들이 생산하고 소비하고 교환하고 혁신하고 투자하며 살아가는 방식을 조직화할 능력도 저마다 갖추고 있다. 이것이 우리 연구 네트워크에서 3년 동안 관찰과 양적 분석, 이론과 실천 사이를 자유롭게 오가면서 탐구해 온 바다. (현대 금융자본주의에 대한)

'대안'이기에 경제논리의 문화적 속성을 더 분명하게 보여주는 경제실천들에 초점을 맞춤으로써 모든 경제활동의 문화적 기반을 밝히는 것, 이것이 우리의 프로젝트다. 우리는 그저 여러 연구 보고서와 이론 설명을 모으는 데 그치지 않고 하나의 주장을 도출해 냈다. 경제실천은 스스로의 존재방식과 사고방식, 관심사, 가치, 프로젝트에 맞게 살아가려는 사람들이 결정하는 활동이다. 사람들의 실천 바깥의 추상적이고 어찌할 수 없는 경제논리나, 사람들이 따라야 할 형이상학적이고 몰역사적인 논리는 존재하지 않는다. 만일 사람들이 어떤 논리를 따른다면, 그것은 체념하라는 강요나 유도가 있었기 때문이다. 강요나 유도가 없다면 사람들은 모든 실천에서 그렇듯 경제실천의 목표와 방법을 재정의한다. 사람 손이 닿지 않아도 알아서 움직이는 인간 없는non-human 경제 같은 것은 없다. 물론 사람들이 다르게 생각하고 다르게 실천하여 결국 대안적인 생산, 소비, 교환의 형태를 만들기 전까지는 때로 자신들만의 이익을 위해 사람다움humanity 전체를 독차지하려는 누군가에게만 경제 혜택이 돌아간다는 점에서 인정머리 없는inhuman 경제는 있을 수 있다. 이것이 바로 여러 목소리로 말하지만 하나의 공유된 지적知的 목표 안에서 조화를 이루는 우리의 이야기, 이 책이 하고자 하는 이야기다.

2016년 1월

파리, 바르셀로나, 뉴욕, 아테네, 파르마, 보스턴, 멜버른, 로스앤젤레스에서

마누엘 카스텔

1장
경제는 문화다

세라 배닛 와이저, 마누엘 카스텔
Sarah Banet-Weiser and Manuel Castells

가치란 무엇인가

우리가 흔히 말하는 '경제'는 사람들이 하는 다른 모든 활동과 마찬가지로 제도의 틀 안에서 이루어지는 실천으로 구성된다. 특히 더글러스 노스 Douglass North, 엘리너 오스트롬 Elinor Ostrom, 비비아나 젤라이저 Viviana Zelizer도 논의한 바 있듯, 사람들의 실천과 제도는 모두 구체적인 문화 안에 자리 잡고 있다(North, 1981; Ostrom, 2005; Castells et al., 2012; Zelizer, 2013).

경제실천은 생산·소비·교환을 말한다. 하지만 무엇을 생산하고 소비하며 교환한다는 말인가? 원칙적으로는 '재화와 서비스'다. 그렇지만 이 공식에는 물질성 materiality이 함축되어 있어서 우리가 재화와 서비스의 의미를 모든 것으로 확장하지 않는 한 오해의 소지가 있다. 지식의 생산, 소비와 교환은 문화를 생산하고 소비하는 일이라는 점에서 모든 경제체제의 중심이기 때문이다. 게다가 현대 경제는, 실체가 없지만 중요한 생산물이자 생산요소인 금융 가치의 생산과 교환을 기반으로 한다. 따라서 각각의 구체적인 실천에서 가치를 실질적으로 구현하는 형태는 다르더라도, 경제실천의 목표는 가치의 생성 generation과 전유 appropriation로 보인다. 이것은 근본적인 질문으로 이어진다. 가치란 무엇인가?

경제철학의 고전적인 구분법에서는 사용가치와 교환가치를 구분한다. 실제 마르크스의 『자본론: 정치경제학 비판』 첫 장은 사용가치와 교환가치를 구분하고 둘 사이의 관계를 자세히 설명하는 것으로 시작한다.[1] 어떤 것의 사용가치는 사람들의 필요와 욕구를 만족시키는 데 도움이 되는 쓸모로, 그것을 사용하고 소비함으로써 실현된다. 마르크스의 공식에서 교환가치는

---

1 마르크스의 분석은 잘 알려져 있기 때문에, 내용을 다 인용할 필요는 없을 것이라고 생각한다. 우리는 그의 논의를 요약하기보다는 그의 개념을 바탕으로 접근방식을 달리하여 우리 주장을 구성하고자 한다.

서로 다른 것들의 사용가치를 교환하는 기준이 되는 양적 척도로 나타난다. 이러한 교환관계는 시간과 장소에 따라 계속해서 조정된다. 하지만 마르크스의 개념은 사회의 부富가 '상품의 막대한 축적'에 의존하여 쌓이는 자본주의 생산양식을 특정하고 있다. 사용가치와 교환가치는 모두 상품으로 존재하며 상품은 질적으로 모두 다르기 때문에, 이를 교환하려면 서로 다른 사용가치를 공통의 가치척도로 변환할 교환가치 척도가 필요하다. 따라서 사용가치와 교환가치 사이의 차이와 상호작용은 자본주의 생산양식의 논리에 내재되어 있으며, 흔히 생각하는 것처럼 사람들이 원하고 좋아하는 것 사이의 대립 관계가 아니라 결국 교환가치의 양적 표현인 돈으로 측정되는 자본주의 상품화 과정이 된다.

마르크스의 말을 그대로 빌리자면 사람들이 원하고 좋아하는 것은 그것이 '쓸모 있는 것'일 때만 사용가치를 갖는다. 만일 어떤 것이 쓸모 있지 않다면 '그것'에 들어간 노동은 낭비되었고, 가치를 창출하지 못한 것이다. 그렇다면 어떤 것이 쓸모가 있는지는 누가 결정하는가? 자본주의 관점에서 결정은 의심의 여지 없이 시장의 몫이다. 사용가치는 교환가치 계량화의 기제에 따라 생산물의 교환가치를 높이면서 시장에서 결정된다. 이때 시장은 끊임없이 커지는 필요와 욕구를 충족시키기 위해 희소한 자원을 분배하는 방법으로서 수요와 공급의 상호작용을 중심으로 조직된다. 그러므로 결국 사용가치의 실제 가치를 결정하는 것은 교환가치다. 문화와 제도를 포함한 전체 사회조직이 자본 논리를 중심으로 조직된 사회에서의 자본 축적 과정에는 이 논리가 내재되어 있다. 그러나 이 논리는 (신자유주의 이데올로기의 맹목적 본질주의라면 그렇다고 주장하겠지만; Harvey, 2005) 인간 본성에 내재된 특성이 아니라, 역사적으로 다양한 형태와 단계로 존재해 온 자본주의라는 특정 사회구조의 결과다.

자본주의 관점에서 경제가치는 교환가치이고, 시장은 교환가치를 돈으로 측정한다. 그리고 모든 것의 가장 중요한 가치로서 교환가치가 갖는 우위는 사실 자본주의라는 제도의 특성으로, 자본주의 제도가 그 힘으로 다른 제도 문화적 산물을 종속하고 우위를 점하기 때문에 나타난다(Sennett, 2006). 따라서 좀 더 넓은 사회적 의미에서 가치는, 한 사회와 제도의 맥락에서 지배적인 제도와 규범이 가치 있다고 결정한 것이다. 오늘날 세계 경제는 자본주의를 따르기 때문에 자본 축적이 경제적 의미에서 최고의 가치이고, 완전히 상품화된 사회에서는 교환가치의 물적 표현인 돈으로 모든 것을 살 수 있어야 한다.

하지만 심지어 자본주의에서도 경제조직은 사회조직과 같지 않다. 우리는 서로 다른 논리를 따르는 연결망으로 구성된 전 지구적 네트워크 사회에 살고 있다(Castells, 2000; 2004; 2009). 전 지구와 지역을 아우르는 이러한 네트워크에는 각각의 가치 평가 원리가 있다. 만일 우리가 군사기술 및 군 조직 역량으로 뒷받침되는 국가권력이 사회를 조직하는 최상의 가치라고 여긴다면, 소비에트 연방이 그랬고 오늘날 중국에서 더 크게 나타나듯, 이러한 권력을 다양한 형태로 축적하는 일이 가치 있게 여겨진다. 만일 사람들의 의식적 행위가 제도 논리를 뒤집을 수 있기 때문에 권력이 결국 인간의 마음에 있다고 말한다면, 종교기관이나 대중매체 등 주요 관념체계가 상징권력symbolic power을 갖게 되고, 가치는 (다양한) 신의 율법을 준수하는 정도와 깊이, 또는 특정 맥락에서 미디어 체계가 인간 정신을 구성하는 데 미치는 영향력의 정도와 깊이에 따라 매겨질 것이다.

그렇다면 각 맥락에서 전체적인 연결망 사이에 생기는 상대적 위계가 가장 중요한 문제가 된다(Castells, 2009; 2011). 물론 나름의 가치 평가 원리를 갖춘 이러한 연결망은 모두 서로 영향을 주고 받겠지만, 그중에서도 지배적인 것이 있을까? 자기 연결망의 가치 창출 원리가 다른 연결망에서도 특정 방식으로 나타나도록 다른 연결망의 기능을 조직하는 상위 연결망은 없을까? 다른 모든 연결망에 영향을 미치는 자본 축적이라는 알파 네트워크가 이런 연결망이 될까? 엄밀한 의미에서 볼 때 그렇다고 할 수 있지만, 이것은 그저 경제만이 아니라 우리 모두가 살고 있는 사회 자체가 자본주의의 원리로 조직되어야 가능한 일이다. 경험적 관찰로 볼 때 우리 사회는 그렇지 않다. 군사적 갈등이나 잠재적 위협이 있는 경우에는 국가권력의 원리가 경제적 고려보다 앞선다. 국가 안보는 값을 매길 수 없다. 이 경우 안보나 승리가 가치 있게 여겨진다. 경제 이익은 다음 일이다. 물론 일반적인 자본이 아니라 그 나라의 기업 동맹들을 위한 것이었다 하더라도 전쟁과 분쟁이 자본 축적의 부가 수단으로 이용된 경우도 많이 있다. 언론에서는 이것을 정실자본주의crony capitalism라고 부르고 이 책에서는 이를 시장논리가 아닌 국가권력을 이용한 자원의 정치적 약탈이라고 말한다. 게다가 지난 세기에는 세계 많은 곳에서 공산주의 국가와 국가주의 사회가 형성되었다. 이들 정권의 근본 가치는 자본이 아닌 국가권력의 축적이었다. 자본 축적은 국내에 국가권력을 집행할 자원을 공급하는 수단이었다. 만일 이것이 가까운 과거의 일이었어도, 가치 창출이 자본의 논리 너머에서도 이루어진다는 우리의 분석은 여전히 유효하였을 것이다. 심지어 이것은 그저 과거가 아니라 몇몇 사회에서는, 특히 세계에서 두 번째로 경제 규모가 큰 중국에서는 현재에도 일어나는 일이다.

중국 정부는 중국 경제 전반을 통제하고 소유하며 최종 지배권을 행사한다. 경제 성장과 자본 축적이 중국 사회 전반의 주요 목표이자 핵심 가치이기는 하지만, 중국인의 삶을 형성하고 좌지우지하는 제도에서 가치 있는 것은 공산당 권력이다. 중국에서는 미국에서와 달리, 화웨이[2]에 좋은 선택이 반드시 국가에 득이 되지는 않는다. 오히려 공산주의 국가에 좋은 선택이 (다른 무엇보다 이 기업이 국가 소유이기 때문에) 화웨이에 득이 된다. 중국은 서로 다른 가치 체계들 속에서 동시에 움직인다. 세계 경제 안에서는 자본 축

---

2 [옮긴이] 중국에서 가장 큰 네트워크 및 통신장비 공급업체로, 특히 스마트폰의 세계시장 점유율에서는 삼성, 애플과 어깨를 나란히 하고 있다.

적, (경제조직을 포함한) 중국의 제도 및 조직에서는 국가권력의 축적, 그리고 미디어체계 통제와 문화 정당성을 통한 상징권력과, 정치 결정권을 가진 도시 중산층을 이끌어 가는 규범으로서는 소비주의가 중국을 움직인다(Hsing, 2014).

종교는 오늘날 세계에서 폭력 갈등의 가장 중요한 근원이다. 여러 종파가 있지만, 세계 여러 신정국가와 신정국가를 꿈꾸는 나라들로서는 자기들의 종교를 믿게 만드는 것이 가장 가치 있고 중요하다. 지구상의 수십억 인구에게는 신의 영광과 신을 섬기는 일이 가장 중요한 가치다. 자본 축적은 신의 왕국을 넓히고 심화하는 수단일 뿐이다. 국가권력은 신을 섬겨야 한다. 그렇지 않으면 그것은 신의 율법보다 우위에 있는 체하는 이단 기관일 뿐이다. 이러한 모습은 이슬람 신정국가들에서 나타나지만, 역사적으로는 서구 국가에서도 나타났다. 스페인이 미 대륙을 정복한 주목적은 원주민의 잃어버린 영혼을 개종하는 것이었다. 왕 또는 여왕을 교회의 공식 수장으로 세웠던 잉글랜드 개혁 성공회의 근본적인 목표는 종교 권력과 국가 권력을 합병하여 궁극적으로 국가에 우호적인 방향의 결정이 이루어지도록 만드는 것이었다. 종교 가치관의 지배를 받는 사회에서는 강압에 의해서든 설득에 의해서든 어떤 행위가 신의 율법에 따르는지에 따라 가치가 정해진다.

이렇듯 가치 창출은 엄밀한 의미에서 말하는 경제적 행위를 포함한 인간 생활을 조직하는 여러 연결망 사이의 권력 위계에 달려 있기 때문에, 가치 values와 가치 창출value making은 대체로 권력관계를 드러낸다.

대체로 그렇다는 말은 그렇지 않을 수도 있다는 뜻이다. 모든 네트워크나 사회 차원에서 권력power은 대항권력counterpower과 맞부딪치기 때문에, 대항권력 네트워크가 기획하는 가치 창출 원리들은 제도가 부과하거나 제시하는 원리와 영향을 주고받을 것이고, 그 결과로 경제활동을 비롯한 인간 행위를 이끄는 원리로서 다른 가치들이 나타날 수도 있다(Castells, 2015). 만일 경제를 생산·소비·교환 과정을 둘러싸고 조직되어 가치 있다고 여겨지는 특정 기준에 따라 가치를 만들어 내는 일련의 활동으로 간주한다면, 시장 및 다른 형태의 경제 제도들은 자본 축적만 이루어지는 영역이 아니라, 경제주체로 움직이는 사람들이 심지어 사회 제도가 제시하는 가치를 무시하면서라도 자신들의 각기 다른 목표와 프로젝트를 표현하는 자리가 될 것이다. 그러한 대항 프로젝트는 대안 가치 형태들의 집합적 표현으로부터 나올수도 있고, 자신의 가치에 따라 삶을 조직하고 그에 따라 경제실천을 조직함으로써 자신만의 가치 창출 절차를 만들어 내는 자율적인 개인들이 만들수도 있다. 우리는 자본의 규범에 맞추지 않으면서도 우리가 살고 있는 정보 네트워크 경제에 엄청난 영향을 미치는 두 가지 가치 창출 과정인 오픈소스 경제와 여성주의 경제학의 부상을 다룸으로써 우리의 주장을 자세히 설명할 것이다.

하지만 대안 가치 창출 프로젝트 분석에 들어가기 전에, 우리는 현재 경제에서 가장 근본적인 자본주의 제도라고 할 수 있는 금융시장의 사회적 관행들에 자본주의 가치가 어떻게 자리 잡고 있는지를 보여줄 것이다. 우리는 자본주의의 구조가 시간이 지나면서 진화하고 변화함에 따라 금융 관행 또한 문화적으로 구성된다고 주장한다. 21세기 자본주의는 전 세계적인 금융 자본주의의 지배를 특징으로 하는데, 이는 네트워크 사회에서 금융 엘리트의 역할과 문화적 토대가 신자유주의 이데올로기와 정치에 이끌려 변형되었기에 가능했다(Harvey, 2005; Crouch, 2011; Engelen et al., 2011; Mason, 2015).

금융 자본가들과 금융제도의 문화

가치는 사회적 진공 상태에서 존재하지 않는다. 개인들이 제도 안에서 결정한다. 자본주의의 구체적인 한 형태로서 세계 정보금융자본주의는 특정 문화에 의해 형성되어 왔다(Hutton and Giddens, 2000). 금융 관행이 이 문화를 따르는 것은 이 문화가 행위자인 금융 엘리트의 이해관계에 맞기 때문이다. 실제로 오늘날 금융문화는 체계의 안정성을 위협한다는 점에서 '체계the system' 전체의 이익에는 안 좋을 수 있다. 오늘날 금융 엘리트들은 분기별로 자신들이 받게 될 고수익 수당에 대한 전망을 바탕으로 개인 이익에 따라 행동할 뿐 큰 그림에 신경을 쓰지 않는다(Nolan, 2009; Engelen et al., 2011; Murray and Scott, 2012). 우리는 이 절에서 이러한 문화의 내용과 형식을 분석할 것이다.

현대 금융 엘리트 문화는 역사적으로 직조되면서 특정 금융문화를 유도해 온 다양한 문화들이 구현되면서 형성되었다.

역사상 첫째로 나타난 문화는, 막스 베버Max Weber의 고전 분석에 나오는 개신교 윤리다. 이것은 이윤을 재투자하여 이윤을 늘리는 방식으로 부를 축적함으로써 구원을 추구하는 것으로 정의할 수 있다. 이렇게 벌어들인 가치는 가치 생산을 늘리는 데 사용된다. 행위자들의 문화 면에서 이 문화는 만족 지연의 반복deferred gratification pattern을 특징으로 한다. 이들의 주된 목표는 노동으로 얻은 것의 소비가 아니라, 사후의 보상과 가족에게 물려줄 부富의 축적, 이윤을 자산으로 전환하는 것이다. 자산은 소득보다 더 높은 축적 수준에서 시작하기 때문에 소득보다 가치가 빠르게 축적된다(Piketty, 2013). 이 엘리트들은 쾌락주의적 소비를 거의 하지 않는다. 그들의 삶은 상대적으로(최소한 우리 시대와 역사적으로 비교하면) 검소한 편이다. 이윤 창출은 경제 전체로 볼 때도, 개인에게도 구원과 명성 모두를 얻게 해주는 최선의 가치다.

둘째 문화는 무엇이 최선인지 시장이 더 잘 안다는 가정을 기반으로 하는 자유의 문화다. 자유의 문화는 공급과 수요가 자기 이익 면에서 합리적 선택을 따르는 투자자와 소비자의 자유로운 결정에 따라 구성된다고 본다. 애덤 스미스의 '보이지 않는 손'은 시장을 이끄는 궁극적 힘이자, 자본주의 경제의 동인動因이다. 이것이 자유주의와 신자유주의의 문화적 속성이다(Harvey, 2005). 자유의 문화는 역사적으로 국가권력과 신정국가의 독단에 대한 반작용으로 나타났다(Crouch, 2011). 이러한 맥락에서, 경제 가치의 자유로운 교환은 경쟁의 장을 평평하게 다지고 자원을 활용하는 데서 파생될 것으로 기대되는 이윤을 공급과 수요에 따라 분배한다. 자본주의에서 가장 중요한 시장은 금융시장이다. 자유주의 옹호자들도 정부와 법제가 금융시장을 포함한 시장을 규제해야 한다는 필요성은 인정한다. 실제로 노스(North, 1981)는 고전적인 분석에서 시장이 제대로 작동하려면 제도가 절대적으로 필요하다고 밝혔다. 다만 이들이 볼 때 규제기구의 목표는 시장에서 합리적 선택이 이루어지게 하는 것이다. 그렇지만 가치와 합리성은 같지 않다. 합리성은 제도화된 가치체계 안에서 그 틀을 갖춘다. 한 가치관의 입장에서 합리적인 것이 다른 관점에서는 아닐 수 있다. 예컨대 낮은 가격에 에너지를 공급해야 한다는 중요한 요구가 새로운 셰일가스 시추 기술로 달성된다면 경제적으로는 큰 이득일 수 있다. 하지만 아주 근본적인 의미에서 환경보전을 고려한다면, 합리적으로 보이는 선택이 사실은 비합리적이고 해로운 결정이 된다. 금융 엘리트들은 신자유주의의 가정을 근거로, 정부 개입이 시장을 왜곡하고 있으므로 게임의 규칙에 담긴 가치는 해석하지 않고 공정한 경쟁이 이루어지도록 보장하는 정도로 규제를 제한해 민간 투자의 이윤율을 극대화하는 것이 가장 중요해져야 한다고 믿는다.

오늘날 금융문화의 밑바탕에 깔린 셋째 층위의 문화는 개인주의로, 이는 어떤 행위의 이익을 따지는 기준 단위를 개인에 두는 문화로 정의된다(Santoro and Strauss, 2013). 개인의 정체성을 강조하는 문화 안에서 금융 운용자들은 자신에게 자산을 맡긴 주주의 이익을 극대화하는 것보다 자신이 가져갈 개인 이익을 우선으로 여기며 시장 행위를 하는 방식으로 자신의 개인 프로젝트와 시장을 직접 연결한다. 개인이 가져가는 몫에 부여된 우선순위를 점검할 수단은 규제 틀과 다른 금융 운용자와의 경쟁뿐이다. 그래서 아직은 정책과 제도가 중요한 것이다. 규제 완화 상황에서 개인주의 문화를 바탕으로 개인 이득을 우선으로 여기게 되면 (1) 금융 운용 시 투자의 성공 여부를 분기별 재무 성과로 정의함으로써, 궁극적으로 전반적인 시장에서 투자 건전성을 위한 장기 전망과 무관하게 단기 이익을 따지는 분기 단위로 기업 성과를 평가하게 되고, (2) 금융 운용자에 대한 보상을 성과 수당과 연결시키는 등의 금융 관행이 나타난다. 이러한 수당은 ① 거래되는 금융상품 시장에서 이루어지는 단기 평가와 ② 거래량에 따라 달라진다. 이렇게 되면 이윤의 양이 이윤의 비율보다 더 중요하기 때문에, 수당은 자산을 더 많이 쌓은 투자자의 시장 권력을 증대시킨다.

금융문화의 네 번째 층위는 위험감수문화culture of risk다(Admati and Hellwig, 2013). 자본주의의 전통적인 논리상, 회사나 그에 준하는 개인에게 주어지는 보상은 그들이 위험을 감수한다는 이유로 정당화된다. 만일 손실 위험이 있는 투자에 실패하면 그들이 그 손실에 책임을 진다고 가정하는 것이다. 만일 투자가 성공하면, 그들의 대담함은 시장에서 보상받는다. 하지만 금융 엘리트들의 최근 전략은 다음 몇 가지 기제를 통해 이 엘리트층 개인의 위험 부담을 최소화하는 경향이 있다. ① 개인 수준에서, 금융 운용자는 자신의 법적 책임을 제한하는 계약을 맺음으로써 자신이 일자리를 잃었을 때 '황금 낙하산'을 제공하고, 지식과 계약을 통해 장기적 부를 보장받는다. ② 제도 수준에서, 금융 엘리트는 위기가 발생했을 때 정부의 긴급구제, 이른바 '대마불사大馬不死, too big to fail'론에 기대는 한편, 회사가 도산하는 상황이 생겨도 (계약으로 보장된) 자신의 상여금은 여전히 현금화한다. ③ 금융 운용자들이 대행하는 많은 거래량은 그들로서는 가장 중요한 위험 방지 기제다. 투자는 때로 실패하기도 하고 때로는 이윤이 나기도 하지만, 결국 투자에서 손실을 입거나 이윤을 얻는 것은 고객이다. 운용자는 고객이 얻은 이윤의 일부에다 운용자의 활동량에 기반하여 보상을 받기 때문에, 계약과 조건에 따라 보호받는 중개인으로서 운용자들은 (거의) 모든 경우에 이득을 본다. 이렇듯 오늘날 금융 관행에서 위험감수문화는 이데올로기 신화가 되어 개인적인 동기를 갖는 금융 관행 자체를 위해 움직이고 있다. 이는 기업가들이 자본과 일자리에 관련한 위험을 감수하고 성과를 중시하는 기술업계를 비롯한 혁신 지향 산업과 분명하게 대비된다(Saxenian, 2006). 실제로 이는, 금융업계에서 전형적으로 나타나는 기업과점 상황에서는 기업가정신과 혁신의 원동력인 위험감수문화가 종말을 맞을 것이라는 슘페터(Schumpeter, 1942)의 오랜 두려움을 확인시켜 준다.

금융 엘리트의 관행을 만드는 다섯째 문화인 가부장제는 남성이 여성과 아이들에게 체계적인 권력을 행사하게 하는 구조적 전제를 뜻한다. 가부장제는 역사상 알려진 모든 사회의 근본 구조로서 경제를 포함한 다른 사회조직 형태들을 관통한다. 이러한 맥락에서 가부장제는 핵심적인 금융기관들의 지배구조에서 남성과 여성에게 기회가 주어질 가능성이 불평등함을 뜻한다. 하지만 더 중요한 것은 남녀를 포함한 모든 금융 엘리트 구성원의 관행에서 남성적 가치masculine values가 우위를 점하고 있다는 사실이다. 이윤 창출 면에서 최고 성과를 내었는가 또는 주주에게 이익이 되지 않는 경우도 포함하는 금융 거래에서 개인적인 몫을 극대화했는가를 제외한 재무 관행 평가 기준을 거부하는 것도 이러한 남성적 가치에 포함된다. 전쟁이나 정치에서처럼 어떤 값을 치르더라도 이기려는 것은 역사를 통틀어 남성성의 근본적인 속성이고, 이것은 금융의 무자비한 관행과 승자독식의 원리, 설사 경제의 안정성과 재무관리자들을 믿고 맡긴 자산의 보존을 위협한다 하더라도 극단적 위험 부담을 진다거나, 어떤 경우에도 대범할 수 있는 능력을 칭송하는 형태로 나타난다. 더욱이 금융문화를 형성하는 남성성 또는 남성적 가치의 틀은 감정, 정서, 재생산 등 다른 가치들을 남성적 가치를 사실상 유지하는 방식으로 기능하도록 수정하여 힘을 잃게 만드는 역할을 한다. 여기에는 다음과 같은 이중운동double movement이 작용한다. 남성적 가치는 다른 모든 가치가 들어올 자리가 없어 보이게 만들 만큼 금융문화를 지배하지만, 남성적 가치가 금융문화를 지배할 수 있게 하는 것 역시 바로 그 다른 가치들이다. 금융업계 고위직에 남성이 압도적으로 많은 것은 자본주의 초기 단계에서부터 이 업계의 특징이었다. 신자유주의적 자본주의에서 구체적인 일련의 가치로서 남성성은 금융업계 사다리에서 성별 균형보다 더 많은 결정력을 행사한다. 세계 금융 거래의 속도와 복잡성은 더 크게 보면 잠재적으로 해로울 수 있는 결과를 낳더라도 이 경쟁에서 이길 일차원적 결정을 요구하기 때문이다. 젊고 도전적인 금융 마법사들의 마초 문화는 남성다움의 숭배와 관련된 폭력의 역사에 뿌리를 두고 있다. 이런 문화는 애틀랜틱 시티에서 열린 어느 주말 회의에서 20여 명의 관리자들이 모여서 신용부도스와프CDS를 구상하였듯, 새로운 금융기업가들의 허세로 나타난다.

우리가 세운 가설은, 지금까지 기술한 여러 문화들이 서로 얽혀 나타나면서 세계 금융자본주의의 승리와 결국 2008년 위기를 이끈 금융문화의 핵심을 형성해 왔다는 것이다.

전통적 금융 엘리트와 현대 금융 엘리트 사이에는 사회제도를 바라보는 한 가지 근본 태도에서 연속성이 있다. 그들은 노동조합을 싫어한다. 이것은 그저 계급 이데올로기의 문제가 아니다. 이러한 반감은 매우 경쟁적이고 복잡한 업계에서 자신의 의사 결정 자유를 통제하거나 제약을 받는 사이에 다른 회사와 개인이 치고 나가는 결과로 이어질 수 있다는 뿌리 깊은 의심으로부터 나온다. 그들은 노동자의 조합 결성을 허용하느니 월급을 더 줄 것이다. 실제로 대부분의 나라에서 금융업계는 산업 중 일반적으로 노동조합 조직률이 가장 낮다.

정부를 향한 금융업계의 태도는 좀 더 복잡하다. 그들은 정부 개입에 반대하면서도 일부 규제 필요성은 인정하며 최후의 수단을 보장해 줄 주체로서 정부를 믿는다. 그렇기에 현실에서 금융업계는 정치인을 매수하고 자신들을 대표할 사람을 정부 고위직에 세워 이익을 잘 대변하게 만든다. 월스트리트 경영진들이 전통적으로 양당 모두의 편에서 백악관 각료로 일해온 미국의 사례가 그렇다. 개인이나 기업의 책임을 묻지 않은 채 납세자로부터 걷은 세수를 금융기관으로 대규모 이전하여 금융 엘리트들을 구제했던 2008년 금융위기 관리 방식에서 드러나듯, 21세기 들어 세계 전반적으로 정부 및 정치기관에서 금융 엘리트의 영향력은 더욱 증대했다(Castells et al., 2012). 문화 면에서, 금융 엘리트의 태도에는 전반적으로 자신이 필수불가결한 존재이며, 상호 의존적인 금융시장을 중심으로 구축된 세계 경제 안에서 모든 정부가 자신을 위해, 그리고 자신을 통해 일해야 한다는 강한 느낌이 들어 있다. 오만과 자기 확신, 그리고 살짝 가리고 있지만 정치인을 얕보는 마음이 새로운 금융 엘리트층의 특징이다.

금융 엘리트는 이 세계의 시민인가? 그렇기도 하고 아니기도 하다. 그들이 자신을 특별한 세계시민cosmopolitan 계급에 속한다고 느낀다는 점에서는 그렇다. 그들은 서로 연결된 금융체계의 비슷한 규칙 아래에서 비슷한 기술, 경영기법, 전략을 가지고 움직인다. 그들의 업계는 대개 세계적이고 그들 또한 그렇다. 그들은 세계 차원의 협력과 경쟁의 연결망 속에서 일하고 살아간다. 게다가 그들 상당수는 (자신들은 물론 자녀들도 마찬가지로) 세계 최고 사립대학교의 경영대, 법대, 공대 등 비슷한 교육기관에 다님으로써 문화적으로도 끈끈하게 붙어 있다. 그들은 비슷비슷한 사교클럽과 모임에서 어울리고, 다보스 세계경제포럼World Economic Forum, 네덜란드 기반의 빌더버그 그룹Bilderberg Group, 캘리포니아의 보헤미안 그로브Bohemian Grove 같은 비공개 회의에 참석해 비금융권(정치, 미디어, 학계) 엘리트들을 사귄다. 이렇듯 전 세계 금융 엘리트에게는 자신들의 이해관계에 따라 전 세계 경제를 좌지우지하는 데 필수적인 세계시민 문화가 있다.

다른 한편으로 글로벌 금융 엘리트들은 사실 다양하며 (앵글로색슨, 일본, 아랍, 유태계, 중국, 러시아, 프랑스, 독일, 라틴아메리카 등) 출신 문화·국가별로 자신의 문화 전통과 종교, 제도에 맞춰진 특정 규범과 행동강령을 가지고 살아간다. 이를 단순화하면, 그들은 문화적으로 각기 다르지만 그들의 연결망은 전 세계에서 세계시민의 정체성을 공유한다고 말할 수 있다.

이렇듯 새로운 유형의 금융 엘리트의 문화와 행동은 네트워크 사회 및 세계 네트워크 경제의 규범과 구조를 내면화했다(Kahneman and Tversky, 1973; Aldridge, 1997; Castells, 2000; Zaloom, 2006). 금융 운용자마다 윤리, 전문가 정신, 서비스에 관한 개인적 가치를 가지고 있을 수도 있다. 그러나 새로운 금융체계가 요구하는 운용자는 일반적으로 모든 다차원적인 인간 조건으로부터 전 세계 금융시장과 자신마저 점차 격리시키는, 현실에서 유리된 경제 행위자다(Ferguson, 2013). 그들은 시뮬레이션 모형을 가지고 운영되는 추상 자본시장을 자신들의 열심에서 나오는 직감으로 움직여 가면서 물성物性을 갖도록 뒷받침한다.

창조하려는 열정과 창의성의 가치

역사의 모든 주요 기술경제 변화는 그 기초가 되는 특정 문화로부터 나온 것이거나 최소한 그 문화와 관련이 있었다. 막스 베버의 이론에 나오는 자본주의 정신으로서의 개신교 윤리처럼 말이다. 그렇다면 정보기술혁명에 뿌리를 둔 정보주의의 기술려 패러다임과 관련된 네트워크 경제의 부상 역시 그것을 뒷받침하는 새로운 문화 기반이 있을 것이다. 그것은 무엇일까? 페카 히마넨Pekka Himanen은 2002년 저서 『해커 윤리와 정보 시대의 정신The Hacker Ethic and the Spirit of the Information Age』에서 이해를 도울 가설을 제시했다. 미디어에서 기술혁신가들과 파괴자들을 헷갈 하기는 하지만, 우리는 해커들이 다 나쁜 뜻을 가진 천재들이 아니라는 것을 안다. 해커는 MIT 인공지능실험실에서 처음 등장한 말이다. 해커의 원래 개념은 기술력을 갖추고 역사상 가장 특별한 기술혁명의 맥락에서 생각하고 행동하는 길을 열어줄 새롭고 멋진 기술들을 만들려는 열정으로 움직이며 일을 '해치우는hack'(즉, 쉬지 않고 일하는) 사람들을 말한다. 히마넨은 디지털 문화와 주요 인물의 전기에 나타나는 발견의 역사를 기초로 해커들 사이에서 받아들여지는 최고 가치가 무엇인지 개념화했다. 그것은 돈을 버는 것도, 권력도, 명예도 아니라, 탁월한 기술을 만든다는 느낌, 자신이 만들고 있는 새로운 세상에 대한 이해와 구상, 자신만의 길을 추구하고 동료와 탁월한 공동체의 권위를 인정하는, 창조를 향한 가슴 속의 불이었다. 이들이 창조하려는 열정과 자신들의 발견을 저작권 없이 즉시 공개·배포하려는 의지를 발휘하지 않았다면 그동안 발견된 기술의 잠재성을 전통적인 기업들이 전유하거나 지연시키려고 하면서 낭비했을 것이라는 점에서, 이 사람들은 각각, 그리고 준거집단으로서 실제로 세상을 바꾸었다. 역사상 가장 강력한 수평 통신망을 만든 인터넷 TCP/IP 프로토콜은 빈트 서프Vint Cerf와 로버트 칸Robert Kahn이 1973~1975년에 고안하여 곧바로 인터넷에 게시하였다. 팀 버너스 리Tim Berners-Lee는 1990년 일과 후 남는 시간에 월드와이드웹World Wide Web을 만들었고 누구나 사용하고 개선하도록 인터넷에 서버 프로그램을 게시했다. 이메일 체계, 이메일 목록, GNU, 유닉스Unix, 리눅스Linux와 아파치Apache 등을 비롯한 많은 무료 개방 소프트웨어 프로그램도 후에 70억 무선통신 사용자들에게 닿을 만큼 전 지구에 디지털 통신망을 빠르게 확산시킬 기술 기반을 제공하였다. 이 글을 쓰는 시점에, 지구상의 성인 인구 중 50% 이상이 스마트폰을 쓴다. 정보 경제를 만들고 생산성에 박차를 가해 부를 창출한 디지털 시대의 핵심 발견 중 대다수는 특히 핵심 기술이자 기술혁명의 DNA인 컴퓨터 소프트웨어의 오픈소스open source 문화와 실천을 통해 진일보했다. 오픈소스는 동료 사용자들의 협력적 네트워크 작업을 통해 프로그램을 개선할 목적으로 새로운 프로그램의 핵심(혹은 알파코드)을 무료로 공개하는 원리를 기초로 한다.

스티브 웨버(Weber, 2004)가 오픈소스에 관한 기념비적인 저작에서 언급했듯, 오픈소스 공동체는 상호성에 기반한 능력주의 위계에 따라 구조화되어 있고 동료 사용자들 사이에서 명성이 높아지는 것을 보상으로 삼아 움직인다. 사실 이것은 제대로 된 의미에서의 학술연구 공동체와 크게 다르지 않다. 학술연구 공동체 역시 학문을 추구하는 과정에서 번성하고 발견 과정에서 금전적인 이익 추구가 우세해지면 결국 파괴되고 만다. 래리 레식Larry Lessig의 말을 빌리자면, 탁월한 기술의 가치를 주장하는 무료 문화와 뭔가를 만들려는 의지가 지난 40년 동안 세계를 변화시켜 온 혁신의 주춧돌이다 (English-Lueck, 2002).

발견하려는 열정이 이러한 혁명을 이끌어 낸 끝에 오늘날 세계에서 가장 가치 있는 기업들을 포함한 완전히 새로운 기업 세계가 출현했음을 부정하려는 것이 아니다. 실제로 거대 규모의 자본 축적은 혁신의 결과물을 수확하면서 이루어졌다. 내가 말하려는 요점이 바로 이것이다. 이윤 추구가 아니라, 창조를 위한 창조의 가치야말로 정보 경제에서 자본 가치를 창출해 온 원동력이었다. 그리고 새로운 경제를 창조하는 과정에서 많은 사람들이 벼락부자가 되었다. 특히 빌 게이츠의 마이크로소프트 같은 몇 가지 중요한 예외적 사례가 있기는 하지만, 여전히 이 경제를 이끄는 가치 동인은 이윤 추구보다는 주로 문화적이고 심리적인 요인이다.

기술혁명의 교훈은 현재 디지털 경제를 유도하는 주요인이 창의성이라는 더 넓은 개념으로 일반화할 수 있다. 창의성과 그 파생물인 혁신은 디지털 경제에서 부를 창출하고 디지털 문화에서 의미를 창출하는 핵심 요인이다. 하지만 창의성과 혁신은 기대되는 자본 축적의 가치가 아니라, 창의문화로부터 발현된다. 창의성과 혁신은 그 생산물들이 오픈소스 논리로 연결되며, 이 연결망 안에서의 상호작용이 상승효과를 내고 어떤 식으로 측정되든 그 가치를 궁극적으로 높여야만 모든 영역에서 특별한 부가가치를 산출할 수 있다.

이 주장을 체계적으로 펼쳐보자.

논의를 명확히 하기 위해 창의성과 혁신을 정확히 정의하고 시작하자. 우리는 창의성을 새로운 지식이나 새로운 의미를 만드는create 능력으로 이해한다. 새로움은 주체의 관점(예를 들어, 나에게 무엇이 새로운가)이 아니라 그 사회에 존재하는 과학 및 문화 생산물의 비축량을 기준으로 판단해야 한다. 혁신은 창의성을 토대로 생산물(재화나 서비스) 또는 한 생산물을 생산하거나 분배하는 과정에 새로운 가치를 보태는 과정이다. 가치는 교환가치일 수도(예를 들어, 돈) 사용가치(사회·제도·조직·개인·집단에 유용한 어떤 것)일 수도 있다.

창의성과 혁신은 물론 둘 다 정신 과정, 다시 말해 마음mind과 뇌brain를 활성화하는 과정을 포함한다. 이러한 정신 과정은 생물학적 배선에 뿌리내리고는 있지만, 문화(가치와 신념), 시공간(사회적 상호작용을 조직하고 만드는 자연환경을 포함한 공간과 시간의 물질 형태), 그리고 제도(정치제도, 법 환경)로 구성되는 사회적 맥락과 상호작용하는 가운데 발달한다. 더욱이 정신 과정은 그 기원이 되는 뇌를 가진 개인의 생물학적 경계를 넘어서야 사회적 과정이 된다. 우리는 이 경계 넘기를 의사소통communication이라고 부른다. 인간의 삶은 우리의 독특한 특징인 의식이 의사소통 속에서 다져지는 사이에 사회적으로 변모하기 때문에 의사소통은 사회생활의 초석이자 인간적 삶의 초석이다. 의사소통은 문화를 구성하며, 이 문화는 일련의 가치와 믿음으로서 언제나 갈등적인 방식으로 사회 제도 안에 새겨져 행위에 영향을 미친다. 의사소통 과정은 발신자의 특성과 수신자의 특성, 과정의 맥락만큼이나 의사소통 기술, 즉 신호가 생성·전달·수신·해석되는 실제 과정에 따라 달라진다. 문화와 의사소통 기술 사이의 정확한 상호작용 형태는 추측에 근거해 주장하기보다 연구를 통해 정립되어야겠지만, 각기 다른 의사소통 기술마다 그에 걸맞은 문화 형태가 있다. 사람들은 우리가 전 세계 디지털 경제와 불가분의 관계로 이어진 세계적인 디지털 문화 안에 살고 있음을 알고 있다.

우리 시대의 지식 생산 과정과 의미인 창의 과정과 그 파생물로서의 혁신은 의사소통의 형태에 따라 구체화되는데, 이 의사소통 형태는 초소형 전자

공학을 기반으로 하는 원격통신 컴퓨터 네트워크와 데이터베이스를 중심으로 하는 디지털 형태로 전달된다. 인터넷과 무선통신은 지식과 의미를 생산하는 디지털 환경의 중심에 있다.

생산물과 생산 과정이 디지털화하면서 문화의 창조와 소통 방식도 크게 변화했다(Neuman, 2016). 웹 2.0과 웹 3.0의 개발은 사용자의 역할을 컨텐츠와 응용프로그램application 제작자로 확대함으로써 인터넷을 바꾸어 놓았다. 새로운 사업 모형이 생겨나면서 기술 진화에 맞춰 지적 재산권도 재정의되고 있다. 이에 따라 대중문화, 고급문화, 상업문화의 전통적 구분도 점차 흐려진다(이렇게 구분이 흐려지는 현상이 오로지 기술 변화 때문에 일어나는 것은 아니지만 말이다). 창의성의 범위가 넓어지고 창조의 과정이 애초에 발생한 영역에서 다른 분야에까지 적용될 잠재성도 확장된다. 예컨대 사회적 소프트웨어의 창의성이 디자인이나 음악의 예술적 창의성을 자극할 수도 있다. 또는 가상으로 사회를 조직해 보려는 상상이 경영 혁신이나 교육체계의 변화를 포함한 학습 과정에서의 실험으로 이어질 수도 있다. 더욱이 전 세계 수천 명의 사람들은 이미 가상과 비非가상 과정 사이를 뒤섞거나hybridization 인간 행위의 다양한 영역들에서 이러한 시도들을 교배cross-fertilization해 보는 실험을 하고 있다. 여기서 핵심은 이러한 창의 실천들이 적용되는 다양한 분야, 예를 들어 비디오 게임과 학습, 온라인 협업예술, [카스텔(Castells, 2009)이 말한] 대중적 자기소통mass self-communication의 새로운 형태들, 컨텐츠를 무료로 생산하고 소비할 수 있게 하는 새로운 사업 모형들, 사회에서 시민의 새로운 정치 개입들이 어떻게 상호작용하는가이다. 새로운 사회적 소프트웨어와 디지털 의사소통 연결망이 제공하는 가능성의 장점을 취하는 창의적 계획은 여러 형태가 있다. 창의성 연구의 새로운 국면은 지금 인터넷을 타고 흐르는 창의성의 강물을 탐구하면서 인간의 창조에 관한 기존 이론과 조직 혁신의 실천 모두를 재구성하게 될 것으로 보인다.

창의성은 언제나 사람들의 경제실천과 문화실천의 원천에 있었지만, 디지털 문화에는 창의성을 유발하고 그 효과를 바꾸는 구체적인 과정이 있다.

① 공통의 디지털 언어를 기반으로 어떤 종류의 생산물도 소통하고 혼합하고 섞을 수 있다.

② 실시간 또는 선택한 시간에 지역에서 세계로 또는 세계에서 지역으로 통신할 수 있다.

③ 통신이 다양한 방식으로 이루어진다.

④ 모든 디지털 데이터베이스가 서로 연결되어, 궁극적으로는 하이퍼텍스트를 만들어 넬슨의 꿈이었던 제너두Xanadu[3]를 실현한다.

⑤ 모든 환경설정을 재구성하여 의도적인 다층구조로부터 새로운 의미를 만들어 낼 수 있다.

⑥ 무수히 많은 뇌를 상호작용 방식으로 연결해 점진적으로 집단지성collective mind을 구성한다.

⑦ 경제활동을 포함한 모든 영역에서 복합적 혁신을 창안함으로써 창의적이고 혁신적인 경제와 창의성과 혁신의 문화를 엮어낸다.

결과적으로 디지털 문화에서 창의성은 예외적으로 정신적 돌파가 일어나는 특이한 순간이 아니라 삶의 방식이다. 이것은 미래가 아니다. 수백만 명의 사람들에게 현재의 실천이다. 그 범위는 생존 전략(휴대폰의 통화 중 끊김lost call을 이용해 무료로 소통하는 일)에서부터, 전 세계 학생들의 복사, 붙이기, 덧붙이기, 금융시장의 합성증권synthetic securities[4]과 계속해서 재발명되는 파생상품들, 음악 제작에서의 리믹스 문화에 이르기까지 다양하다. 1920년대

---

3 [옮긴이] 제너두 프로젝트는 1960년 옥스퍼드 대학교의 사회학자이자 철학자인 테드 넬슨(Ted Nelson)이 시작한 최초의 하이퍼텍스트 프로젝트(xanadu.com)를 말한다.

4 [옮긴이] 각종 위험을 회피하거나 투자자들을 유인하기 위해 최초 상품 설계 시 두 가지 이상의 금융상품을 결합해 만든 상품이다.

오스왈드 지 안드라지Oswald de Andrade의 식인주의 선언Manifesto Antropofago[5] 이후 브라질은 새로운 것을 만들지 않으면서도 이미 문화 창의성이라는 혼합 개념을 제시했고, 지우베르투 지우Gilberto Gil[6]가 1960년대에 브라질 음악을 재발명하면서 이를 뛰어나게 보여주었다. 세계 모든 종류의 문화 생산물과 경제가 끊임없이 소통하고 있고 수백만 명의 머릿속에서 광속으로 환경들이 재설정되는 상황에서, 새로운 지식과 새로운 의미의 생산은 창조자를 넘어 창조 네트워크로 옮겨가며 이루어진다. 혁신은 결국 창조를 각 구체적인 활동 영역으로 퍼뜨릴 능력에 달려 있기 때문에, 디지털 문화에서 창의성의 탈바꿈은 사람들의 경험을 표현하고 느끼는 새로운 형태들과, 부를 창출하고 파괴하는 새로운 과정으로 우리를 이끈다. 이러한 맥락에서 디지털 경제는 문화적으로 생산된 경제 이상의 의미를 갖는다.

그렇지만 창의성과 혁신이 이끄는 경제의 약속은 성차별주의sexism라는 근본적인 장애물에 가로막힌다. 정말 희한하게도 해커 군단, 정보통신기술 창조 집단, 또는 실리콘밸리의 가장 혁신적인 공학자들 사이에서 여성은 찾아보기 어렵다(Neff, 2012). 사용자 측면에서 볼 때 소셜 네트워킹 사이트 사용자 대다수가 여성인데도 그렇다. 여성은 네트워킹 기술의 사용자이지만 생산자는 아니다. 결정적인 기술 분야의 혁신 영역에서 나타나는 이 성별화된 진입장벽은 업계와 국가의 혁신 잠재성을 엄청나게 축소시킨다. 여성은 인구의 절반일지 모르지만, 전자 연구개발의 선도 부문에서는 매우 작은 구석을 차지한다. 많은 면에서 남성성은 금융문화를 조직한 것과 같은 방식으로 여성의 진입을 제한하고, 재생산 노동의 가치를 평가절하하며, 역사적으로 여성을 배제해 온 종류의 기술을 우선시하는 쪽으로 창의문화를 구조화

---

5 [옮긴이] 브라질의 시인이자 브라질 모더니즘의 창시자로 불리는 지 안드라지는 서양에서 유입되는 어떤 문화든 거부할 것이 아니라 적극적으로 '먹어치워' 브라질 문화로 소화해 내자는 의미로 '식인주의 선언'을 했다.

6 [옮긴이] 2000년대 브라질 문화부 장관을 역임하기도 한 브라질의 싱어송라이터이자 정치인이다.

한다.

스페인과 유럽에서 이루어진 세실리아 카스타뇨(Castaño, 2010)의 연구는 창의문화의 남성주의 구조를 설명하는 몇 가지 가설을 발전시켰다. 공학계열 학교들과 공학업계 전반의 성차별주의적 편견은 최소한 유럽의 맥락에서는 많은 경우 전문 조직으로 유지되어 온 기술 엘리트주의 전통으로부터 내려왔다. 여러 유럽 국가의 전자산업계, 특히 전자통신업계 기술기업에서는 남성이 지배적 위계를 차지한다. 많은 사회에서 지적知的 활동의 성별 분화에 따라 학교에서 교사들이 여학생에게 수학을 배우기를 단념하고 인문학을 지향하게끔 유도해 왔다는 점에서 중등교육은 성차별주의적이다. 더욱이 많은 해커 집단은 소규모 젊은 기술자들이 분파를 이루면서 형성되는데, 이 과정이 대부분 여성을 의도적으로 배제할 뿐 아니라 여성을 평가절하하고 깎아내리는 논리로 이루어지는 젊은 남성들 간 유대의 문화 양식에 따라 이루어진다. 그렇다 보니 비록 기술혁신과 전자업계에서 눈에 띄는 여성들의 사례도 여럿 있기는 하지만, 여성이 기술적 탁월함의 세계에 들어가기 위해 마주해야 하는 장벽은 대부분의 다른 분야보다(예를 들면, 의학 연구에 비해) 커 보인다(Castaño, 2015). 전자산업에서 남성 가치의 만연은 이 업계에서 고안된 과정과 상품의 특성에도 심각한 결과로 나타난다. 예컨대 주요 비디오게임 업계에서는 폭력적이고 남성 우월주의적인 게임의 비중이 압도적이고, 아주 최근까지도 교육 분야에서 개발된 응용프로그램은 얼마되지 않았다. 같은 선상에서, 2008년 위기가 일어나자 실리콘밸리에서 혁신의 새 물결을 이끌었던 것은 교육용 정보기술이었다. 그리고 전례 없이 많은 수의 여성이 이러한 제품을 만드는 일에 고용되었다. 이는 여성이 초·중등 교사의 대다수를 대표하는 것으로 여겨진다는 사실을 통해, 성별화된 노동분업이 만연해 있음을 보여주는 또 하나의 사례다.

게다가 디지털 문화와 디지털 경제에서 창의적이고 혁신적인 탈바꿈은 산업화 시대와 금융자본주의 안에 창의성과 혁신을 가두고 상품화하면서 나온 문화 생산·소비·교환의 제도에 얽매이고 부딪힌다. 그래서 우리가 창조자로서 집단지성의 승리를 보지 못하고, 자유에 현혹되어 우리가 스스로를 가둔 철창iron cage 때문에 현재 고통을 겪고 있는 것이다.

이것이 경제실천과 더 넓게는 사회실천에서 가치를 바꾸는 데 보통 젊은 남성으로 그려지는 자율적 개인이 열정을 보이는 것 이상이 필요한 이유다. 이는 인간의 조건에서 남성성을 벗어나는 것을 포함해, 새로운 가치가 부각되어야만 이룰 수 있으며, 여성의 재평가는 남성에 대한 평가와 동등하게 이루어져야 한다. 천 년을 이어온 가부장제 구조에 여성주의가 도전하는 데서부터 인간 조건의 가장 근본적인 탈바꿈이 이루어지기 때문에, 경제 가치를 포함한 가치를 사람을 중요하게 여기는 쪽으로 재정의할 씨앗은 여성주의 문화에 심어져 있다는 것이 우리의 주장이다. 여성주의 경제학은 새로운 경제문화와 그에 따른 새로운 경제의 조짐이 될 수 있다.

여성주의 경제학

금융문화와 창의문화 모두 남성주의 및 가부장주의의 가치들로 형성되고 틀이 잡혀왔다는 점은 분명하다. 어떻게 하면 경제학을 여성주의 관점에서 다시 읽을 수 있을까? 우리는 이 장을 가치에 관한 논의로 시작했다. 지적했듯, 무엇이 가치 있고 없는지를 결정하는 것은 사회를 지배하는 관계·제도·규범이다. 가부장제에 따라 구조화된 세계에서 지배적인 사회 제도와 규범은 성별 관계와 실천이 어떤 가치를 가질지 결정하는 데 큰 영향력을 미친다.

여성주의 경제학은 구조적인 경제에서의 성별 격차gender disparities를 다루는 한 방법으로, 다양한 경제에서 성 역할을 검토할 뿐 아니라 경제학이라는 학문분과의 성별화된 편견도 비판한다. 여성주의 경제학은 무엇보다 여성을 경제 안에서 더욱 드러나게 만들고, 비록 여성의 노동이 (마르크스 이론을 포함한) 전통적인 경제학에서 중요하게 인식되지 않았다 하더라도 여성을 모든 경제에서 중요한 행위 당사자로서 재평가하고자 한다.

다시 말해, 경제학의 관점에서 여성주의를 사유하거나 여성주의 관점에서 경제학을 사유하는 일은 보통 경제학자들이 하듯이 경제에서 성 역할을 검토하는 것만을 의미하지 않는다. 사실 신자유주의적 자본주의의 맥락에서 경제학의 용어들로 여성주의를 사유한다는 것은 대개 여성이 어떻게 자본주의 노동의 세계에 들어갈 수 있는가 하는 좀 더 대중적인 실천을 의미했지, 경제문화를 여성주의 관점에서 다시 상상하려는 것은 아니었다. 이둘 사이의 차이는 크다. 첫 번째 경우는 자본주의를 비판하지 않고 여성과 성 역할을 자본주의를 계속 작동시키면서 불평등을 만들고 지속하게끔 고안된 방식으로 이미 굳어진 물적 토대 안에 끼워 넣는 것이다(Piketty, 2013). 두 번째는 여성을 재평가하고 어떻게 하면 더욱 공평한 성별 관계가 경제문화의 일부가 될지 새로운 방식으로 사유해 보는 것을 비롯해 경제문화 안에서 무엇을 할 수 있는지 다시 상상하고 생각해 보는 프로젝트다.

이제 우리가 대중 여성주의라고 부르는, 여성주의와 경제를 연결하는 첫 번째 사례를 먼저 들여다보자.

대중 여성주의

대중 여성주의에서 대중적이 된다는 것은 무엇보다 친숙하게 느껴지는 무엇이 된다는 것, 다시 말해 운동을 상품화하고 브랜딩하는 것을 뜻한다. 배닛 와이저가 다른 곳에서 썼듯(2012) 우리는 주로 브랜드를 상징, 로고, 광고음악, 소리, 디자인을 통한 물질적 가시성(그리고 가청성)과 연결 짓지만, 브랜드의 정의는 물질성을 넘어선다. 브랜드는 대상 그 자체를 넘어 떠올리게 되는 인식이자 일련의 이미지, 주제, 도덕, 가치, 느낌, 진정성인 동시에 경험하게 될 것의 본질이자 약속이다.

따라서 정치 운동과 정치적 정체성이 브랜드로서의 신자유주의적 자본주의와 금융문화라는 전반적인 맥락 안에서 다시 상상되어 왔다는 것이 완전히 놀랍지는 않다. 월스트리트 점령운동Occupy Wall Street이 그랬듯 위키리크스Wikileaks도 브랜드가 되었다. 21세기에는 여러 가지 이유로 여성주의가 가장 성공한 정치 브랜드 중 하나가 되었다. 이 브랜드는 대중매체에서 회자되는 것부터 유명인의 지지, 여성 리더십의 높아진 가시성에 이르기까지 여러 형태로 표현된다.

브랜딩은 경제 과정일 뿐만 아니라 문화 역학이기도 하기 때문에, 여성주의라는 브랜드는 다양한 형태를 취한다. 예를 들어 2013년 3월, 이제는 명성과 악명을 동시에 얻은 셰릴 샌드버그Sheryl Sandberg의 책『린 인Lean In: Women, Work, and the Will to Lead』이 서가를 점령했고 언론은 즉시 열광했다. 이 책에서는 자본주의에 기여하는 것은 물론 그 안에서 탁월해지려는 열망이 여성에게 정말 중요하다고 주장하며 임금과 역할 차이에 관한 자료의 대부분을 손쉽게 설명하는 것처럼 보인다.

이 책에서 기업가주의Entrepreneurialism와 자본주의적 성취는 여성주의 정치의 정체성에 이르는 유일한 통로다. 우리는 이 책에서, 그리고 샌드버그와 그녀의 팬들이 만드는 여성주의 위치성positionality에서 반복적으로 여성주의 정치와 자본주의 생산 및 참여 윤리가 융합되는 것을 보게 된다. 그녀에게는 자본주의적 성취야말로 여성주의 주체성이 무엇인지 보여주는 빛나는 사례로, 다른 것은 존재하지 않는다. 선택지는 경력 아니면 가짜 여성주의 둘 뿐, 샌드버그에게는 여성주의를 표현할 다른 경로가 없다. 그리고 이 회고록은 전반에 걸쳐 이 점을 계속 상기시킨다. 이 책에서는 자본주의적 성공에 기대지 않는다면 여성주의는 어디에도 없을 것처럼 보인다.

보다 전통적으로 광고와 마케팅 미디어 플랫폼을 이용해 여성주의를 더 넓은 문화 안의 한 브랜드로 회자시키는 방법으로 여성주의를 재브랜드화하려는 노력도 있다. 21세기에는 여성주의에 편승해 상품을 팔려는 여러 마케팅 시도가 나타났다. 예를 들어, 배닛 와이저가 다른 글에서도 다룬 바 있는 도브Dove 비누(모회사는 유니레버Unilever)는 여성 미용위생용품에서 가장 성공한 브랜드 중 하나다(Banet-Weiser, 2012). 2005년 이 브랜드는 '도브 진정한 아름다움 캠페인'을 시작하면서, 이를 "사회 변화의 시작점 역할을 하고 아름다움의 정의와 담론을 확산시키는 촉매 역할을 하려는 전 세계 차원의 노력"으로 정의했다.[7] 이 캠페인은 옥외 광고판, 광고, 소셜 미디어 영상으로 소비자들에게 여성의 아름다움과 몸에 대한 지배적 개념을 다시 생각해 보라고 요청하는 광고를 내보냈다. '도브 진정한 아름다움 캠페인'은 상품 여성주의commodity feminism의 정치화된 수사를 이용해, 소비자에게 소비자 행동, 이 경우는 도브 제품에 모종의 브랜드 충성도를 쌓고, 사실상 여성주의의 한 버전을 브랜드로 만드는 것을 통해 정치적으로 행동하라고 호소했다.

이렇게 브랜드가 된 여성주의의 가시성은 오늘날 여성주의에 기막힌 흥분의 기운을 일으킨다. 이러한 기운은 해시태그, 절찬리에 판매되는 회고록, 유명 언론 안에, 텀블러Tumblr[8]와 유명 블로그에 살아 있으며, 탱크탑에 선명히 새겨지고 유명 스타를 통해서 드러난다. 비욘세Beyoncé가 공세에 시달리는 꼬리표를 얻게 된 것은 2014 비디오 뮤직 어워드에서부터였지만, 그녀 이전에도 버라이즌Verizon,[9] 올웨이스Always,[10] 커버걸Cover Girl[11]에서부터 이후에는 블랙걸스코드BlackGirlsCode나 걸스코드GirlsCode처럼 STEM(과학, 기술, 공학, 수학) 분야에서 소녀들에 초점을 맞춘 역량 강화empowerment 조직에 이르기까지 다수의 여성주의 '역량 강화' 기업 활동들이 있었다. 오늘날 대중적 '여성주의'의 탐색과 긍정은 다양한 미디어 플랫폼 안팎을 쉽고 빈번

---

7   "Dove Campaign for Real Beauty," http://www.dove.us/#/cfrb/

8   [옮긴이] 미국에서 창립된 마이크로블로그 플랫폼 웹사이트.

9   [옮긴이] 미국 최대의 무선통신회사이자 무선 데이터 공급업체.

10   [옮긴이] 미국의 생리대 브랜드.

11   [옮긴이] 화장품 브랜드.

하게 넘나들어 순환하면서 정신없이 바쁘게 움직이는 여성주의 담론 지형을 만들고, 이를 브랜드 문화의 등고선 안에 단단히 자리 잡게 만든다. 실제로 2014년 ≪타임≫은 여성주의가 유행어가 아니라 복합적인 운동이라는 사실을 잊은 채, 업계에서 사용되는 '여성주의'를 '유행어'로 꼽았다.

소비와 유명인 문화로 표현되는 일종의 브랜드로 여성주의에 다시 시동을 걸려는 이러한 노력과 별개로, 말 그대로 여성주의라는 브랜드를 바꾸려는 노력도 있었다. 2013년 패션잡지 ≪엘르≫ 영국판은 여성주의라는 브랜드를 쇄신하고자 세 광고회사 브레이브Brave, 마더Mother, W&K를 고용했다. ≪엘르≫ 영국판에 따르면, 그들은 "수상 경력이 있는 세 광고회사와 협업해 많은 사람이 복합적이고 부정적이라는 이유로 부담스러워하게 된 용어를 쇄신하고자 세 여성주의 그룹"을 초청했다(Swerling, 2013). ≪엘르≫ 영국판은 가장 성공한 브랜드 회사들이 하는 대로, 여성주의와 관련한 '부정적인 면'과 복잡성을 제거하고 모순되는 부분을 풀어내는 한편, 모두를 위한 여성주의를 정의하는 매끄럽고 논리정연하며 인정할 만한 서사를 만들려고 했다. 사실 대중 여성주의 안에서 주도권을 잡고 이를 일관성 있는 브랜드로 만들려는 시도가 어려웠던 것은 그저 정보 과잉 때문만이 아니라, 모순만큼이나 겹치고 수렴되는 부분이 많기 때문이다. ≪가디언≫의 루시 맹건Lucy Mangan이 ≪엘르≫ 영국판의 이 브랜드 쇄신 노력을 비평하면서 지적한 대로, "여성주의는 브랜드 쇄신이 필요하지 않다. 여성주의에 필요한 것은 그저, 다수 구성원의 비위를 맞춰야 할 것 같은 본능을 넘어서서 몇 가지 핵심 의제에 집중하고, 그러고 나서는 모든 의제가 만족스럽게 해결될 때까지 길목에 놓인 사물이든 사람이든 모든 장애요소를 뭉개버리는 일이다"(Mangan, 2013). '사람들 비위를 맞춘다'는 개념은 여성주의 브랜드화의 중심에 있다. 다른 상업적 노력과 마찬가지로, 브랜딩의 술수는 소비자 지지층을 소외시키지 않는 것이다.

물론 문제는 여성주의가 일부 지지층을 실제로 소외시키고 있다는 것이고, 여기에는 그럴 만한 이유가 있다. 여성주의에 하나의 정의가 존재하지는 않지만, 보통은 가부장 구조에 비판하고 도전한다는 공통의 목표가 있다. 세계의 아주 많은 부분이 가부장 구조들 위에 지어졌고 이를 유지하는 데 의존하고 있기 때문에, 여성주의는 사실상 소외를 감수해야 한다. 그렇다면 여성주의 브랜딩은 대안 경제실천이 아니라, 지배적 경제 관행과 과정을 떠받치고 여성주의를 생산물로 물화物化하면서 지배적 금융문화에 제대로 봉사하는 역할을 하는 것이 된다. 가치의 문제로 돌아오자면, 브랜드로서 여성주의 가치는 경제 용어로 매겨진다. 만일 경제 가치가 교환가치이고, 그렇기 때문에 시장이 그 가치를 매긴다면, 우리는 여성주의에 맞춰진 시장을 생각해 봐야 한다. 만일 이 시장을 바라보는 지배적인 이해 방식이 자본주의 제도의 지배로부터 나온 것이라면, 이는 다른 제도문화 형성물이 자본주의의 힘에 종속되어 있다는 뜻이다. 우리가 주장했듯, 이 힘은 총체적이지 않다. 자본주의의 짜임 안에는 크고 작은 틈이 있고, 지배 제도로서 자본주의의 경제조직은 문화조직 및 정치조직을 완전히 잠식하지 않는다.

그럼 어떻게 브랜드화된 여성주의, 또는 록산 게이Roxane Gay가 말한 "이번 주의 대중매체 여성주의"들의 차이와 유사점을 이해하고 교차성과 모순을 인정하면서도 가부장제와 성 차별 구조를 계속해서 비판할 수 있을까? 게이는 우리가 이 맥락 안에서, '여성주의와 전문 여성주의자 사이의 차이'를 잊고 있음을 상기시켜 준다(Gay, 2014).

특히 대안 경제실천의 맥락에서는 이 차이를 좀 더 조심스럽게 생각해 봐야 한다. 여성주의에서 일부 되풀이되는 지점과 실천들은 대안적이면서도, 당대의 지배 제도와 규범들이 가치 있다고 여기는 '전문 여성주의'의 실천들과 경쟁한다.

여성주의의 물화나 상품화를 가치 있게 여기는 대신, 생산물을 향한 관심을 거두어 실천으로 관심을 돌린다면 어떨까? 대안적인 여성주의 경제실천은 어떤 모습일까?

돌봄을 가치 있게

여성주의 대안 경제실천에 참여한다는 것은 자본주의 이론을 적극적으로 다시 쓰고, 경제가 대안 경제운동을 펼칠 생기 넘치고 생산적인 현장이라고 주장한다는 의미다. '신자유주의적 여성주의'가 점차 끼어들어 회자되는 것은, 다시 말하지만 대안 경제실천이 아니다. 대중적이거나 브랜드화된 여성주의가 어떻게 대중이 성 차별과 성별화된 실천에 관심을 갖게 만들고 잠재적으로는 지금 이 순간의 여성주의 정치를 다시 생각해 볼 공간을 제공할 수도 있는지 다룰 필요는 있지만, 그렇게 해서는 신자유주의적 자본주의 경제의 규범적인 관행과 개념에 도전을 던지지 못한다.

다시 말하지만, 브랜드화되었거나 대중적인 여성주의는 J. K. 깁슨-그레이엄(Gibson-Graham, 2006)이 말한 "경제를 본질주의적이라고 여기고 추상화하여 바라보는 생각" 안에서 생산되고 표현된다. 정말 대안적인 여성주의 경제학을 가지려면, 자본주의의 관습과 가정에 딴지를 걸고 우리가 지금까지 경제를 조직하고 스스로를 경제적 인간이라고 정의해 온 방식을 완전히 다시 정의하고 형성하는 방법으로 도전해야 한다. 깁슨-그레이엄이 지적하듯, "한때 경제가 지금 모습으로 나타나면서 대체로 탈정치화되었다고 믿었던 곳에서, 이제 우리는 이 경제를 재정치화하려면 우리 스스로를 새로운 경제정치를 상상하고 실현할 수 있는 주체로 다듬어야 한다는 것을 알게 되었다. 세계 전역에서 다양한 운동이 일어나는 데 힘입어, 우리는 경제를 다르게 이론화할 뿐 아니라 윤리적으로 새롭게 사유하고 다른 종류의 경제적 인간이 되는 실천의 필요성을 보았다"(Gibson-Graham, 2006: 14). 경제가 (신자유주의 시기에는 특히 그렇지만, 자본주의의 다른 역사적 시기에도 마찬가지로) '여성화된', 또는 마야 베이징어Maya Weisinger가 말한 '가정주부의 것이 된' 일에 기대고 있기 때문에, 우리는 무임금노동, 모성노동이나 재생산노동, 돌봄망networks of care을 새로운 방식으로 사유해야 한다(Weisinger, 2012).

'경제를 사유하고 다른 종류의 경제적 인간이 되는' 한 가지 윤리적 실천은 돌봄노동care work을 대안 여성주의 경제실천으로 보고 그 가치를 다시 매기는 것이다. 마르크스주의적 여성주의 관점에서는 각 경제에서 여성이 수행하는 보이지 않는 노동을 비판해 왔고, 1960년대와 1970년대 미국과 유럽에서는 이 의제를 둘러싸고 상당한 여성주의 운동이 일어났다. 특히 1960년대와 1970년대에 여성주의자들은 경제에서 권력관계가 기능하는 방식, 즉 개인의 역량 강화가 공식 경제에서 지위를 유지할 수 있는 사람들에게만 해당하는 이야기임을 드러내려고 했다. 하지만 이러한 지위를 유지할 수 있는 것은 비공식 경제, 즉 가정에서의 노동이 있었기 때문이다. 베이징어(Weisinger, 2012)는 다음과 같이 지적한다.

> 가정주부의 경우에는 온 경제활동이 무임금노동과 돌봄, 즉 비공식 경제라는 개념 위에 세워져 있다. 가정주부는 아이 돌보기, 장보기, 빨래, 요리 등에 대해 보상을 받지 않는다. 이런 일들은 우리 사회에서 궁극적으로 정의하는 성공, 즉 한 가족의 남성 배우자가 일을 하며 가족을 재정적으로 부양하고 공식 경제에서 성장하기 위해 필요하다고 여겨지는 지원 요소다.

여성주의자들이 마르크스주의 이론에 기댔던 것은 마르크스의 '사회적 총체'라는 개념이 가족구성, 재생산 관행, 성의 구성성sexual construction, 경제 결정주의, '여성적'이라는 이데올로기가 서로를 구성하고 있음을 보여주기 때문이기도 했다. 더욱이 우리는 사회적 총체 개념을 통해서 이러한 제도가 특정 경제 조건에 어떻게 뿌리내리고 있는지를 알 수 있다. 마르크스주의적 여성주의는 이후 존재의 물질적 질서로 주의를 돌려 해당 질서 안에서 권력과 지배의 역동성을 탐구했다.

물론 마르크스주의 이론이 여성주의자들에게 역사와 억압의 역동성을 통해 사유할 강력한 도구를 제공하기는 하지만, 남성들이 발전시켜 온 도구의 틀을 따라가는 방식에는 여러 가지 한계가 있다. 당시 마르크스주의적 여성주의자들은 그러한 도구들을 바꾸면서 다음과 같은 질문을 해야 했다. 여성에게는 무엇이 물적material인가? 여성의 물적 질서와 이데올로기의 관계는 무엇인가? 성을 사회적으로 구성된 문제로 받아들이는 데 있어서 마르크스주의의 한계는 무엇인가?

여성주의자들이 '다른 류의 경제적 존재가 되기' 위해 마르크스주의를 분석도구로 활용할 수 있으려면 마르크스주의에서 말하는 유물론의 범위는 분명 확장되어야 한다. 여성주의 분석 틀이 가사노동, 재생산활동, 섹슈얼리티sexuality, 감정노동과 돌봄노동을 포함하려면 경제를 넓게 정의해야 한다. 따라서 대안 여성주의 분석은 생산과 교환의 영역으로서의 '경제'를 지리상으로나 개념상으로 훨씬 더 넓은 의미로 확장할 방법을 찾아야 한다. 다시 가치에 관한 논의로 돌아가 보면, 여성주의 대안 경제실천은 마르크스의 경제 개념을 넓히고 심화할 뿐 아니라, 그것을 전부 분산시키려고 고군분투해야 할 것이다.

마르크스주의적 여성주의자들이 1970년대 말 마르크스주의 경제 개념을 넓히기 위해 시도했던 한 가지 방식은 가사노동에 임금을 청구하는 것이었다. 빨래에서부터 요리, 아이 돌봄에 이르기까지 가사생활을 조직하는 일이 (임금노동의 생산성을 유지하는 데 필수적인 재생산노동이기 때문에) 자본주의 경제체제를 유지하는 데 절대적으로 중요한데도 그동안 보상을 받지 못했다는 것은 매우 흥미로운 주장이었다. 이 논쟁은 가사노동이 실제로 자본의 잉여가치를 어떻게 생산하는지, 생산하기는 하는지를 중심으로 이루어졌다. 여성의 무임금노동은 남성뿐 아니라 자본을 위한 것이며, 무임금노동일뿐 아니라 임금이 매겨지지 않기 때문에 노동으로도 여겨지지 않는다는 것이다(Hartmann, 1979; Federici, 2012). 이 분석은 마르크스주의 경제 개념을 넓혔지만, 여전히 마르크스주의의 용어에 꽤 가깝다.

이탈리아의 여성주의자 실비아 페데리치Silvia Federici가 저서에서 구체화했듯, '가사노동 임금 지급'이라는 여성주의 운동은 가사노동에 임금이 매겨지지 않기 때문에 겪어온 자연화naturalization 과정의 가면을 벗기고 '임금 노동'의 자본주의 논리를 기술하는 한편, "역사적으로 '생산성'이라는 질문이 어떻게 사회권력을 향한 투쟁과 늘 연결되어 왔는지 보여주려고" 했다(Federici, 2012: 8). 이 운동은 자본주의 경제가 "인간의 삶을 재생산하기 위한 활동에서부터, 임금을 사용하여 노예, 식민지 사람들, 수감자, 가정주부, 학생 등 임금 관계의 바깥에 있는 것으로 보이는 다수 노동자들까지 착취하는 능력에 이르기까지 인간 활동의 모든 부문"을 가치절하함으로써 권력을 유지해 온 주요 방식을 드러냈다는 점에서 중요했다(Federici, 2012: 8).

여성주의는 마르크스주의 경제 개념을 심화하려고도 노력했으며, 이러한 노력은 마르크스주의 용어들을 더욱더 파고들어 여성 억압의 물적 토대 개념을 발전시키려고 했다. 예를 들어, 재생산활동의 가치는 자연현상이 아닌 사회현상으로 다르게 매겨져야 한다. 재생산활동이 사회현상이라는 말은 재생산활동이 특정 방식으로 조직되고 통제되는 위치에 있으면서도 경제 관계만으로 환원될 수 없는 특정 의식과 이데올로기를 생산한다는 말이다.

성, 섹슈얼리티, 주체성, 정동情動도 마르크스주의 경제 개념을 심화하는 여성주의 기제다. 캐서린 매키넌(MacKinnon, 1982)이 지적하듯 여성주의는 이 지점에서 마르크스와 프로이트를 결합하며 초월하고, 섹슈얼리티의 구성을 주체성의 구성이 아니라 지배와 억압 체계 안에서 인간의 물적 구성이라는 차원에서 이해하도록 해준다. 매키넌(MacKinnon, 1982)은 섹슈얼리티가 여성 억압이 실제 이루어지는 영역이며, 남성적 용어 안에서 구성되어 남성은 지배하고, 여성은 복종하게 만든다고 주장한다. 여성의 복종을 아무런 물적 토대도 없는 것처럼 보이게 만드는 것이 바로 관계의 자연화다. 여성의 종속은 정말로 계급 종속보다 실재적이지 않은가? 마르크스주의의 경제 개념을 심화시키려는 여성주의 노력의 중심에는 이러한 질문이 있다.

그러나 성별 권력관계를 이해하는 데 마르크스주의 이론을 적용하려는 시도에는 치명적인 문제가 있다. 중요한 것은, 경제적인 것을 제한하면 정치적인 부분도 자발적으로 제한하게 된다는 점이다. 마르크스주의에서 경제적 요소를 우선으로 여기는 것은 생산관계가 다른 모든 것을 형성한다고 본다는 의미이고, 현재 지배적 생산관계는 자본주의 생산관계이기에, 이 관점대로라면 자본주의적 관계가 모든 다른 관계를 형성하는 것으로 보인다. 마르크스는 자본 축적과 이상적 공산주의 사회를 이야기하면서 어디에서도 재생산노동의 중심성을 인정하지 않았다. 깁슨-그레이엄으로 돌아가 말하자면, 이런 종류의 본질주의적이고 추상화된 사고에서 벗어나 다른 종류의 경제주체가 된다는 것이 무슨 의미인지 생각해 봐야 한다. 달리 말하면, 마르크스주의 경제 개념을 넓히고 심화하는 것이 필수적인 첫걸음이기는 하지만, 우리는 이 경제 개념을 흩어놓고 다른 역학관계와 매개변수parameter 들을 상상해야 한다.

이를 충분히 생각해 볼 한 방법은 돌봄의 가치를 재평가하는 것이다. 에블린 나카노 글렌(Glenn, 2012)이 지적해 왔듯, 대중 여성주의의 브랜딩과 상품화를 가치 있게 여기는 사회와는 전혀 다른, 돌봄과 돌봄노동의 가치를 다르게 매기는 사회를 갖는 것이 중요하다. 오늘날 서구 세계(특히 미국)에서 돌봄은 사유재이며, 돌봄을 어떻게 실현하고 조직화할지는 개인의 책임이다. 여성주의 돌봄정치라면 이러한 역학을 분산시키고 돌봄이 돌봄 제공자와 돌봄을 필요로 하는 사람 모두를 위한 집합적 권리임을 이해해야 한다고 주장할 것이다. 그러려면 돌봄을 필요로 하는 사람(주로 노인과 아이)에게로 사회적 부가 재분배되고 집합적 재생산 형태를 구성하려는 의지가 필요해진다(Federici, 2012). 집안 살림의 조직, 가족 유지, 양육 및 감정 작용과 관련된 노동은 일반적으로 여성과 유색인종에게 미뤄지고 있으며, 분명히 국가의 우선순위가 아니다. 여성주의 돌봄정치는 돌봄이 사회 재생산의 핵심 형태임을 이해하고 돌봄을 다시 우선으로 여기면서 개인의 독립성과 가족의 책임이라는 연결된 이데올로기에 도전해 돌봄과 돌봄노동을 공공의 사회적 책임에 속하는 것으로 다룬다.

돌봄망

페데리치가 주장해 왔듯, 노인 돌봄은 "자본주의에서 재생산활동의 가치 절하, 그리고 여러 자본주의 이전 사회에서 집합기억과 경험의 창고로서 귀하게 여겨졌던 것과 달리 노인들이 더 이상 생산성이 없다고 여겨진다는 이유 둘 다로 인해" 자본주의 사회 안에서 언제나 위기 상태로 존재해 왔다 (Federici, 2012: 116). 정부가 노인 돌봄에 들이는 국가 예산을 점점 더 줄이고 돌봄의 부담을 민간의 개인에게 지울수록, 기존 경제 관점에서 볼 때 노인 (및 다른 사람들) 돌봄이 가치절하되고 개인의 책임으로 비춰지며 한 나라나 공동체의 사회 재생산에 핵심적인 요소로 여겨지지 않는다는 것은 분명해졌다.

알리 러셀 혹실드Arlie Hochschild는 『나를 빌려드립니다The Outsourced Self』에서, 우리가 지금 "마을 사람들이 남이 된 세상"이라고 부르는 역사적 순간을 살고 있으며 친밀한 관계들을 화폐화했다고 말한다(Hochschild, 2013: 55). 그녀는 계속해서, "우리는 또한 이 길을 따라 감정의 시장을 만들어 왔다. 역설적으로, 시장이 우리에게 팔 수 있는 감정 중 하나는 확실히 시장으로부터 벗어나 있다는 느낌"이라고 말한다(Hochschild, 2013: 55). '감정 상태'를 거래하는 시장 중 하나가 노인 돌봄, 아이 돌봄 등 돌봄시장이라는 점에서, 이 말은 돌봄노동에 시사하는 바가 있다. 우리가 주장해 왔듯, 시장은 규범을 만들 뿐 아니라 상황에 따라 규범에 기댄다. 시장은 계속해서 규범을 만들어 가는 과정이다. 돌봄시장이 있으려면 돌봄노동을 둘러싼 사회제도가 갖춰지고 유지되어야 하며, 기존 경제학에서 이를 유지할 책임은 일차적으로 낮은 임금을 받는 여성과 유색인종에게로 몰린다. 그리고 많은 노인과 가족은 돌봄노동자를 고용할 형편이 되지 않기에, 부담은 이런 돌봄을 감당해야 하는 가족 중 여성에게 (보통) 다시 놓여진다.

돌봄노동의 개인주의, 특히 모성 돌봄노동에 맞서는 실천들이 최근 이루어지고 있다. 줄리 윌슨과 에밀리 요힘(Wilson and Yochim, 2015)이 썼듯, 블로그는 엄마들이 돌봄망과 공동체를 구축하기에 비옥한 공간이 되었고, 그들이 '엄마영역momosphere'이라고 부르는 공간이 만들어졌다. '맘로그Mommy blogs'(이것은 '엄마'의 영역으로 이름 붙임으로써 이들 공동체의 잠재적 중요성을 감소시킨다는 점에서 불행한 이름이다. 그래서 나는 '모성 블로그maternal blogs'라는 말을 쓸 것이다)는 최근 몇 년 새 번성하면서 엄마들이 신자유주의적 자본주의 안에서 모성노동과 핵가족 생활의 현실적 스트레스와 부담을 나눌 디지털 공간을 제공해 왔다. 모성노동과 재생산노동은 언제나 자본주의 작동의 중심에 있었지만, 복지국가가 계속해서 해체되고 점점 더 많은 노동이 전적으로 개인과 가족에게 기대게 되는 신자유주의적 자본주의 안에서 재생산노동의 역할은 더욱 중요하다. 윌슨과 요힘이 지적하듯, 노동의 불안정성 precarity은 어머니들의 노동 전반을 구성한다.

불안정성을 통해 사유화와 정부가 계속될 수 있도록 하는 가정 영역을 지켜 온 것이 어머니들의 노동이기 때문이다. 이런 식으로 지난 수십 년 동안 어머니들의 등에 올라타 부의 충격적인 상향 재분배가 이루어졌고, 어머니들은 자신들의 생활세계가 약탈당할수록 점차 더 흔들리는 가족 풍경을 안정시키고자 자신들의 삶과 노동, 정서, 감각을 끊임없이 조율하고 있다(Wilson and Yochim, 2015: 673).

모성 온라인 공동체와 같은 디지털 돌봄망이 여성노동의 가치를 다시 매기는 데 중요한 역할을 한다는 것도 주목할 만하다. 하지만 이와 동시에, 여기서 다시 매겨지는 여성노동의 가치는 관련된 개별 여성을 위한 것일 뿐 이러한 노동의 구조적 비가시성에 항상 도전하는 것은 아니다. 윌슨과 요힘은 이를 "모이는 목적이 개별 핵가족의 안정화와 가치 부여"인 "개별화된 연대individualized solidarities"라고 부른다. 개인과 집단 사이의 이러한 긴장은 여성주의 경제학을 포함해 오늘날 환경에서 많은 사회운동이 겪는 긴장을 보여준다.

다시 말해, 여성주의 경제학은 창의 문화와 마찬가지로 특정 노동의 가치를 다시 매기는 것과 함께 대안 경제를 생각하는 방식으로서 '공유지commons'**12** 개념을 주장함으로써 신자유주의적 자본주의의 개인주의에 도전한다(바르바루시스와 칼리스가 쓴 이 책의 6장을 참조할 것). 공유화 실천을 여성주의의 관점에서 이해하게 되는 것처럼, 실제로 신자유주의적 자본주의에 힘을 실어주고 개인이 규범이 될 만큼 개인을 중요하게 여기는 바로 그 경제 과정과 논리가, 역설적으로 대안 경제실천들의 틈을 낸다. 페데리치의 논평대로, 신자유주의적 자본주의가 모든 것을 시장으로 끌어들이는 방식은 역설적으로 사유화로 새롭게 위협을 받는 지점에서 대안 공간들을 만드는 역할을 하기도 한다. 모성 블로그 같은 디지털 공간 등 새로운 공간들은 "공유지가 사라지지 않았을 뿐 아니라, 인터넷의 사례처럼 과거에 존재한 적 없던 삶의 영역에서도 새로운 형태의 사회적 협력이 끊임없이 생산되고 있음"을 의미한다(Federici, 2012: 139).

여기서 핵심은 이러한 공유지들을 포섭하려는 시장이나 국가에 적극적으로 도전하는 것이다. 집합적이되 사적이지 않은 실천으로서 사람들의 삶을 재생산하는 일의 본질적인 역할을 인정하는 여성주의 공유지야말로 진정한 대안 경제다.

---

12 [옮긴이] 'commons'는 주로 '공유지'로 번역되어 왔으나, 최근 이 개념이 다양한 분야에서 쓰이게 되면서 '공유지'보다 다양한 의미를 포괄하고 있다. 이와 관련해서는 아직 합의된 번역어가 존재하지 않고, 이것이 유무형의 재화 및 서비스와 이에 참여하는 사람들의 공동체를 모두 포괄하는 의미에서 '공통의 것(the common)'의 존재와 그 공동 소유 관리의 개념을 모두 포괄하는 명사와 동사의 특성을 모두 띤다는 점을 고려해 '커먼스'로 표기하는 경우도 많다. 이 책에서는 문맥에 따라 이를 '공유자원'이나 '공유지'로, 행위로서의 commoning은 '공유화'로 번역하되, 필요한 경우 '커먼스'를 그대로 사용한다.

결론: 경제학을 넘어서는 경제실천

문화적 가치가 경제실천을 형성한다는 것은 이제 분명해졌을 것이다. 사실 이 기초적인 관찰은 표준적인 경제학 분석이나 경제적 계산과는 역행한다. 신고전경제학은 인간 본성을 합리성을 지향하는 개인으로서 경제적 인간homo economicus으로 보는 본질주의의 가정 위에 서 있기 때문이다. 합리성은 개인 효용을 극대화하기 위해 희소한 자원을 가장 잘 배분하는 것으로 측정된다. 이러한 순진한 공식이 가치중립적 효용이라는 모순을 벗어나려면, 개인의 만족은 화폐이익의 극대화와 같아져야만 한다. 실제로, 신고전경제학의 두 번째 가정은 돈이 반드시 행복과 연결되지는 않는다 하더라도, 최소한 돈으로 행복을 살 수는 있다는 것이다. 따라서 만족은 시장이 제공할 수 있는 것으로 제한된다. 경제 가치는 대부분의 필요와 욕구를 충족하기 위한 수단으로서 공급과 수요 사이의 관계 차원에서 시장에서 결정되는 화폐가치와 등가라는 점에서, 이 고리는 닫혀 있다. 물론 주류 경제학자들도 이것이 인간 행위의 다양성을 지나치게 단순화한 것임을 인정한다. 삶은 경제 거래만으로 환원될 수 없고, 사회는 시장으로 환원될 수 없다. 하지만 다른 모든 인간 행위는 비합리성의 세계에 퍼져 있고 경제는 합리적 선택과 계량화할 수 있는 성과의 영역에 있다. 경제학자들로서는 그럼 된 것이다. 따라서 엄격하게 정해진 합리성의 패러다임을 넘어서 사람들이 어떤 행동을 왜 하는지를 이해하려면 인간 행동을 이끄는 문화의 다양성을 충분히 설명할 만큼 강력한 설명 틀이 필요하다. 그리고 생산·소비·교환의 실천들은 (경제 모형의 모수들을 넘어) 인간 생활의 사회적인 짜임과 완전히 얽혀 있기 때문에, 경제실천들을 포함한 사람들의 실천을 이해하려면 문화를 다면적으로 분석해야 한다. 이것이 우리가 이 장에서 제안하고자 했던 바로, 이 내용은 이 책의 공저자들이 구체적 탐구 주제들을 분석해 내려는 시도들과 연결된다.

참고문헌

Admati, A. and Hellwig, M. 2013. *The Bankers' New Clothes*. Princeton, NJ: Princeton University Press.

Aldridge, A. 1997. "Engaging with promotional culture: organized business and the personal services industry." *Sociology*, Vol.31, No.3, pp.389~408.

Banet-Weiser, S. 2012. *AuthenticTM: The Politics of Ambivalence in a Brand Culture*. New York: New York University Press.

Castaño, C. 2010. *Genero y TIC: presencia, posicion y politicas*. Barcelona: UOC Press.

Castaño, C. (ed.). 2015. *Las mujeres en la gran recession*. Valencia: Catedra.

Castells, M. 2000. *The Rise of the Network Society*. Oxford: Blackwell.

Castells, M. 2004. "Informationalism, networks and the network society." In: Castells, M. (ed.). *The Network Society: A Cross-Cultural Perspective*. London: Edward Elgar.

Castells, M. 2009. *Communication Power*. Oxford: Oxford University Press.

Castells, M. 2011. "A network theory of power." *International Journal of Communication*, Vol.5, pp.773~87.

Castells, M. 2015. *Networks of Outrage and Hope* (2nd ed.). Cambridge: Polity.

Castells, M., Caraça, J. and Cardoso, G. (eds.). 2012. *Aftermath: The Cultures of the Economic Crisis*. Oxford: Oxford University Press.

Crouch, C. 2011. *The Strange Non-Death of Neoliberalism*. Cambridge: Polity.

Engelen, E., Ertürk, I., Froud, J., Johal, S., Leaver, A., Moran, M., Nilsson, A. and Williams, K. 2011. *After the Great Complacence: Financial Crisis and the Politics of Reform*. Oxford: Oxford University Press.

English-Lueck, J.A. 2002. *Cultures@Silicon Valley*. Stanford, CA: Stanford University Press.

Federici, S. 2012. *Revolution at Point Zero: Housework, Reproduction, and Feminist Struggle*. New York: PM Press.

Ferguson, N. 2013. *The Great Degeneration: How Institutions Decay and Economies Die*. London: Penguin Books.

Gay, R. 2014. *Bad Feminist: Essays*. New York: Harper Perennial.

Gibson-Graham, J.K. 2006. *The End of Capitalism (As We Knew It): A Feminist Critique of Political Economy*. Minneapolis, MN: University of Minnesota Press.

Glenn, E. 2012. *Forced to Care: Coercion and Caregiving in America*. Cambridge, MA: Harvard University Press.

Hartmann, H. 1979. "The unhappy marriage of Marxism and Feminism: Toward a more progressive union." *Capital & Class*, Vol.3, No.2, pp.1~33.

Harvey, D. 2005. *A Brief History of Neoliberalism*. Oxford: Oxford University Press.

Himanen, P. 2002. *The Hacker Ethic and the Spirit of the Information Age*. New York: Random House.

Hochschild, A. 2013. *The Outsourced Self: What Happens When We Pay Others to Live Our Lives for Us*. London: Picador.

Hsing, Y. 2014. "Development as culture: Human development and information development in China." In: Castells, M. and Himanen, P. (eds.). *Reconceptualizing Development in the Global Information Age*. Oxford: Oxford University Press, pp. 116~39.

Hutton, W. and Giddens, A. (eds.). 2000. *On the Edge: Living in Global Capitalism*. London: Jonathan Cape.

Kahneman, D. and Tversky, A. 1973. "On the psychology of prediction." *Psychology Review*,

Vol.80, pp.237~51.

MacKinnon, C. 1982. "Feminism, Marxism, method, and the State: An agenda for theory." *Signs*, Vol.7, No.3, pp.515~44.

Mangan, L. 2013. "Why feminism doesn't need rebranding." *The Guardian*, November 16.

Mason, P. 2015. *Postcapitalism: A Guide Tour to Our Future*. London: Allen Lane/Penguin.

Murray, G. and Scott, J. 2012. *Financial Elites and Transnational Business: Who Rules the World*. London: Edward Elgar.

Neff, G. 2012. *Venture Labor: Work and the Burden of Risk in Innovative Industries*. Cambridge, MA: MIT Press.

Neuman, W. Russell. 2016. *The Digital Difference*. Cambridge, MA: Harvard University Press.

Nolan, P. 2009. *Crossroads: The End of Wild Capitalism and the Future of Humanity*. London: Marshall Cavendish.

North, D. 1981. *Structure and Change in Economic History*. New York: W.W. Norton.

Ostrom, E. 2005. *Understanding Institutional Diversity*. Princeton, NJ: Princeton University Press.

Piketty, T. 2013. *Le capital au XXIème siècle*. Paris: Editions du Seuil.

Sandberg, S. 2013. *Lean In: Women, Work, and the Will to Lead*. New York: Alfred A. Knopf.

Santoro, M. and Strauss, R. 2013. *Wall Street Values: Business Ethics and the Global Financial Crisis*. New York: Cambridge University Press.

Saxenian, A. 2006. *Regional Advantage: The Cultures of Silicon Valley*. Cambridge, MA: Harvard University Press.

Schumpeter, J. 1942. *Capitalism, Socialism and Democracy*. New York: Harper & Brothers.

Sennett, R. 2006. *The Cultures of New Capitalism*. New Haven, CT: Yale University Press.

Swerling, H. 2013. "ELLE rebrands Feminism: what does it means to you?" *Elle*, 1 October. Available at: http://www.elleuk.com/fashion/celebrity-style/articles/a2322/elle-rebrands-feminism/

Weber, S. 2004. *The Success of Open Source*. Cambridge, MA: Harvard University Press.

Weisinger, M. 2012. "Housewifization." *Tapestries: Interwoven Voices of Local and Global Identities*, Vol.2, No.1.

Wilson, J. and Yochim, E. 2015. "Mothering through precarity: becoming mamapreneurial." *Cultural Studies*, Vol.29, No.5-6, pp.669~86.

Zaloom, C. 2006. *Out of the Pits: Traders and Technology from Chicago to London*. Chicago, IL: University of Chicago Press.

Zelizer, V. 2013. *Economic Lives: How Culture Shapes the Economy*. Princeton, NJ: Princeton University Press.

2장
성장 없는 경제

이오르고스 칼리스
Giorgos Kallis

서론

21세기 초는 현재 경제학 정설의 전제들이 세워졌던 19세기 말이나 20세기 초와는 다른 문제들을 경제학에 던져주고 있다. 당시 핵심 질문은 '어떻게 성장을 달성할 것인가'였지만, 이제 질문은 '어떻게 성장 없이 지속하고 번영할 것인가'로 바뀌었다(Victor, 2008; Jackson, 2011). 당시에는 어떻게 부를 생산할지를 물었지만(Smith, 1887), 이제는 이 풍요 속에서 어떻게 살지를 묻는다(Skidelsky and Skidelsky, 2012).

오늘날 경제는 여러 모로 독특한 상황 속에 자리 잡고 있다. 경제는 제2차 세계대전 이후 최초의 불경기(Summers, 2013; Piketty, 2014)다. 생태계는 임계점, 특히 세계 경제가 현재 속도로 계속해서 성장한다면 거의 피할 수 없는 파국적인 기후변화(Jackson, 2011)에 직면해 있다. 불경기와 '신자유주의적' 전환으로 불평등 증대가 더욱 두드러지는 상황이다(Harvey, 2011; Piketty, 2014). 성장은 지속할 수는 없는데, 자본주의 경제에서 탈성장degrowth은 사회적 입지가 불안정하다(Jackson, 2011). 따라서 새로운 경제학은 어떻게 불평등을 줄이면서도 탈성장을 안정되게 만들 것인가 하는 질문에 답해야 한다.

표준 경제 모형들은 이러한 질문을 다루기에 부적합하다. 표준 경제 분석의 전제가 되는 단순화는 과거로부터 이어져 온 규범적 관심에서 나온 것이기도 하다. 예를 들어, 표준 솔로 성장 모형Solow growth model은 성장의 기원을 설명하기 위해 고안되었다. 성장은 자본 축적과 기술 진보에 기인하며 생산성을 견인하는 것으로 여겨졌다. 로버트 솔로 이후의 경제학자들은 생산성 부문을 인적자본 및 사회자본, 에너지 생산성, 제도의 질 등으로 분해했다. 이를 뒤집어 탈성장이 자본 총량의 감소, 기술 퇴보나 제도 및 교육체

※ 이 장의 연구는 CSO2014-54513-R SINALECO 과제의 지원을 받아 이루어졌다.

계의 붕괴를 요구한다고 주장하는 것은 분명 헛다리를 짚은 것이다. '성장 없는 번영'의 결정 요인을 묻는 질문은 질적으로 다르다. 이 질문은 어떻게 성장을 되돌릴 것인가가 아니라, 어떻게 성장을 거치지 않는 대안적인 번영 경로를 만들지를 묻는다. 다른 경제에는 다른 경제학이 필요하다.

르자이 외(Rezai et al., 2013)가 밝혔듯, 신고전주의 균형 모형에서는 시장이 알아서 가격을 조정하면서 경제가 고용, 투자, 팽창의 최적 경로를 유지하게 된다고 본다(경우로 보면 훨씬 적지만, 기본 원칙들에 따르는 지점에서라면 반대로 긴축의 최적 경로를 따르기도 한다). 현실 경제는 균형을 벗어나는 경우가 훨씬 많다. 위기에 뒤따르는 '가격 조정'은 고통으로 가득하며 분배 갈등 천지다. 긴축은 안정과는 거리가 멀다. 긴축 '조정'의 역학과 그것이 분배에 가져오는 결과는 탈성장 관점에서 이해해야 한다. 표준 모형에서 분배는 부에 대한 질문과 별도로, 효율성의 후속 고려 사항으로 다루어진다.

경제학자들뿐 아니라 많은 학자들이 '새로운 경제학'을 발전시키려는 탐구 과제에 의욕적이다. 이러한 노력은 통합적이거나 신케인스주의적 저성장 또는 무성장 모형에서부터(Victor, 2008; Rezai et al., 2013; Jackson and Victor, 2016), 후기성장 및 탈성장 연구에 등장하는 다양한 질적 및 양적 분석에 이르기까지 다양하고 폭넓다(Kallis et al., 2012). 이 다양한 공동체에는 생태경제학자, 제도경제학자, 정치경제학자뿐 아니라, 지리학자, 생태학자, 사회학자도 들어가 있다. 새로운 경제학 연구의 의제는 학문분과의 경계를 넘는다(Kallis et al., 2012). 여기서는 주류 경제학처럼 공리의 미시 기반, 수학적 표현, 통계 일반화에 집착하지 않는다. 그 대신에 언어나 수학으로 표현된 논리적이거나 변증법적인 가설을 만들고, 질적 방법(예컨대 사례연구)과 양적 방법(예컨대 계량경제학)을 모두 동원해 가설을 검증한다.

이 새로운 경제학은 조화롭게 나타나지는 않았다(탈성장 연구의 역사와 관련해서는 Kallis et al., 2014를 참조할 것). 이 장에서 나는 순서를 뒤집어 특히 탈성장 연구 이후를 살펴보고, 탈성장 연구의 핵심 원리와 그것이 만들어 내는 새로운 이해의 지평을 파악하려고 한다. 1절에서는 탈성장 연구를 특징짓는 여섯 가지 핵심 개념, 즉 경제는 ① 발명되었고, ② 정치적이고, ③ 물질적이며, ④ 다양하고, ⑤ 잉여의 분배와 지출을 핵심 기능으로 하며, ⑥ 공진화 과정을 통해 변화한다고 보는 개념을 제시한다. 경제를 문화라고 보는 일곱 번째 차원은 배닛 와이저와 카스텔이 쓴 앞 장에서 자세하게 다루어지기 때문에 건너뛸 것이다. 2절에서는 이러한 원리에 입각해 위기를 바라보는 대안적 설명을 제공한다. 3절에서는 경제를 이처럼 새롭게 이해하는 운동으로서 대안 경제 운동의 부상을 다룬다(Conill et al., 2012). 4절에서는 성장 없이 현 상태를 지속하기 위한 정책에 초점을 맞춘다.

1절: 여섯 가지 핵심 원리

경제는 발명된 것이다(Latouche, 2005)

'경제'라는 개념은 언제나 존재해 왔던 보편적이거나 몰역사적인 개념이 아니다. 경제는 그 계보와 기원을 추적할 수 있는 개념이며, 그 뜻은 시간에 따라, 다양한 시기와 사회마다 다른 것들을 의미하면서 진전되어 왔다. 호안 마르티네스 알리에(Martinez-Alier, 1990)는 아리스토텔레스가 가정을 관리하는 '살림살이oeconomics'와 돈으로 돈을 버는 '이재학理財學, chrematistics'을 구분했음을 강조한다. 미셸 푸코(Foucault, 1991)는 16세기에서 18세기 사이 정치경제학의 탄생을 추적하면서 가구의 '경제', 즉 한 가구 안의 사람과 사물을 적절하게 배치disposition하는 일이 인구 전체로 확장되었다고 말한다. 푸코에게 정치경제학은 주권에 기초한 지배에서 '통치성governmentality', 즉 사람들이 스스로를 개선하는 (자기) 규율에 공모하게 하는 방식을 통한 인구 통치로의 전환을 의미했다. '통계statistics'는 문자 그대로 국가의state- 학문으로서, 인구를 등록하고, 통치하고 개선하는 데 집착한 데서 나온 결과다. 티

머시 미첼(Mitchell, 2002)은 이집트를 다룬 사례연구에서 푸코의 접근을 원용해 측정, 순환, 교환의 방식들이 어떻게 이 국가'경제'라는 새로운 개념을 현실화하였는지 파헤친다. 국내총생산GDP과 같은 새로운 통계 및 지표는 이러한 국가경제의 추상화에 핵심적인 부분이었다(Dale, 2012).

경제가 발명된 추상 개념이라고 해서 경제가 현실이 아니라는 말은 아니다. 경제라는 추상 개념은 여느 관념과 마찬가지로(최소한 부분적으로라도) 실제 경험에 대응하는 사물과 변화를 나타낸다. 추상은 실재에 효과를 미치며, 이 효과는 많은 경우에 폭력적으로 나타난다(Loftus, 2015). GDP 대비 부채 비율에 상응하는 자본 흐름이나 긴축정책에 따라 나타나는 사회적 결과들을 보라. 그렇다 하더라도 경제가 추상 개념이라면, 그것은 정의상 불완전하고 부분적이다. 예를 들어, 표준 모형에서 지배적으로 재현되는 '경제'는 한 국가에서 '기업'과 '가구' 사이에 재화와 서비스가 무한히 순환하는 하나의 체계다. 천연자원은 어디에서도 드러나지 않는다. 이 순환에는 한계도, 유입도, 유출도, 외부 점검도 없다(Daly, 1997). 때로는 폭력적인 방식으로라도 이 순환을 제어할 분배, 제도, 정치나 다른 형태의 힘은 존재하지 않는다. 다른 경제학은 다른 모습을 요구한다. 그것은 저 너머 '경제'라고 불리는 무엇인가 있음을 보여주는 단 하나의 보편적이고 객관적인 표현은 없다는 것을 인정하는 데서 시작한다.

경제는 정치적이다(Polanyi, 1944; Castoriadis, 1997)

주류 경제학 모형에서 경제는 자체적인 법칙과 역동성을 가지고 있으며 공급과 수요에 따라 움직이는 체계로 그려진다. 그렇다면 목표는 어떻게 시장의 '보이지 않는 손'이 작동하는지를 이해하는 것이 된다. 규범적으로 경제라는 프로젝트는 이 균형을 공급이 수요와 맞아떨어지는 '자유시장'이라는 이상과 최대한 가깝게 맞추려는 것이다. 국가는 이 완벽한 균형에서 물러나 있어야 한다. 시장이 최선이기 때문에, 국가의 개입은 개입하지 않았더라면 생산되었을 수 있는 부의 양을 감소시킨다(공공재의 공급, 외부효과의 교정, 경제 주기 완화에 관련해서는 예외가 허용되지만, 대체로 이러한 예외는 국방이나 치안 유지 활동과 같은 매우 구체적인 사안으로 한정된다).

'자유시장'이 이데올로기의 구성물임을 가장 먼저 지적한 사람은 칼 폴라니(Polanyi, 1944)였다. 그는 자유시장이란 존재하지 않으며 만들어진 개념이라고 주장했다. 자기조정 시장은 경제학자들의 환상 속에만 있을 뿐 어디에서도 찾아볼 수 없다. 존재하지 않는 시장교환의 조건을 만드는 일에는 국가의 개입과 강제가 포함된다. 자본주의에 촉매 작용을 했던 목초지 사유지화에서부터 좀 더 최근의 게놈이나 지적 공유자원에 대한 사유재산권 제도화(Prudham, 2007)에 이르기까지, 몰수를 통한 축적 과정이 그 사례다(Harvey, 2003). 사유재산권과 시장교환의 성립은 일사천리로 이루어지지 않으며 법, 규제, 감시, 강제에 막대한 국가 투자가 들어간다(Bakker, 2003). 폴라니는 1930년대 대공황의 핵심에 허구적 시장제도와 상품으로 만들어지지 않은 사물, 특히 토지, 노동, 화폐의 상품으로의 전환이 있다고 주장했다. 사회주의와 파시즘은 시장의 자기파괴적 확장에 반대하는 '대항운동'의 두 가지 표현 형태였다.

폴라니의 공식에 따르면, 경제는 정치적일 수밖에 없다. 예를 들어, 중앙은행을 독립시키거나 금융시장 규제를 완화하는 등의 일은 분배에 영향을 미치며 특정한 사회적 이해를 다른 것보다 우선시하는 선택이다. 신자유주의 정책은 국가의 퇴각과 자유시장의 해방을 주장함으로써, 정치적 선택을 자연적 결과(따라서 '균형'의 언어)로 보이게끔 만들었다. 코르넬리우스 카스토리아디스(Castoriadis, 1997)는 자체적인 법칙과 진실을 가진 자기조정 경제라는 개념이 어떻게 세속 사회의 '타율성'의 원천으로서 외부적으로 주어지고 사람들의 의지가 굴복해야 하는 것으로 여겨지는 일련의 법칙으로서의 종교를 대체했는지에 주목했다. 카스토리아디스에게 민주주의란, 제도(와 역사)를 만들면서 그 생성을 '신'이나 '시장' 같은 외적인 힘에 돌리는 것이 아니라, 의식적으로 자신들의 제도(와 역사)를 성찰하고 (다시) 만들 가능성으로서 '자율성'을 의미했다.

탈성장 연구에는 경제를 '탈출'하거나 '탈환'하라는 요청이 등장한다(Gibson-Graham, 2006; Fournier, 2008). 이 둘은 겉보기보다 모순적이지 않다. '탈출'은 인간을 둘러싼 경제에 자체 규칙과 법칙이 있다는 지배적 시각에서 벗어나라는, 즉 무엇이 경제적인지 사람들이 결정할 자율성을 인정하라는 의미다. '탈환'은 집합적 힘을 발휘해 경제를 다른 방향으로 다스리라는 뜻이다. 이는 문자적이고 실제적인 의미에서 새로운 대안 경제, 다른 법칙과 진실을 가진 경제를 만드는 수단이다.

경제는 물질적이다(Georgescu-Roegen, 1971)

생산, 교환, 소비와 같은 경제활동은 진공상태에서 일어나지 않는다. 경제활동은 에너지와 원자재 등 투입자원을 뽑아내고 바꾸면서 쓰레기나 공기 오염 등 바람직하지 않은 산출물을 만들어 낸다. 각 사회는 유기체와 마찬가지로 '대사metabolism', 즉 물질과 에너지를 처리하는 일정한 양식이 있다(Fischer-Kowalski, 1997; Giampietro, 2003). 페이스북 등의 소셜네트워크 사이트 같은 정보 서비스에도 물질과 연결되지 않은 것이 없다. 컴퓨터에 필요한 원재료, 서버에 전원을 공급하는 데 사용되는 에너지, 실리콘밸리의 기업가들을 육성하고 교육하고 이들을 둘러싸고 움직이는 먹거리, 물질, 에너지에 이르기까지, 정보 서비스에도 어마어마한 양의 물질과 에너지가 들어간다[오덤(Odum, 2002)은 이를 체화된 에너지라는 뜻의 '에머지emergy'라고 불렀다]. '비물질' 경제는 매우 물질적인 경제를 포함한다.

경제 과정은 고차high order 물질과 에너지를 저차low order의 에너지로 전환함으로써 엔트로피를 증가시킨다(Georgescu-Roegen, 1971). 게오르제스쿠-뢰겐Nicholas Georgescu-Roegen에게 지구에 사는 생명의 엔트로피적 죽음은 궁극적인 물리적 한계다. 한 번 사용하면 엔트로피가 높은 에너지로 바뀌어 되돌릴 수 없게 되는 소모성 화석연료로부터 '재생 가능한' 태양열 에너지로 전환한다면 이러한 엔트로피적 종말로 향하는 속도를 늦출 것이다. 다만 궁극적인 엔트로피 한계가 있느냐 없느냐를 놓고는 논란이 있어 왔다. 한계가 있다 하더라도, 그것은 아마도 수백만 년이라는 시간 속에서 작동하기에, 현재 세대에게는 상관없는 일일 것이다. 그렇다 하더라도 현대 산업이나 농업이 의존하는 석유나 인P과 같은 특정 비축물은 고갈될 수도 있다. 이는 궁극적인 한계가 아니라 구체적인 문제다.

사회와 자원 사이의 관계는 보통 공진화 관계로 더 많이 개념화한다. 화석연료 같은 자원이나 공기 같은 생태계는 사회가 어떠한 순간에 무엇을 할 수 있는지 없는지를 결정한다. 사회는 이러한 '한계'를 다시 설정한다. 산업화된 농업은 토지 생산성의 한계를 뛰어넘었고, 석유는 석탄을 대체했다. 이 과정에서 토양 오염, 부식, 비료를 만드는 데 드는 인 고갈, 기후변화와 같은 새로운 한계와 조건이 생겨났다. 원자력, 역청탄, 유전자변형작물GMO의 개발 등 이러한 한계에 대한 '대응'은 다른 많은 것을 대가로 일부(보통은 소수)의 복리를 증진할지도 모른다. 경제와 사회 활동을 둘러싼 지구 생태계가 이러한 활동을 절대적인 의미에서 궁극적으로 제한한다고 보기보다는(Daly, 1997), 사회가 생태계를 좋은 쪽으로든 나쁜 쪽으로든 바꾸면서 그 변형에 적응해야 하는 계속적인 공진화 관계에서 인간의 경제 및 사회 활동이 제한된다고 보는 편이 더 쉽다(Benton, 1992; Kallis and Norgaard, 2010).

경제 과정이 한 곳의 엔트로피를 높임으로써 다른 곳에서는 엔트로피 질서를 낮추는 한, 게오르제스쿠-뢰겐의 통찰은 여전히 중요하다. 기후변화는 공기 중 탄소 배출의 엔트로피 전환에 따른 결과다. 탄소 배출이 증가하고 공기 중에 응집되면 기후를 불안정하게 해 처참한 결과를 낳으며, 이것은 미래 공진화에 강한 영향력을 행사할 것이다. 만일 현재 쓸 수 있는 화석연료를 모두 추출한다면, 지구 온도는 섭씨 15도 더 높아질 것이다. 과학자들이 안전 유지선이라고 주장하는 섭씨 2도 내에 머물면서 지금과 같은 속도로 성장하려면 세계 경제는 2050년까지 탄소 사용의 효율을 130배 더 올려야 한다. 1980년도와 2007년을 비교해 봤을 때, 탄소 사용의 효율성은 겨우 23% 높아졌다(Jackson, 2011). 부국들이 달성한 최고 기록이 1%에 불과하고 그나마 이것이 경기침체 동안의 성과인 상황에서, 이 나라들은 매년 배출량을 8~10%씩 줄이기 시작해야 한다(Anderson and Bows-Larkin, 2013). 경제 활동 감축, 게오르제스쿠-뢰겐의 표현으로는 엔트로피적 경제 과정의 속도를 늦추는 일은 탈성장 계획에 따라 자발적으로든, 아니면 기후의 참담한 변화에 의해 비자발적으로든 피할 수 없어 보인다.

경제를 물질 또는 대사 관점에서 바라보는 시각은 중요한 통찰을 준다. 에너지와 자원을 생산하려면 에너지와 자원을 사용해야 한다. 석유를 파내려면 에너지를 써야 한다. 우라늄과 실리콘을 추출해 원자력발전소나 태양열발전소를 지어서 운영하는 일도 마찬가지다. 고성장 시기는 석유 및 석탄의 높은 에너지 생산성(혹은 높은 에너지 잉여)과 연결되어 있었다. 에너지 투자 대비 효율이 낮은 청정 재생에너지가 현재 규모의 높은 성장률이나 경제를 어떻게 유지할지는 분명하지 않다. 단기적 케인스주의의 관점에서는 녹색 인프라 시설과 재생에너지에 대한 공공투자가 경제 신장 효과가 있을 것이라고 주장하지만, 실제 이것은 생산성이 높은 에너지원을 생산성이 낮은 것으로 대체하는 것이기 때문에 장기적으로는 그럴 가능성이 작아 보인다. 노동이 에너지를 대체할 수도 있겠지만, 이는 지금까지의 성장 과정에 역행하는 일이다. 결론적으로, '녹색성장'은 이루기 어려워 보인다.

경제는 다양하다(Gibson-Graham, 2006)

주류 모형의 경제는 기업이 이윤을 내기 위해 생산하고 가구에서는 임금을 벌기 위해 노동력을 제공하며 그로 인해 소비할 수 있게 되는, 사유재산, 임금노동, 시장교환의 자본주의 경제다. 현실에서 이것은 경제라는 빙산의 눈에 보이는 일각일 뿐이다(Gibson-Graham, 2006). 그 표면 아래에는 다양한 대안 시장(예컨대, 공정무역)과 비시장교환(예컨대, 물물교환), 대안 형태의 임금노동 및 무임금노동(예컨대, 가사 및 자원봉사), 대안 기업(예컨대, 윤리은행 또는 협동조합)이나 비자본주의 기업(예컨대, NGO, 집합체 및 결사체, 상호 돌봄 망)이 있다. 탈성장 연구에서는 재화와 서비스가 이윤 논리 없이 유대와 의무의 연결망에 따라 순환하는 '선물경제gift economies'(Mauss, 1954)나, 사람들이 자원을 한데 모으거나 나누고 그 자원을 관리하는 제도를 자율적으로 조직하는 '커먼스'에 많은 관심을 기울인다(De Angelis and Harvie, 2014; Varvarousis and Kallis, 이 책의 6장).

가족 내 돌봄노동이나 비시장교환은 선물이나 공유화의 논리가 스며들어 있는 명백한 형태의 비자본주의 경제활동이다. 도시텃밭, 소비자-생산자 먹거리 협동조합이나 시간은행은 이러한 비자본주의 관계의 좀 더 새로운 '탈자본주의적' 환생이다(Conill et al., 2012). '자유시장'의 이데올로기를 최종 종착지로 삼지 않는다는 점에서, 이들은 '아직 자본화하지 않은' 자본주의 이전 형성물의 잔재—또는 자본주의 이전으로의 회귀—가 아니다.

깁슨-그레이엄(2006)이 주장하듯, 시장경제는 그 바깥에서 이루어지는 엄청난 양의 일들이 뒷받침하고 있다. 화폐 단위로 측정된 대안 비자본주의 실천들로 설명되는 부분은 이러한 경제 중에서도 매우 작은 부분일 수 있다. 그러나 이것은 엄밀히 말해 이들이 이윤을 내려고 생산하지 않으며, 이들의 일이 시장 회계 체계의 일부분으로 들어가 있지 않기 때문이다. 만일 누군가가 가사, 자원봉사, 비영리 활동에 소요되는 인간 행위나 노동시간을 계산에 넣는다면, 아니면 더욱 도전적으로 누군가 이런 일들로 생산되는 (교환가치보다) 사회적인 가치를 설명한다면, 대안 경제가 공식 경제보다 더 크지는 않더라도 비할 정도는 될 수도 있다. 대안 경제가 무상으로 제공하는 부분들이 없다면, 공식 경제는 지금 공짜로 누리고 있는 재생산에 보상을 해야만 할 것이기 때문에 지속하기 어려울 것이다.

경제의 핵심 문제는 희소성이 아니라 잉여다(Bataille, 1927)

잉여는 노동자들이 생산에 기여한 몫보다 일에 대한 대가를 덜 받을 때 만들어진다. 잉여는 또한 한 경제를 지탱하는 재생산 돌봄노동(요리, 청소, 육아, 또는 상호부조)을 하는 사람들이 이 일로 발생하는 자신들의 몫을 받지 않거나, 자연으로부터 무상으로 제공되는 생태계의 혜택들이 다시 보충되지 않은 채 착취될 때 발생한다. 화석연료가 엄청난 양의 일을 무상으로 해내지 않았더라면 산업화는 이루어지지 않았을 것이다(유용한 은유로 '에너지 노예'라는 말이 있다. 엘리베이터 전원을 공급하거나 차를 모는 데 필요했을 보이지 않는 노동자들을 떠올려 보자).

조르주 바타유(Bataille, 1927)는 언제나 생산자의 기본적인 욕구를 만족시키는 데 필요한 양보다 생산물이 더 많기 때문에, 어느 경제체제든 핵심 문제는 희소성이 아니라 '잉여를 어떻게 다루는가'라고 주장한다. 예를 들어, 자본주의를 다른 체제와 구별 짓는 것은 잉여의 창출이 아니라 잉여를 가지고 무엇을 하는가에 있다. 자본주의의 혁신은 잉여의 상당 부분을 더 많은 생산과 더 많은 잉여의 창출에 투자한다는 점이다(D'Alisa et al., 2014). 이것은 다른 문명에서는 볼 수 없던 성장 잠재성을 촉발한다. 바타유(Bataille, 1927)에 따르면, 잉여의 운명이 피라미드든, 나태한 수도승이든, 포틀래치 potlatch든, 축제든, 투자든, 무엇에 쓰이는가가 한 문명의 본질을 결정한다. 바타유는 낭비되는 잉여분이 파멸로 가는 임계점을 넘을 만큼 축적되지 않으려면 (예를 들면, 전쟁을 통해) 정기적으로 사용되어 소멸되어야 한다고 주장했다.

경제 과정은 잉여에 대한 기여와 운명을 둘러싼, 또는 달리 보자면 비용(과 이득)의 배치에 대한 분배 갈등으로 가득하다. 경제적 분배 갈등은 노동자와 자본 사이의 잉여 분배를 다루는 데 비해, 생태적 분배 갈등은 환경에 좋고 나쁨을 두고 다툰다(Martinez-Alier and O'Connor, 2002). 여성이 불균형적으로 재생산과 돌봄노동의 짐을 지고 있기에 재생산 갈등은 대체로 성별화되어 나타난다.

경제 변화는 공진화 과정이다(Norgaard, 1994)

하나의 체계구조로부터 다른 체계구조, 말하자면 봉건제로부터 자본주의로의 전환은 어떻게 일어나는가? 리처드 노가드(Norgaard, 1994), 그리고 좀 더 최근에 데이비드 하비(Harvey, 2011)는 다른 행위 영역들이 상호작용하면서 서로를 구성하는 방식으로 바꾸는, 변화의 공진화 모형을 제시한다. 노가드는 기술, 자연, 가치, 지식, 제도라는 다섯 가지 전반적인 영역을 개괄한 바 있고, 하비는 기술·제도 형태, 사회관계, 제도·행정 방식, 생산과 노동 과정, 자연과의 관계, 일상생활 및 종種의 재생산, '세계의 정신적 개념화'라는 일곱 가지 영역을 기술했다. 마지막 개념에는 신뢰와 문화체계, 믿음체계가 포함된다.

진화evolution는 시간의 흐름에 따라 시대 변화가 뚜렷해지는 것을 의미한다. 시대 변화는 일어날 당시에는 인식할 수 없다. 어느 시점에든 각기 다른 영역들은 서로 연결되어 변화하기 어렵고, 자본주의가 그렇듯 불변의 '체계'라는 인상을 준다. 이는 각 영역 안에 늘 존재하는 차이와 다양성을 숨긴다. 이러한 다양성은 의도하든 그렇지 않든, (생물학에서는 '돌연변이'라고 부르는) 완전히 새로운 요소를 통해 계속해서 새로워진다(Kallis and Norgaard, 2010). 상호 선택mutual selection은 다른 영역의 지배적 변수와 가장 잘 맞는 한 영역의 변수가 '생존'하고 증식할 가능성이 크다는 뜻이다. 소수의 상호 연결된 하위체계들은 보통 '옛 껍데기 안에서' 틈새를 차지하고 키워가며 공존하고, 주변 조건이 달라지면 확장한다. 공간 분리는 틈새의 차별화와 진화를 더 쉽게 만든다. 멀리 떨어진 섬들에서 새로운 형태의 생명들이 진화해 온 것처럼, 새로운 사회문화 형태는 지정학적으로 멀리 떨어져 있거나 공간적으로 고립되어 자신들의 영토를 자율적으로 다스릴 수 있었던 사람들에 의해 출현하고 연결되어 혁신을 전달한다(사파티스타운동을 생각해 보라).

봉건제로부터 마침내 진화해서 빠져나오기 전까지 자본주의는 오랫동안 봉건제 안에 공존해 왔다. 새로운 기술·조직 형태(회사, 기업, 무역 계약, 은행, 투자)와 제도·행정 방식(군주제 및 봉건 특권의 폐지, 공유지의 사유화, 자유민주주의, 사유재산권 보장법) 사이의 연결고리가 먼저 만들어졌다. 이러한 연결고리는 중세 베니스나 이후에는 네덜란드나 영국 같은 지정학상 틈새 지역에서 더욱 강화되었다. 새로운 행정은 새로운 사회관계, 가치, 경합하는 제도들 사이의 갈등이라는 맥락 속에서 자리 잡을 수 있었다(Harvey, 2011). 전혀 새로운 기술체계가 진전된 덕에 새로운 조직 양식이 성공을 거둘 수 있었고 이 조직 양식은 다시 기술체계를 더욱 진전시켰으며, 이러한 기술체계는 엄청나게 보유되어 있던 화석연료를 개발할 수 있었기에 발전할 수 있었다(Norgaard, 1994).

단기적으로는 모든 것이 연결되어 보이지만, 장기적으로는 특히 생물학적 진화에서 '혜성'을 비롯한 다른 격변 지점과 흡사하게, 선택 환경을 바꾸는 외부 동요가 일어나면 모든 것이 바뀐다. 공진화는 대부분의 시간에서 느리게 일어나는 과정으로, (19세기 부르주아 혁명이나 20세기 사회주의 혁명처럼) 혁명적 변화의 시기에는 새로운 균형점으로 단절적 전환을 겪는다.

2절: 위기의 대안적 설명

앞서 제시한 개념들을 바탕으로, 이제 칼리스 외(Kallis, Martinez-Alier and Norgaard, 2009)에서 드러낸 바 있는 생각들을 발전시켜서 위기를 보는 대안적 설명을 요약해 보려고 한다. 기본적인 발상은 간단하다. 성장의 한계는 신용 대출 확장으로 대체되었다. 원칙에서 벗어난 돈의 성장은 극단적으로 무너지기 전까지, 어느 선까지만 지속될 수 있었다.

발전된 경제들은 1970년대 말부터 후에 '장기침체secular stagnation'라고 부르는 장기적 시기에 들어섰다(Summers, 2013). 전후 재건 시기의 높은 성장률은 막을 내렸고, 저성장 아니면 제로 성장이 흔한 일이 되었다. 생산경제는 ① 파국 이후 재도약이나 수렴기 또는 후발 성장기의 빠른 성장에 뒤따르는 자연적 안정화, ② 경제 규모가 커질수록 이전 같은 속도로 성장하기는 더 어려워진다는 사실, ③ 19세기 및 20세기 초 이루어진 거대 기술혁신의 잠재성 고갈(Gordon, 2012), 특히 에너지 생산성의 새로운 돌파구 부재(Ayres and Warr, 2010), ④ 계속해서 커져가는 잉여를 흡수할 새로운 수요 출구를 만드는 일의 어려움(Harvey, 2011) 등 네 가지 이유로 한계에 다다랐다. 석유와 천연자원의 처리율 한계도 한몫했다는 설명도 일리가 있다(Martinez-Alier, 2009).

경기침체를 극복한 것은 신용부채 확장이었고, 민간과 공공에서 빚을 진 덕에 금융경제가 생겨날 수 있었다. 민간부채는 주택 및 소비자 대출의 형태로 나타났고, 은행이 대출을 통해 실질적으로 새로운 돈을 만들어 내는 방식으로 화폐를 민영화하면서 대출은 더 쉬워졌다(Mellor, 2010). 화폐 간 교환은 이제 화폐 대 현물 상품 교환보다 규모가 20배 더 커졌다. 정부가 계속해서 경제의 대부분을 통제했던 그리스와 같은 일부 독특한 사례에서는 채무가 공공부채의 형태로 나타났다. 다른 곳에서는 대부분 최소한 정부가 파산한 은행의 손해나 위험 부담을 떠맡을 때까지는 민간에서 부채가 발생했다. 허구적으로 높은 성장률을 어떻게든 지속적으로 유지할 수 있었던 것은 공공에서든 민간에서든 새로운 금융상품이 개입해 구하기 쉬워진 돈과 대출금이 밀려든 덕이었다.

이러한 변화는 이른바 자유시장의 혜택을 중심으로 구조화된 믿음체계와, 경제생활에서 중요한 분야, 특히 주택시장, 금융상품, 국가 간 자본 이동의 규제를 없애는 역할을 한 일련의 정치적 개입이 공진화한 덕에 지속되었다. GDP 성장과 주식거래지수에 대한 물신화는 규제받지 않는 허구 자본의 추진력을 받아 경제의 문제적 근본을 가리는 역할을 했다. 뒤이어 경제를 '자유롭게 한다'는 이름으로 제도 변화가 이루어지고 정치 권력이 뒤바뀌면서 소득보다 자본, 저소득층보다 고소득층 위주로 대규모 재분배가 이루어지게 되었다(Piketty, 2014). 성장 수익의 대부분이 소수의 사람들에게 축적되는 동안 대다수의 생활 수준은 정체되었다. 점점 더 많은 채무가 생겨났고 악순환 속에서 수요 정체를 막았다. 그리고 그 소수는 점점 더 많은 잉여를 통제하면서 정치체계를 장악하고 신자유주의로의 변화가 계속되게 만들었다.

2008년 터진 거품은 아마도 석유와 관련이 있었을 것이다. 아시아에서 증가한 자원 수요는 성장의 지속세를 두드러지게 보여주었다. 이렇게 지속된 성장은 돈과 금융자본의 과잉 공급과 짝을 이루어 2002년부터 시작된 유가와 상품 가격의 지속 상승으로 이어졌다. 2007년, 유가는 미국 경제를 불황의 목전까지 밀어붙이는 임계점을 넘어섰고(Hamilton, 2009), 담보대출 압류의 기폭제가 되었다(Kaufmann et al., 2011). 고유가의 타격을 입은 교외 빈곤 가구들의 '독성' 담보대출 상환이 어려워지자 많은 은행들이 이런 위험 앞에 지속하기 어려운 상태로 노출되어 있었음이 드러났고, 금융위기가 촉발되었다. 낮은 성장 기대가 투자를 억눌렀고, 가계부채 및 은행이 지속하기 어려울 정도로 이러한 위험에 노출되어 있음을 드러내는 부정적 소용돌이가 일기 시작했다.

유로존으로의 위기 전염, 은행으로부터 공공 부문으로의 비용 전가, 그에 따른 긴축정책과 역진적 재분배 같은 나머지 이야기는 잘 알려져 있다. 위기 이전 시기의 성장은 금융 주도의 팽창만이 아니라 임금을 억제함으로써 잉여를 늘리고 복지 서비스 및 환경 규제 예산을 줄여 민간 기업의 비용을 노동자, 무보수의 돌봄노동자, 환경에 실질적으로 전가하는 집중 착취 전략을 통해 지속되었다. 화폐로 환산되지 않았던 생태계나 돌봄서비스, 환대나 상호 돌봄 같은 '선물' 관계들, 보건이나 교육 같은 공공 공유자원이 화폐화되어 거래되거나 이윤을 위해 생산되는 '상품화'가 이루어지는 동안 돈의 허구적 순환과 GDP 성장은 지속되었다. 폴라니에 따르면, 이러한 관계와 서비스를 상품으로 대함으로써 그 본질을 비하하는 것이야말로 경제위기 이전부터 존재하였고 경제위기 시기에도 나타난 사회적·도덕적·환경적 위기와 관련이 있다.

더욱이 시장경제가 새로운 영역으로 침범하면서 경제의 다양성을 감소시키고 대안 비자본주의 공급 방식을 붕괴시켰을 수 있다. 다른 시기였다면 공식 경제가 붕괴되어 있는 동안에도 이러한 대안 비자본주의 공급 방식이 기본적인 필요를 충족시켜 주었을 것이다. 즉 상품화와 함께 나타난 경제적 다양성의 감소로 인해 사회가 경제위기의 영향에 더 취약해졌다는 가설이다. 달리 말하자면, 비자본주의 경제가 강하게 나타나는 사회는 그렇지 않은 사회보다 위기의 영향을 더 잘 견뎌냈다.

3절: 새로운 경제학의 구현으로서 대안 경제

위기와 함께 생산자 및 소비자 협동조합, 대안 먹거리 네트워크, 도시 농업 및 텃밭, 시간은행 및 대안화폐나 교환 네트워크 등 이 책의 주제가 되는 대안 경제의 괄목할 만한 팽창도 이루어졌다. 이러한 활동들은 크든 작든 이런저런 방식으로 사유재산권, 임금노동, 교환과 이윤을 위한 생산 등 자본주의 생산의 기본적인 속성들을 거스른다는 점에서 '대안적'이다.

대안 경제 네트워크의 활동은 폴라니가 말한 상품화에 맞선 대항운동이자, 노동, 자연, 돈을 '탈환'하고 탈상품화해서 경제의 다양성을 높이고 그에 따라 새롭고 회복력 있는 구조, 위기에 놓인 화폐경제의 대안을 만들어 가는 시도라고 볼 수 있다. 대안 실천들에서 나타나는 주류 경제로부터의 출구는 시장에서의 생산, 소비, 교환을 중단한다는 점에서 실질적이고, 경제가 무엇이고 어떻게 작용하는지를 다르게 이해하는 것을 토대로 한다는 점

에서 인지적이다.[1]

대안 경제 네트워크들의 관습적인 정치화 정도는 각기 다르지만, 이러한 경제의 '탈출'과 '탈환'은 분명 정치화 행동이다. 경제는 더 이상 자율적인 체계가 아니라, 목적 달성의 수단이자 한 집합체의 사회적·정치적 목적을 실현하기 위해 조정되는 관계들의 체계로 이해되며, 자율적인 것은 경제가 아니라 이 집합체다.

이러한 집합체가 촉진하는 모형은 또한 명백히 생태적으로(Conill et al., 2012), 생산과 소비의 견고한 물질성을 인식하고 있다. 도시 농업이나 대안 먹거리 네트워크 같은 기획들은 자본주의 생산의 '대사 균열'을 고치고(McClintock, 2010), 예전 농부들처럼 경제의 대사율과 엔트로피율을 낮춘다(Martinez-Alier, 1990). 유기농 공방이나 먹거리 소비자 협동조합은 대규모 공장식 농업이나 초국적 대기업 슈퍼마켓보다 생산이나 운송에 비료, 살충제, 화석연료를 물론 덜 쓴다. 생산 및 소비도 대체로 덜 집중화된 방식으로 조직되어 있을 것이다. 그렇게 되면 전문화와 규모의 경제가 감소하고, 계속되는 숙의와 수평형 의사 결정에 긴 시간이 소요되기 때문에 **생산 단위당 노동자와 자원은 더 많이 필요해진다.** 바로 이러한 '비생산성'이 이들 대안을 더욱 생태적으로 만든다. 생산 단위당 생산성이 적다는 것은 더 적게만 생산할 수 있고, 환경에 해를 덜 끼친다는 뜻이다. 대안 경제실천이 사회적

---

1 바르셀로나의 카탈루냐 통합협동조합(Cooperativa Integral Catalana: CIC)은 이를 잘 보여주는 사례다. 조합원 600명, 참여자 2000명의 CIC는 카탈루냐에서 법적으로 인정받은 협동조합으로, 유기농 식품과 공예품의 독립 생산자 및 소비자, 생태 코뮌 및 점유 주택 거주자, 협동조합 기업과 자신들의 자체 화폐를 발행하는 지역 교환 네트워크('Ecoxarxes')를 포함하는 우산 구조로 이루어진다(Carlson, 2012). CIC는 호혜성과 선물교환을 중심에 두고, 다음으로 물물교환, 공동체 화폐의 교환, 비국가화폐의 교환, 끝으로 기존 화폐의 교환으로 이어지는 다섯 개의 동심원형 순환으로 이루어진 자체 경제 개념 모형을 가지고 있다. 이 개념 모형은 외부 행위자와의 교환에 디지털 암호화폐와 불가피할 때만 유로화를 사용하고, 협동조합 테두리 안에서는 교환이 대부분 선물 및 물물교환, 지역화폐를 통해 이루어지기 때문에 하나의 대안 경제로 실현된다.

가치가 있는 일자리를 생산하는 한 비생산성을 문제 삼아서는 안 된다. 이는 계속해서 높아지는 생산성이 잉여 축적으로 이어지고, 그것이 다시 더 많은 성장과 자원 사용을 부추기는 자본주의 논리를 뒤집는 일이다.

예를 들어 먹거리 협동조합은 축적을 위해서가 아니라, 건강한 음식을 먹으려는 조합원들의 필요를 충족하기 위해 고안되었다. 성장은 그들의 목적도, 결과도 아니다. 이러한 기획은 정관과 실천에서부터 분명하게 한계를 설정한다. 공동체화폐나 지역의 비화폐 교환 네트워크들도 이와 비슷하게 자본 순환을 지역에 머물게 하고 그 방향을 이윤이 아니라 구체적인 필요에 맞춤으로써 자본이 순환하는 정도와 속도를 완화한다. 이는 지배구조와 잉여를 자본주의 경제와는 다른 방식으로 다룬다는 뜻이다.

4절: 새로운 경제정책

새로운 경제학은 시장경제가 더 이상 성장할 수도 없고 그런 성장이 바람직하지도 않은 시점에 시작된다. 이렇게 되면 어떻게 성장하지 않고도 현 상태를 지속하거나 번영을 이룰지가 목표가 된다(Victor, 2008; Jackson, 2011). 경제를 잉여의 분배와 향방을 둘러싼 갈등이 존재하는 잉여체계로 이해하면, 어떻게 성장하지 않고 심지어 감소하는 잉여를 복지와 생태적 지속가능성을 보장하고 더 나아가 증진하는 방식으로 재분배할지를 묻게 된다. 이 질문은 본질적으로 정치적이게 마련이다.

이러한 정신에서 나온 첫 정책은 일 나누기work-sharing다. 이 정책은 계산상 손실 없이 유급 노동시간을 줄이면서도 존엄한(안정적이고 적절한 보상을 받는) 시간제 노동이 이루어질 수 있게 하기 위한 규제를 포함한다. 1인당 노동시간이 줄어든다는 것은, 심지어 1인당 노동에 드는 비용이 증가한다 하더라도 모든 사람이 나눌 일자리가 늘어난다는 뜻이다(Kallis et al., 2013).

경제가 성장하지 않는 상황에서는 생산성이 높아지면 노동이 필요 없어지기 때문에 실업이 증가한다. 일 나누기는 어떠한 노동도 잉여로 만들지 않는다(Gorz, 1994). 실질적으로 이것은 잉여 생산성을 축적에서 시간 해방으로 재분배하는 일이다(Gorz, 1994). 그렇게 되면 시장 경제로부터 대안 경제로, 아니면 돌봄, 재생산이나 그저 게으르게 보낼 시간으로 시간을 재분배할 수도 있게 된다. 그러나 필요가 함께 감소하지 않는다면 얼마나 많은 일을 줄일 수 있을지에 한계가 있을 수 있다. 만일 화석연료가 고갈되고 미래에 '에너지 노예'가 더 적어진다면 사람들은 더 많은 일을 해야 할 것이고, 그렇지 않다면 훨씬 덜 일하더라도 충분할 것이다(Kallis, 2013; Sorman and Giampietro, 2013).

논의 중인 두 번째 정책은 한 나라의 모든 시민에게 아무 조건 없이 평생 보장되는 소득인 기본소득이다(Raventos, 2007). 스페인에서 제안된 모형은 세금체계를 대대적으로 정비하지 않고도 월 400~600유로의 기본소득을 줄 수 있으며, 기본소득이 사실상 중산층의 세후 소득은 건드리지 않으면서도 최고 부유층으로부터 빈곤층으로 소득을 재분배하는 효과가 있다고 주장한다(Arcarons et al., 2013). 기본소득은 사회 안전망 밖으로 밀려나는 시민이 없도록 보장한다. 기본소득이 반드시 임금노동의 의욕을 꺾는 것은 아니다. 실업수당과 비교했을 때, 기본소득은 일자리가 생겼다고 소득을 잃지 않기 때문에 일에 대한 장려책을 더 제공한다. 또한 대안 경제나 재생산 경제에 더 많은 시간을 쏟고 싶은 사람들이 물질적 재화가 적은 것에는 만족할 용의가 있지만 기본적인 필요는 충족되어야 하는 상황에서 기본소득은 그들의 선택지를 늘린다. 기본소득도 일 나누기와 마찬가지로, 노동자만을 위한 것이 아니라 대안노동이나 돌봄노동을 수행하는 사람들에게도 혜택이 돌아가는 제도다. 기본소득은 기초보장, 건강 및 교육, 대중교통 등 국가가 무상이나 낮은 보조금으로 보장해야 하는 다른 기본적인 복지 서비스를 대체하려는 것이 아니다.

세 번째 정책군은 조세체계 정비를 중심으로 돌아간다. 이 정책은 '선善'으로서의 노동에 먼저 세금을 매기는 것이 아니라 '악惡'으로서 자원 사용과 환경 피해에 세금을 매기는 방식으로의 전환을 요구한다(Daly, 1997). 한 가지 방법은 소득세를 탄소세로 점차 대체하는 것이다. 이는 소득세가 갖는 진보적 재분배 기능을 유지하면서도 (사람들이 탄소집약적 상품을 줄이기 시작할 수도 있기 때문에) 탄소세의 세수 기반이 손실될 수 있다는 잠재성도 안고 가는 방식으로 조화를 이루어야 할 것이다. 중요한 것은 이러한 전환이 세금의 총량을 늘리기 위한 것이 아니라(탄소세 도입으로 세금이 늘어나는 부분은 소득세 감소분과 상쇄될 것이다), 저탄소 기업이나 협동조합에 혜택을 주어 사람들이 고탄소 제품에서 저탄소 제품을 소비하도록 바꾸려는 시도라는 점이다.

탄소세는 자본과 노동 사이의 분배에 중립적일 수 있지만, 성장이 없으면 자본으로 가는 잉여의 비중이 커지므로 이 둘 사이의 분배 역시 다루어져야 한다(Piketty, 2014). 조세 개혁의 이 두 번째 요소는 토마 피케티(Piketty, 2014)가 제안한, 상속세나 부동산 보유세처럼 자본과 거대한 부에 세금을 매기는 재분배와 일맥상통한다. 더 야심차게 '소득 상한income caps'을 도입해 최저임금과 최고임금 사이에 용인될 수 있는 최대 비율을 정함으로써 실질적으로 불평등의 상한을 정할 수도 있을 것이다(Daly, 1997).

국가는 조세, 사회보장, 노동 규제를 통해서만이 아니라 구체적인 사회적 필요를 만족시키는 것을 목적으로 하는 투자정책을 통해서도 잉여가 분배되게 할 수 있다. 예를 들어, '신경제' 투자 프로그램을 통해 (새 도로와 공항 확장 같은) 민간 운송 인프라 시설, 군사기술, 화석연료, 채굴 사업 등에 대한 공공투자와 보조를 멈출 수 있다. 이렇게 절약한 재정은 광장이나 차 없는 보행자 전용도로 같은 도농 공공 공간 개선, 또는 대중교통과 공공 자전거 체계에 보조금을 지급하거나, 소규모 분권형 재생에너지 사업을 개발하는 데 쓰일 수 있다. 대안 경제를 지원하는 데 재정을 재배치하고 제도를 지원할 수도 있다.

다섯째 전환 제안은 국가가 새로운 화폐 발행의 통제권을 민간은행으로부터 되찾아 오자는, 마리 멜러(Mellor, 2010)가 말하는 '공공화폐'다. 지금 상태에서는 민간은행이 채권을 발행함으로써 실질적으로 새로운 돈을 만든다. 돈은 경제에 빚으로 들어간다. 실물경제에 비해 돈과 빚이 지나치게 늘어난 이유가 이것이다. 민간은행은 채권을 통해 빚으로만 돈을 발행할 수 있지만, 국가는 공공의 필요를 충족하기 위해 빚 없이 돈을 발행할 수 있다. 예를 들어, 국가는 기본소득이나 협동조합, 돌봄서비스, 환경보호, 재생에너지를 보조하기 위한 돈을 발행할 수 있다. 공공화폐를 발행하면 국가가 화폐주조차익(화폐의 명목 가치와 화폐를 생산하는 데 드는 비용 사이의 차액)을 되찾을 수 있고 더 이상 공공지출 재정을 조달하기 위해 민간은행으로부터 돈을 빌리지 않을 것이기 때문에 공공재정이 개선될 것이다. 공공화폐는 또한 국가가 바람직한 소비 형태를 자극하고 다른 것들, 예를 들어 착취적이거나 환경에 해를 끼치는 소비를 억제할 견인력을 더 실어줄 것이다. 공공화폐체계는 지역화폐는 물론 국가 및 초국가 단위를 아우르는 중첩된 화폐 위계를 포함할 수도 있다. 이러한 변화가 이루어진다면, 협동조합은행이나 윤리은행처럼 이윤을 고려해서 대출을 하지 않고 이미 예금과 대출 사이의 균형을 더욱 엄격하게 맞추려고 하는 많은 보수적 신용기관들이 혜택을 받을 것이다.

　끝으로, 재분배를 넘어 환경 면에서 어떠한 최소선, 다시 말해 그것을 넘어서면 파국적 공진화의 결과를 낳을 위험이 있는 임계치를 넘지 않고 존중하도록 보장해야 한다. 이러한 최소선에는 특정 땅이나 자원을 확보해 생산에 활용되지 않게 하는 것도 포함될 수 있다. 알려진 모든 유전油田이 고갈된다면 세계 기후는 분명히 비참해질 것이기 때문에, 석유 시추는 반드시 멈추어야 한다. 자원 사용의 효율성을 높이면 자원 사용에 드는 비용이 줄어 수요가 늘어난다는 점에서, 자원을 더 효율적으로 사용하는 전략만으로는 절대 충분하지 않다는 점도 알아야 한다. 효율성은 자원 사용 규모를 늘린다. 대신에 이 규모에 상한을 두면, (성장에 상한이 정해져 있기 때문에) 자원 사용의 효율성으로 얻게 되는 몫을 더 성장하는 데 사용하지 않게끔 보장할 수 있다.

한 가지 핵심적인 환경 제도는 수입 상품에 포함된 배출량과 원자재들을 포함해 이산화탄소 총감축에 절대 상한을 두되 그 상한을 점차 줄여나가는 것이다. 문제는 어느 나라도 앞장서서 자국의 배출과 성장을 제한할 수는 없다는 것이다. 그렇게 하면 그 나라가 상대 우위를 놓칠 수 있기도 하지만, 한 곳에서 국지적으로 자원 사용이 감소한다 하더라도 그에 따라 자원 사용에 드는 상대 비용이 떨어지게 되고, 그만큼 다른 곳에서 자원 사용을 늘리면 감소로 얻는 효과가 상쇄되기 때문이다. 이것이 국제 기후변화협약이 없어서는 안 되는 이유다. 파리협정은 생각보다 괜찮았지만, 탄소 배출을 구속력 있게 의무적으로 줄이도록 강제하기에는 역부족이다.

기존 경제학의 관점에서 보면 이 여섯 가지 제안은 바람직하지 않다. 이것들은 개입을 주장하며 시장 기능에 관여한다. 경제학자들은 서둘러 이러한 제안이 생산요소 비용을 늘리고 성장을 제한하며 일자리를 줄인다고 주장할 것이다. 새로운 경제학 패러다임에서는 그런 것들이 문제가 되지 않는다. 경제는 정치적이며 국가는 핵심 행위자로서 비용과 혜택을 재분배하고 민주적으로 결정된 목표들을 성취하는 방식으로 경제의 흐름을 어떻게 지휘할지 결정할 수 있다. 앞서 말한 정책들은 부유한 사람에게서 빈곤한 사람에게로, 자본으로부터 노동으로, 은행으로부터 채무자로, 임금노동자로부터 무임금노동자로, 사람들로부터 생태계로 부를 재분배한다. 따라야 할 '불변의' 법칙이란 없으며, 이러한 개입이 교란할 '완전한 시장'도 없다. 그리고 지구 환경의 변화를 고려한다면, 탈성장은 나쁘지 않다. 일을 나누면, 성장이 감소한다고 해서 일자리가 더 적어질 필요도 없다.

물론 '완전한 시장'은 환상일 수 있지만, 자본 흐름이 자유로운 세계에서 이 환상은 실재한다. 자본의 비행이 더 온건한 개입이나 규제 없는 축적을 멈추려는 주권적 시도조차 약화시킬 수 있는 이 지구화된 세계에서 앞서 말한 제도 변화가 실행될 수 있을지는 마땅히 물어야 한다. 그리스나 아르헨티나에서 나타나듯, 공통화폐 권역이나 제한적인 자유무역지대 협정 안에서 정책 혁신의 여지는 매우 적다. 정치적으로 말해, 만일 변화가 일어나야 한다면 그 변화는 국제기구들을 바꿀 힘을 가진 세계 경제의 핵심 국가들 안에서 시작되어야 할 것이다.

이러한 변화를 향한 요구는 어디에서부터 올까? 위기의 결과이자 성장이 초래할 수 있는 결말로서 재분배 갈등은 널리 퍼져 있다. 하지만 대안이 출현할 수 있을까? 이 정치경제학 분석을 이해하려면 공진화 모형을 이해해야 한다. 앞서 언급한 제도 및 행정 배치의 변화는 다른 영역에서의 변화가 상호 구성적으로 이루어지지 않는 진공 상태에서는 출현할 수 없다. 대안 경제활동은 '생산 및 노동 과정', '자연과의 관계', '일상생활의 재생산', '문화 및 믿음 체계' 영역에서 새로운 변수들이 존재함을 의미한다. 이러한 변수들은 재분배 제도와 서로를 강화할 수 있다. 정책은 시간과 다양한 자원을 대안 경제에 들일 수 있도록 해방시킨다. 뒤집어서 이러한 새로운 '뉴딜'을 요구할 만한 사회운동을 구축하려면 실천이 필요할 텐데, 분노운동은 이렇게 막 시작된 연결의 한 예가 될 가능성이 있다(바르바루시스와 칼리스가 쓴 이 책의 6장을 참조할 것).

다만 현재 대안 경제는 아주 작은 틈새만을 차지하는 반면(그리고 그 틈새들은 이제 막 연결되기 시작했다), 지역마다 예외는 물론 있지만, 제안된 것과 같은 제도 변화들이 일어날 만한 눈에 띄는 정치적 계기는 없다. 어떤 조건에서 대안 경제의 진화가 이루어질 것인가, 거리가 소멸되고 다양성이 고립으로 처벌받기도 하는 이 연결된 세계에서 다양한 진화는 어렵지 않은가 하는 질문은 여전히 열려 있다. 실제로, 성장 없는 번영의 모색은 모두가 그 길을 따른다면 더 나은 삶을 살게 될 지구 차원의 집단행동으로 여겨질 수도 있지만, 현재 체계가 팽창하지 않으면 무너지도록 맞춰져 있기에 앞장서는 이들이 손해를 볼 가능성이 크다.

결론

탈성장의 새로운 경제학은 '경제'를 다시 개념화하고 재발명한다. 이러한 재발명은 경제가 사회의 필요를 충족해야 한다는 생각을 바탕으로 하는 다른 정치 비전을 표현하고 있으며, 그것을 실현하는 데 정치력이 필요하다는 점에서 정치적 행위다. 새로운 모형은 경제를 다양하고 물질적이며 자본, 임금노동, 돌봄 및 봉사활동, 생태계의 '작동', 게으름과 즐거움 사이에 잉여가 어떻게 분배되는지에 따라 정의된다고 본다.

위기는 금융경제와 생산 및 재생산 경제, 생태계 사이의 분리를 드러낸다. 경제성장이 한계에 부딪히고 자본주의가 성장 없이 작동하지 못하게 되자, 금융과 신용부채가 급증하면서 그것을 통제하는 사람들에게 우호적인 방식으로 부를 재분배했다. 파이가 더 이상 커지지 않자 노동자, 돌봄노동자 및 생태계에 대한 착취가 격렬해졌다. 금융위기는 그렇게 사회위기, 환경위기, '돌봄위기'와 함께 왔다.

일 나누기, 기본소득, 녹색세나 부유세 등 여기에서 잠정적으로 논의된 대응은 이러한 재분배를 정치적으로 뒤집고 성장 없이 함께 번영하기 위한 조건을 만들려고 한다. (경제적) 변화의 공진화적 이해는 이러한 제도 변화가 기술체계, 믿음체계, 생산체계나 소비체계와의 상호 적응을 요한다는 점을 보여준다. 나는 이렇게 갓 시작된 변화의 씨앗을 이른바 '대안 경제'의 틈새에서 찾아볼 수 있다고 주장했지만, 이들 연결망의 규모는 체제 변화를 이끌어 내기에는 턱없이 작다. 그러나 변화는 늘 이전에는 작고 지지부진해 보이던 틈새들이 갈등과 위기의 시기에 기회를 찾아 빠르게 확대되면서 단절을 통해 일어나기 때문에, 다양성의 존재는 그 자체로 중요하다.

참고문헌

Anderson, K. and Bows-Larkin, A. 2013. "Avoiding dangerous climate change demands degrowth strategies from wealthier nations." Available at: kevinanderson.info

Arcarons, J., Raventós, D. and Torrens, L. 2013. "Una propuesta de financiación de una renta básica universal en plena crisis económica." *Sin Permiso*. III. Monografico Renta Basica.

Ayres, R.U. and Warr, B. 2010. *The Economic Growth Engine: How Energy and Work Drive Material Prosperity*. Cheltenham: Edward Elgar.

Bakker, K.J. 2003. *An Uncooperative Commodity: Privatizing Water in England and Wales*. Oxford: Oxford University Press.

Bataille, G. 1927. "The notion of expenditure." *Visions of Excess: Selected Writings, 1939*. Minneapolis, MN: University of Minnesota Press, pp.116~29.

Benton, T. 1992. "Ecology, socialism and the mastery of nature: a reply to Reiner Grundmann." *New Left Review*, Vol.194, No.1, pp.55~74.

Carlson, S. 2012. "Degrowth in Action, from Opposition to Alternatives Building: How the Cooperativa Integral Catalana enacts a Degrowth vision." Master's thesis, Lund University.

Castoriadis, C. 1997. *The Imaginary Institution of Society*. Cambridge, MA: MIT Press.

Conill, J., Cardenas, A., Castells, M. and Servon, L. 2012. *Otra vida es posible: prácticas alternativas durante la crisis*. Barcelona: UOC Press.

D'Alisa, G., Kallis, G. and Demaria, F. 2014. "From austerity to dépense." In: D'Alisa, G., Demaria, F. and Kallis, G. (eds.). *Degrowth: A Vocabulary for a New Era*. New York: Routledge.

Dale, G. 2012. "The growth paradigm: a critique." *International Socialism*, p.134.

Daly, H.E. 1997. *Beyond Growth: The Economics of Sustainable Development*. Boston, MA: Beacon Press.

De Angelis, M. and Harvie, D. 2014. "The commons." In: Parker, M., Cheney, G., Fournier, V. and Land, C. (eds.). *The Routledge Companion to Alternative Organization*. London: Routledge.

Fischer-Kowalski, M. 1997. "Society's metabolism: On the childhood and adolescence of a rising conceptual star." In: Redclift, M.R. and Woodgate, G. (eds.). *The International Handbook of Environmental Sociology*. Cheltenham: Edward Elgar, pp.119~37.

Foucault, M. 1991. "Governmentality." In: Burchell, G., Gordon, C. and Miller, P. (eds.). *The Foucault Effect: Studies in Governmentality*. Chicago, IL: University of Chicago Press.

Fournier, V. 2008. "Escaping from the economy: The politics of degrowth." *International Journal of Sociology and Social Policy*, Vol.28, No.11/12, pp.528~45.

Georgescu-Roegen, N. 1971. *The Entropy Law and the Economic Process*. Cambridge, MA: Harvard University Press.

Giampietro, M. 2003. *Multi-scale Integrated Analysis of Agroecosystems*. Boca Raton, FL: CRC Press.

Gibson-Graham, J.K. 2006. *The End of Capitalism (as We Knew It): A Feminist Critique of Political Economy*. Minneapolis, MN: University of Minnesota Press.

Gordon, R.J. 2012. "Is US economic growth over? Faltering innovation confronts the six headwinds." NBER Working Paper Series, No.18315.

Gorz, A. 1994. *Capitalism, Socialism, Ecology*. London: Verso Books.

Hamilton, J.D. 2009. "Causes and consequences of the oil shock of 2007-08." *Brookings Papers on Economic Activity*, Spring, pp.215~83.

Harvey, D. 2003. *The New Imperialism*. Oxford: Oxford University Press.

Harvey, D. 2011. *The Enigma of Capital: And the Crises of Capitalism*. London: Verso Books.

Jackson, T. 2011. *Prosperity Without Growth: Economics for a Finite Planet*. London: Earthscan.

Jackson, T. and Victor, P.A. 2016. "Does slow growth lead to rising inequality? Some theoretical reflections and numerical simulations." *Ecological Economics*, Vol.121, pp.206~19.

Kallis, G. 2013. "Societal metabolism, working hours and degrowth: A comment on Sorman and Giampietro." *Journal of Cleaner Production*, Vol.38, pp.94~8.

Kallis, G. and Norgaard, R.B. 2010. "Coevolutionary ecological economics." *Ecological Economics*, Vol.69, No.4, pp.690~9.

Kallis, G., Martinez-Alier, J. and Norgaard, R.B. 2009. "Paper assets, real debts: An ecological-economic exploration of the global economic crisis." *Critical Perspectives on International Business*, Vol.5, No.1/2, pp.14~25.

Kallis, G., Kerschner, C. and Martinez-Alier, J. 2012. "The economics of degrowth." *Ecological Economics*, Vol.84, pp.172~80.

Kallis, G., Kalush, M., O'Flynn, H., Rossiter, J. and Ashford, N. 2013. ""Friday off": Reducing working hours in Europe." *Sustainability*, Vol.5, No.4, pp.1545~67.

Kallis, G., Demaria, F. and D'Alisa, G. 2014. "Degrowth." In: D'Alisa, G., Demaria, F. and Kallis, G. (eds.). *Degrowth: A Vocabulary for a New Era*. New York: Routledge.

Kaufmann, R.K., Gonzalez, N., Nickerson, T.A. and Nesbit, T.S. 2011. "Do household energy expenditures affect mortgage delinquency rates?" *Energy Economics*, Vol.33, No.2, pp.188~94.

Latouche, S. 2005. *L'invention de l'économie*. Paris: Albin Michel.

Loftus, A. 2015. "Violent geographical abstractions." *Environment and Planning D: Society and Space*, Vol.33, pp.366~81.

Martinez-Alier, J.M. 1990. *Ecological Economics: Energy, Environment, and Society*. Madison, WI: University of Wisconsin Press.

Martinez-Alier, J.M. 2009. "Socially sustainable economic de-growth." *Development and Change*, Vol.40, No.6, pp.1099~119.

Martinez-Alier, J. and O'Connor, M. 2002. "Distributional issues: An overview." In: van den Bergh, J.C.J.M. (ed.). *Handbook of Environmental and Resource Economics*. Cheltenham: Edward Elgar, pp.380~92.

Mauss, M. 1954. *The Gift: Forms and Functions of Exchange in Archaic Societies*. London: Cohen & West.

McClintock, N. 2010. "Why farm the city? Theorizing urban agriculture through a lens of metabolic rift." *Cambridge Journal of Regions, Economy and Society*, Vol.3, No.2, pp.191~207.

Mellor, M. 2010. *The Future of Money: From Financial Crisis to Public Resource*. London: Pluto Press.

Mitchell, T. 2002. *Rule of Experts: Egypt, Techno-politics, Modernity*. Berkeley, CA: University of California Press.

Norgaard, R.B. 1994. *Development Betrayed: The End of Progress and a Co-evolutionary Revisioning of the Future*. New York: Routledge.

Odum, H.T. 2002. "Emergy accounting." In: Bartelmus, P. (ed.). *Unveiling Wealth*. Amsterdam: Springer, pp. 135~46.

Piketty, T. 2014. *Capital in the 21st Century*. Cambridge, MA: Harvard University Press.

Polanyi, K. 1944. *The Great Transformation: The Political and Economic Origins of Our Time*.

Boston, MA: Beacon Press.

Prudham, S. 2007. "The fictions of autonomous invention: accumulation by dispossession, commodification and life patents in Canada." *Antipode*, Vol.39, No.3, pp.406~29.

Raventós, D. 2007. *Basic Income: The Material Conditions of Freedom*. London: Pluto Press.

Rezai, A., Taylor, L. and Mechler, R. 2013. "Ecological macroeconomics: An application to climate change." *Ecological Economics*, Vol.85, pp.69~76.

Skidelsky, R. and Skidelsky, E. 2012. *How Much is Enough?: The Love of Money, and the Case for the Good Life*. Harmondsworth: Penguin.

Smith, A. 1887. *An Inquiry Into the Nature and Causes of the Wealth of Nations*. London: T. Nelson and Sons.

Sorman, A.H. and Giampietro, M. 2013. "The energetic metabolism of societies and the degrowth paradigm: Analyzing biophysical constraints and realities." *Journal of Cleaner Production*, Vol.38, pp.80~93.

Summers, L. 2013. "Why stagnation might prove to be the new normal." *Financial Times*, December 15.

Victor, P.A. 2008. *Managing Without Growth: Slower by Design, not Disaster*. Cheltenham: Edward Elgar.

3장
지속가능한 지역 발전을 위한 세계 공동체 경제 분석

스비아틀라나 흘레비크
Sviatlana Hlebik

서론

사회연대를 기반으로 하는 최신의 경제 형태는 지속가능한 소비 연구에 매우 적합하며 성장하는 실천 영역이다. 이 장에서는 지속가능한 지역 발전을 위한 세계 공동체 경제 분석을 제시할 것이다. 이러한 경제는 한편으로는 기업에 이익이 될 수 있고, 다른 한편으로는 거버넌스와 사회집단에 영향력을 행사하면서 지역의 복지 서비스를 증진할 수 있다. 이 장에서는 공동체 화폐체계와 국가의 사회경제적 발전, 화폐화된 지표, 거시경제학, 환경 등의 속성 사이에 있을 수 있는 관계를 평가하기 위한 실증분석을 하였다.

자체 결제수단을 갖춘 화폐 교환의 한 형태로 대안화폐를 개발해 사용하는 공동체의 수가 늘면서 이 분야에 대한 연구 및 정책 차원의 관심도 증가하였다. 지역화폐는 지역 공동체가 경제 자립성을 증진하고 금융 자율성을 강화하도록 도움으로써 지역 공동체의 역량을 강화할 것이다. 제롬 블랑(Blanc, 2011)은 지역화폐가 주로 특정 지역공간 안에서 지역의 회복력을 강화하고 구축하기 위해 지역 내 활동과 행위자에 초점을 맞추고 있음을 밝힌 바 있다. 공동체화폐는 특정 공동체에서의 사회 교환과 호혜성을 발전시킴으로써 이를 달성한다. 블랑(Blanc, 2011)에 따르면, 보완화폐는 시장교환 원리에 따라 운용되고 경제활동 발전을 목표로 한다.

이 장에서는 우선 이 연구에서 논의된 다양한 사업 모형과 경제 도구들이 왜 경제를 더욱 지속가능하게 해줄 수 있는지를 설명하는 기존의 학문 기반을 소개한다.

한 지역 공동체의 경제가 지니는 다중성을 고려하면, 여러 분류 방식을 검토하는 것이 중요하다. 이 장에서는 두 가지 다른 접근방식을 제시한다. 첫 번째 접근방식은 역사적 진화와 발전을 설명한다. 두 번째는 화폐의 유형화, 목적, 기능에 초점을 맞춘다.

이 장에서 분석하는 수단들은 사람들이 기존에 생각하던 틀과 다르기 때문에, 그 기능성을 더 잘 이해할 수 있도록 몇 가지 보완적인 경제 도구들의 사례도 소개했다.

공동체화폐community currencies: CCs에는 여러 가지 유형이 있고, 그중에는 스위스의 공동체화폐 중 하나인 비르WIR 체계 모형을 기반으로 전문적으로 운영되는 기업 대 기업B2B 보완화폐인 상업신용순환Commercial Credit Circuit: C3 모형이 있다. 이 화폐는 스위스 국내 기업 4분의 1이 참여하면서 성공적으로 운영되어 왔다. 비르가 스위스 경제의 장기 안정성을 설명하는 중요한 경기 안정화 요인으로 작용했음은 공식 계량경제학 분석과 다른 연구 방법들을 통해 증명된 바 있다.

최근에는 공동체화폐의 목적과 유형을 연구하기 시작하면서 공동체화폐가 흔한 물물교환 형태를 넘어 돈의 역할을 재고하고 사회적 가치와 지속가능한 지역 발전을 증진하기 위한 수단을 도입하고 있다는 것을 발견하였다. 필리프 드뤼데르(Derudder, 2011)가 언급했듯이 "이러한 계획의 공통적인 동기와 핵심 목표는 연대 강화와 공동체 안에서의 나눔, 지역 고용 발전과 경제에 자극을 주는 것을 중심으로 이루어져 있다."

이 장의 내용은 다음과 같이 구성된다. 1절에서는 다양한 유형의 사업 모형과 경제 도구를 운영하는 것이 어떻게 구조적인 혜택을 발전시켜 경제를 더욱 지속가능하게 하는지 분석할 개념틀을 제시한다. 2.1절에서는 화폐 유형의 범주와 공동체화폐에 관한 접근이 시대별로 어떻게 역사적으로 진화해 왔는지를 소개한다. 2.2절에 소개된 일부 사례는 공동체화폐가 기능하는 기제를 더 잘 이해할 수 있게 해준다. 2.3절에서는 유형, 목적, 교환매개수단의 측면에서 공동체화폐의 세계적 분포를 통계 근거로 보여주는 것을 목표로 한다. 자료는 보완화폐 자료센터Complementary Currency Resource Center를 통해 수집했다. 끝으로 3절은 전 세계의 이러한 경제 도구가 어떻게 국가 수준의 경제·사회·환경 요인, 그리고 금융 부문과 돈의 다양한 측면에까지 연결되는지에 관한 실증분석을 다룬다.

1절: 개념틀

이언 캐시와 동료들(Kash et al., 2007)은 어떻게 돈의 균형 분배로부터 한 체계에 속한 행위자들의 특성을 추론할 수 있는지 보여주었다. 이들은 "이 모형이 전략적 상호보완성을 드러냄을 보여주는 것, 다시 말해 순수한 전략에도 효율적으로 계산할 수 있는 균형이 존재함을 밝힘으로써 균형을 계산"하기 위해 최적의 인공 통화scrip 체계와 수수료를 계산하는 분석을 제공했다.

샐리 거너 외(Goerner et al., 2009)는 복잡한 흐름체계flow system의 지속가능성을 양적으로 측정할 단단한 실증적·수학적 기반을 제공했다. 일부 생태경제학자들(예컨대, 허먼 데일리Herman E. Daly, 로버트 울라노위츠Robert E. Ulanowicz)에 따르면, 흐름체계의 장기 지속가능성은 적절한 균형점, 크기와 내부 구조(발전)에 달려 있다. 생태계는 경제와 마찬가지로, 체계의 총처리량으로 그 크기를 측정한다. 예를 들자면 경제에서의 국내총생산GDP과 같다. 결과적으로 흐름-네트워크flow-network의 지속가능성은 자연에 의해 결정되는 효율성과 회복력의 최적균형으로 정의해도 적절할 것이다.

효율성은 "네트워크가 시간이 지나도 통합성을 유지하면서 충분히 조직적이고 효율적인 방식으로 성과를 낼 역량"(May, 1972)으로 정의할 수 있는 반면, 회복력은 "유보적이거나 유연한 대비 태세와, 새로운 교란이 일어나는 긴급 상황에 대처하고 계속해서 발전하고 진화하는 데 필요한 참신성을 만족할 수 있는 행위의 다양성"으로 정의할 수 있다(Holling, 1986). 두 개념은 모두 연결망에서 발견되는 다양성과 연결성의 정도와 관련이 있지만, 방향은 다르다. 다중연결성과 다양성은 회복력에 긍정적인 역할을 한다. 경제를 흐름체계로 표현하는 것은 교환매개수단으로서 돈의 기본적인 기능과 직접적으로 연결된다.

버나드 리테어 외(Lietaer et al., 2010)에 따르면, "경제는 살아 있는 유기체와 마찬가지로, 전체의 건강이 그것을 촉진하는 매개체, 즉 돈이 사업과 개인들 사이에서 순환하는 구조에 심하게 의존한다. 돈이 잘 순환되지 않으면 경제의 공급이나 수요, 또는 양쪽 다의 목을 조를 것이기 때문에, 돈은 계속해서 전체의 모든 구석까지 충분히 순환해야 한다."

흐름이라는 이 복잡한 개념을 금융 및 화폐 체계에 적용하면, "효율성에 과도하게 집중하는 것이 우리가 역사 속에서 매번 호경기와 불경기가 순환할 때마다 반복적으로 관찰할 수 있었던 종류의 거품 경제를 만드는 경향이 있음을 예측"할 수 있다(May, 1972).

국가는 단일 통화의 독점을 유지하면서 강력하게 규제한다. 국가마다 단일 통화의 독점을 강화하면 국가 단위 시장에서 가격 형성과 교환의 효율성이 커진다. 여기에는 한 연결망 체계에는 하나의 극대점만이 존재한다는 수학적 기반이 작용한다. 흥미로운 것은 최적 지속가능 지점이 미세하게 회복력 쪽에 위치한다는 점이다. 이는 회복력이 효율성보다 최적 지속가능성에 더 큰 역할을 함을 시사한다.

그림 3.1은 조라치와 울라노위츠(Zorach and Ulanowicz, 2003)의 '생존의 창Window of viability'을 시각화한 것이다. '생존의 창'이란 한 체계가 장기적으로 생존할 능력의 한계치인 최대 지속가능 지점 주변의 보다 좁은 안전 범위를 의미한다. 모든 지속가능한 체계는 이 '생존의 창' 범위 안에서 움직인다.

드롱 외(De Long et al., 1990), 드본트와 탈러(De Bondt and Thaler, 1987), 탈러(Thaler, 1999) 등 여러 연구자는 효율 시장 가설의 주장으로 설명되지 않는 시장 이상 현상을 관찰했다. 그럼에도 효율 시장 가설은 여전히 시장을 조직하고 운영하는 데 지배적인 패러다임이다.

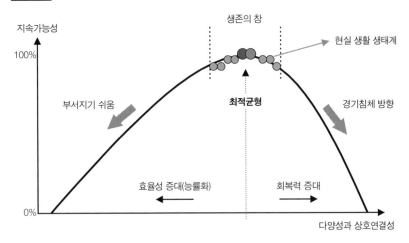

그림 3.1 생존의 창

지속가능성

100%

생존의 창

현실 생활 생태계

부서지기 쉬움

최적균형

경기침체 방향

효율성 증대(능률화)

회복력 증대

0%

다양성과 상호연결성

자료: Lietaer et al.(2010).

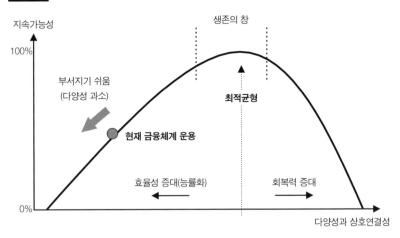

그림 3.2 화폐 생태계

지속가능성

100%

생존의 창

부서지기 쉬움
(다양성 과소)

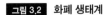

최적균형

현재 금융체계 운용

효율성 증대(능률화)

회복력 증대

0%

다양성과 상호연결성

자료: Lietaer et al.(2010).

모든 개선이 성장과 효율성을 증가시키는 같은 방향으로(그림 3.2에서 아래로 향하는 두꺼운 화살표) 더 진전되어야 한다는 일반적인 믿음이 만연하기

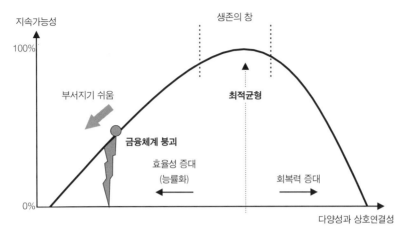

그림 3.3 체계적 금융 붕괴

지속가능성

100%

생존의 창

부서지기 쉬움

최적균형

금융체계 붕괴

효율성 증대
(능률화)

회복력 증대

0%

다양성과 상호연결성

자료: Lietaer et al.(2010).

때문에 세계 화폐체계는 점차 더 취약해지고 있다. 가격 형성과 교환의 효율성을 기반으로, 은행 채무 화폐라는 전 세계적 단일 문화와 유동성 교환은 '더 효율적'이라는 이유로 정당화되었다.

그림 3.3은 효율성이 더 적절하다고 여겨지는 기준이라는 이유로 지나치게 효율을 따져 체계를 운용하면 시스템 충돌과 붕괴로 이어질 수 있음을 보여준다. 여기서 핵심 개념은 돈이 우리의 전 세계 경제 연결망 안에서 순환하며 이자를 가지고 만들어지는 은행 채무 화폐라는 한 가지 화폐 유형의 독점으로 유지된다는 것이다.

교환매개수단으로 사용되고 받아들여질 수 있는 다양한 사업 모형과 수단들은 당사자들 사이에서 상품의 판매나 구매, 교역을 촉진한다. 현대 경제학 문헌의 많은 저자들이 '교환매개수단'을 나타내는 말로 '화폐'라는 용어를 사용하는 것은 이러한 도구를 도입하면 다양한 '화폐들'이 민간의 사람과 기업 사이에 순환되면서 교환을 쉽게 만들기 때문이다.

그림 3.4에서 위로 향하는 두꺼운 화살표는 다양한 유형의 보완화폐를

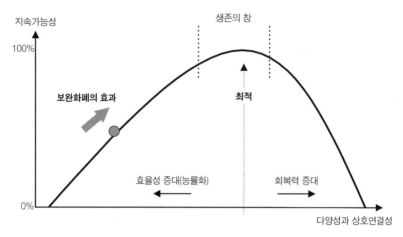

그림 3.4 다양한 보완화폐의 효과

지속가능성

생존의 창

100%

보완화폐의 효과

최적

효율성 증대(능률화)

회복력 증대

0%

다양성과 상호연결성

자료: Lietaer et al.(2010).

운용하는 것이 어떻게 효율성은 줄이더라도 구조의 회복력을 높여 경제를 다시 지속가능한 방향으로 이끄는지를 보여준다. 이렇게 다양한 형태의 '화폐'는 기존 국가화폐의 보완물로 운영되기 때문에 흔히 '보완' 또는 '보완공동체화폐complementary community currency: CCC'라고 불린다.

2.1절: 유형화와 범주 개요

경제·사회·환경 차원을 포괄하는 광범위한 사회경제적 도구들이 있으나 그 다양한 범주나 유형은 아주 최근에야 소개되었다(Schroeder et al., 2011).

이러한 범주 중 일부는 기술 및 운영 설계상의 특성에 더 초점을 맞추는 반면, 다른 것들은 각기 다른 목표와 목적, 비전을 통합하기도 한다(Martignoni, 2012).

여기에서 우리는 간략하게 다음 두 가지 방식을 요약한다.

표 3.1 공동체화폐 세대의 역사적 진화

명칭 및 화폐 방식 유형	프로젝트 특성 / 고려 공간	목적 / 주요 원리	세대 구분 / 주요 사례	내용 개요
공동체화폐	공동체 / 사회 공간 (이미 존재하거나나 즉각적인 공동체)	공동체 정의, 보호 및 강화 / 호혜성 우선, 시장과 다양한 거리두기	1세대 / LETS, Trueque, CES	태환불가능한 방식; 외부 경제활동에 개방성이 상당히 작음
		공동체 정의, 보호 및 강화 / 호혜성 우선, 지방정부와 다양한 거리두기	2세대 / 시간은행, Accorderie	시간화폐를 쓰면서 태환불가능한 방식, 특히 지방정부와 협력 관계
지역화폐	영토 / 지정학적 공간 (정치적으로 정의된 영토)	영토 정의, 보호 및 강화 / 재분배 또는 정치 통제, 시장 우선, 일반적으로 지방정부와 거리가 있음	3세대 / Ithaca Hours, Regio, Palmas, Berkshares	태환가능한 방식; 지역 기업이 포함됨; 지역정부와 협력 관계에 관심
보완화폐	경제 / 경제 공간 (생산 및 교환)	경제 보호, 지역이나 방향 설정 / 시장 우선, 정부 및 호혜성과 연결	4세대 / NU, SOL	소비자 책임 및 경제활동 방향 전환과 그 밖의 목적을 지향하는 복합적 방식; 참여 필수적
국가화폐	영토 / 주권 공간	주권 / 재분배나 정치 통제	-	-
영리화폐	경제 / 영리조직의 고객	이윤 / 구매력 획득	-	-

자료: Blanc(2011).

- 제롬 블랑Jérôme Blanc이 고안한, 공동체화폐의 세대별 역사적 진화에 따른 접근
- 케네디와 리테어(Kennedy and Lietaer, 2004) 방식의 화폐 유형화

표 3.1에서 제시된 방식은 세대를 넷으로 나눈다. 이 세대들은 "구체적 화폐 조직과 사회경제적 현실세계 및 (지방 또는 중앙) 정부와의 구체적인 관계들"을 특징으로 구분된다(Blanc, 2011).

1세대 공동체 화폐 방식은 '레츠 체계'로 불린다(전 세계 LETSystem에 관한 지도는 그림 3.5를 참조할 것). 레츠LETS 모형은 지역 교환 거래 체계local exchange trading system를 가리키는 영어 줄임말이다. "지역 고용 및 거래 체계나 지역 에너지 전환 체계는 지역에서 발의하고 민주적으로 조직된 비영리 공동체 기업으로, 지역사회 공동체 정보 서비스를 제공하고, 구성원들이 지역에서 만든 레츠 신용 화폐를 사용해 재화와 서비스를 교환한 거래 내역을 기록한다"(Western Australia Government, 1990).

레츠 프로그램은 1980년대 초 마이클 린턴Michael Linton이 캐나다 밴쿠버섬에서 창립한 이후, 특히 1990년대 후반부터 다양한 나라에서 이 모형을 복제하면서 강화되고 대규모 네트워크를 형성했다. 레츠 체계는 구성원들이 구매 시점에 자신의 신용한도를 발행할 권한을 주는 무이자 지역 신용거래를 활용하여 자기조정 기제를 만들었다.

2세대는 미국에서 1980년대 후반 시간화폐time dollar 방식과 함께 나타났고, 이후 여러 나라로 수출되었다. 시간화폐는 시간은행에서 쓰는 교환 단위다. 이러한 종류의 도구는 신뢰와 협동을 기반으로 하는 호혜적 서비스 교환의 한 양식이다. 교환 단위가 1인당 시간이었던 전통적인 시간은행과 달리, 시간화폐 방식은 서비스를 제공하면 벌고 서비스를 받으면 쓰는 것이다. 이 체계는 지방정부 및 사회적 지향을 가진 재단들과 자주 협력 관계를 발전시키면서 사회 프로그램을 통해 사람들에게 도움을 준다(Blanc, 2011).

그림 3.5 **LETS 체계 세계지도**

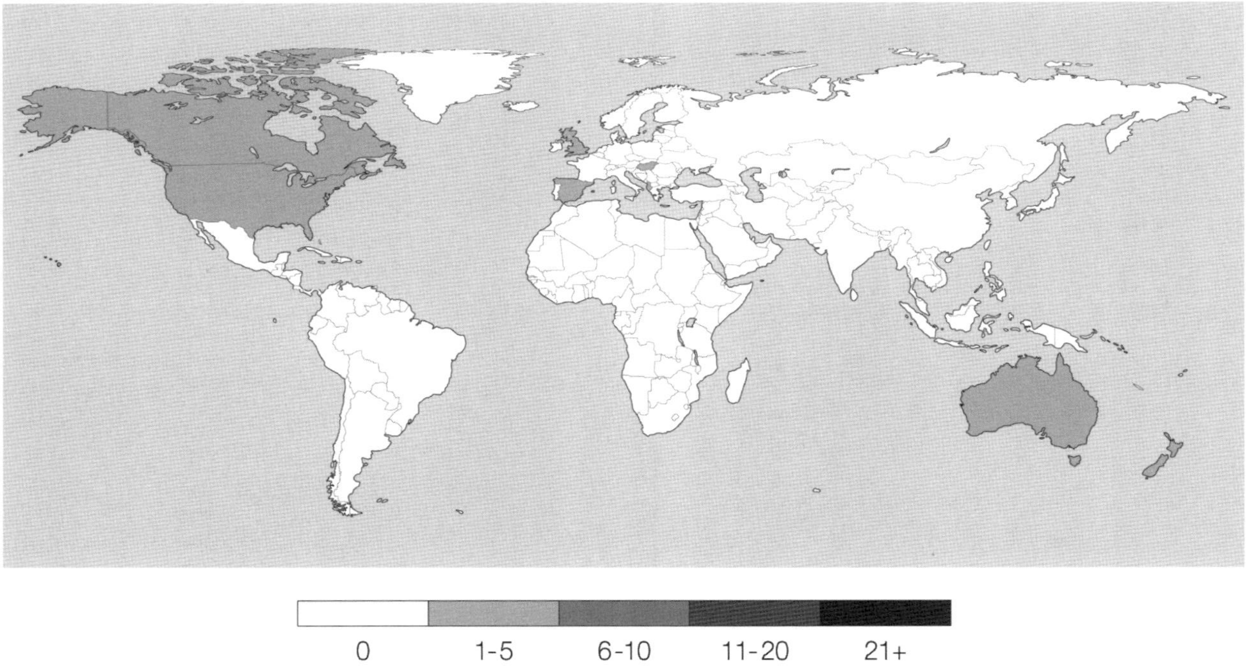

21+

11-20

6-10

1-5

0

자료: 세계 보완화폐 데이터베이스(http://www.complementarycurrency.org).

표 3.2 케네디와 리테어(2004) 방식의 화폐 유형화

주요 분류	설명		세분화
목적	법정화폐	상업적	B2B, B2C, C2C, C2B
		사회적	노인 돌봄, 연금 생활자, 실업자, 교육, 아이 돌봄, 사회계약, 문화 정체성, 생태, 다른 사회적 목적, 혼합 형태
수단	상품화폐, 동전, 지폐, 전자화폐, 혼합 형태	-	
기능	결제수단	가치 측정	기존 화폐로 지급, 시간 단위로 지급, 구체적 사물로 지급
	교환매개수단	가치 저장	이자보상화폐, 무이자화폐, 사용료 있는 화폐, 시간 단위에 구체적 가치가 매겨진 화폐화, 만기일이 있는 화폐, 혼합
화폐 생성 과정	실제 은행 업무, 담보대출, 무담보대출, 교환 가능 상품권, 기업 상품권, 고객우대권, 중앙 상호신용기관에서 발행(고정), 혼합 형태	-	
원가 보상	부가 원가보상 없음, 고정 비용, 거래 비용, 이자 수수료, 체선료 등. 시간 의존 과금, 혼합 형태	-	

※ *Regionalwährungen* (2004), p.268 이하. 독일어판을 영어로 번역한 것임.
자료: Martignoni(2012)에서 재인용.

3세대 방식은 레츠 모형에서 나온 것으로, 일반적으로 비영리 조직들이 시행하고 있으며 때로는 공동체은행이나 지역 협동조합도 참여한다. 경제적 목적을 지닌 이 범주는 2000년대에 엄청나게 증가했으며, 독일의 레기오 regio 방식과 브라질 공동체은행, 미국의 버크셰어BerkShare로 대표된다. "그것들은 일상 소비에 드는 일련의 비용을 다시 지역에 돌림으로써 지역의 경제 활동에 활기를 불어넣는 것을 목적으로 한다. 따라서 이러한 방식이 성공하려면 작은 지역 기업과 가게, 때로는 좀 더 큰 기업을 포함해야 한다"(Blanc, 2011).

4세대는 지방정부가 중추적 역할을 하는 복합 프로젝트로 대표되는 새로운 세대다. 4세대가 도입되려면 환경 문제에 특히 초점을 맞춘 여러 가지 목표가 결합되어야 한다. 이 유형은 예를 들어 로테르담 NU(2002-3년)의 지

역 또는 유기농 제품 소비, 공정무역, 쓰레기 재활용, 그리고 프랑스의 SOL 프로그램처럼 지속가능한 행동을 독려하는 것을 목표로 한다. SOL은 지속가능한 소비에 상업형 고객 우대 방식과 비슷한 고객우대카드를 결합하였다.

표 3.2는 마그릿 케네디Margrit Kennedy와 버나드 리테어(Kennedy and Lietaer, 2004)의 분류를 보여준다. 이러한 분류 방식은 개념, 목표, 기능을 구별해 화폐의 엄청난 다양성을 잘 이해할 수 있게 해준다. 이러한 유형화는 ('상업적' 또는 '사회적 목적'을 위한) 법정화폐, 교환매개수단, 결제수단, 원가 보상 등 모든 형태의 화폐 분류 방식 정립을 목적으로 한다.

2.2절: 어떻게 작동하는가(일부 사례)

이 절에서 우리는 특정 지역 안에서 순환하면서, 공동체에 속한 사람들에게 부를 가져다주고 유동자금을 늘려 결과적으로 한 지역의 구매력을 높이기 위해 고안된 현대 경제(화폐)도구의 일부 사례들을 보여줄 것이다.

현재 순환되는 가장 오래되고 중요한 보완화폐 중 하나에서부터 시작하자. 예전에는 스위스경제계Swiss Economic Circle로 알려졌던 비르 은행Wirtschaftsring-Genossenschaft이 그것이다. 비르 신용청산협회WIR credit clearing association는 대공황에 대한 직접적인 대응으로 사업가 베르너 치머만Werner Zimmerman과 파울 엔츠Paul Enz가 1934년 설립하여 80여 년 동안 스위스에서 운영되어 왔다. 이곳은 이제 비르 은행으로 불리며 보통의 은행 서비스를 제공한다. 이곳의 정관에는 다음과 같이 명시되어 있다. "비르 협동조합은 무역, 제조, 서비스 제공 회사들로 구성된 자조 조직이다. 그 목적은 참여하는 구성원들이 자신들의 구매력을 서로 활용하도록 독려하고 사람들 안에서 계속해서 순환시킴으로써, 구성원들에게 부가적인 판매 기회를 제공하는 것이다"(WIR Bank, 1934).

이 체계는 다음과 같은 방식으로 작동한다. 비르 참여자로 가입하기를 희망하는 사업가는 다른 참여자와의 거래에서 비르 주문장을 지급 방식 일부 또는 전부로 받아들이겠다는 의사를 공표한다. 비르 대표 한 명이 가입 희망자의 사업 감각과 평판을 일차적으로 검토해 신용보증부서에 동의서를 보내고, 세 명으로 구성된 가입 승인 위원회에 신청서를 제출한다. "각 참여자는 보통의 은행 수표와 비슷하게 이름, 주소, 계좌번호가 찍힌 주문장 양식을 가지고 있다. 다른 참여 구성원으로부터 구매를 할 때, 구매자는 이 주문장에 구매 금액을 적어서 판매자에게 주고, 판매자는 얼마가 쓰여 있든 그 금액을 받아들여야 한다"(WIR Bank, 1934).

이 기제는 구성원 사이의 판매를 늘리기 위해 돈의 빠른 순환을 촉진하면서, 계좌 잔액을 빨리 소모하도록 자극한다. 주요 특징은 계좌 잔액에 이자가 붙지 않는다는 점이고, 그래서 이 돈은 무이자다.

토머스 그레코(Greco, 1994)에 따르면, 비르는 화폐 개혁가들과 무료 교환 옹호자들이 공부해야 할 중요한 사례다. "운영정책상 아직 몇 가지 결함이 있기는 하지만, 비르는 보통의 은행에서 만드는 채무 화폐의 대안으로서 구매자와 판매자 사이 직접 신용정산의 유효성을 오랜 시간 입증해 왔다."

오늘날 보완 경제(화폐)도구의 또 다른 사례로, 채무 없이 이루어지는 전자화폐 방식을 이용한 지역 거래 체계로서 리퀴디티(유동자금) 네트워크The Liquidity Network(http://theliquiditynetwork.org)를 살펴보자. 리퀴디티 네트워크는 화폐의 많은 기능 중 가장 중요한 기능인 교환매개수단 역할로서의 기능을 채우려고 한다는 점에서, 경제행위자들이 이미 가지고 있는 자산과 부를 재화와 서비스로 교환하는 능력에 영향을 미치는 유동자금 제약을 해결한다.

리퀴디티 네트워크는 아일랜드 상황에 맞춰 고안되었지만 경기침체와 신용거래 제한으로 유발된 실업 증가, 높은 국가 채무, 대출의 질 하락을 겪는 하향 국면의 어느 나라에든 적용될 수 있다.

리퀴디티 네트워크의 목적은 지금의 유동성 문제, 다시 말해 신용거래 규제로 촉발된 경제활동 둔화를 해결하는 것이다. 현재 거의 모든 경제활동은 채무에 기반한 신용거래로 움직인다. 개인과 기업은 활동의 재원을 대고자 돈을 빌린다. 이러한 대출로 풀린 신용자금을 이용해 고용을 하거나 다른 사람 및 기업과 사업을 하고 그들은 다시 공급자와 사업을 하는 식이다. 지금의 위기에서처럼 은행으로부터 '씨앗' 역할을 하는 신용이 마르면, 정상적으로 작동할 때는 유동성을 효율적으로 만드는 데 도움이 되는 이 승수효과가 반대 방향으로 작용해 유동성을 빠르게 제거한다. 리퀴디티 네트워크는 빚에 기반을 두지 않는 대안 '유동성 흐름'을 만들어 이러한 문제를 해결하고자 한다(http://theliquidity network.org).

리퀴디티 네트워크는 퀴드Quid라고 부르는 단위를 사용한다. 모든 거래는 휴대폰이나 인터넷을 통해 전자상으로 이루어진다. 여기서는 지폐와 동전을 사용하지 않는다. 이 기제는 리처드 다우스웨이트Richard Douthwaite가 고안했고 지속가능한 경제학 재단Feasta, the Foundation for the Economics of Sustainability을 통해 자리를 잡았다. 퀴드의 작동방식은 다음과 같다. 사업체와 국가보험번호를 가진 시민은 누구나 계정을 만들어 1000퀴드Q를 배분받을 수 있다. 이는 대략 1000유로에 해당한다. 모든 계정 소유주는 퀴드를 교환해 매매 행위를 할 수 있다. 하지만 계정은 대체로 균형 상태에 있어야 하고 시스템상 적자를 내는 것은 허용되지 않는다. 매출이 높고 구매 및 판매 교환이 균형 상태에 있는 사업체는 추가로 퀴드를 배분받는다. 이런 식으로 시스템이 자동적으로 유동성을 제공한다.

2.3절: 통계자료 개관

이 절은 보완화폐 자료센터 cc데이터베이스Complementary Currency Resource Center ccDatabase에서 수집한 통계 증거들을 보여주는 것을 목적으로 한다. 그림으로 보면 전 세계의 각기 다른 체계들의 연간 성장과 보완공동체화폐CCC들의 지역별 분포를 훨씬 더 잘 알 수 있다. 여러 보완화폐들은 다중 목표를 가지고 다양한 문제를 해결하려고 한다.

그림 3.6은 전 세계 보완화폐체계의 분포를 나타낸 것으로, 유럽, 북아메리카, 아시아태평양 일대에서 공동체화폐 경험이 가장 많은 지역을 보여준다.

유럽에서는 레츠가 가장 대중적이고, 다음으로 상호신용체계Mutual Credit System, 그다음으로 상업교환체계Commercial Exchange System 순인 데 반해(Database of Complementary Currencies Worldwide, 2014), 북미에서는 상호신용체계와 시간은행체계Time Bank System가 우세하고, 아시아태평양 지역에서는 인터넷 기반 거래 연결망의 공동체교환체계Community Exchange System: CES가 더 널리 퍼져 있다는 점이 흥미롭다.

상대분포는 레츠의 보급이 17%이고, 상호신용체계가 10.7%이며, 공동체교환체계는 14%로 나타난다. 빈도 면에서는 유럽의 레츠, 유럽과 북미에서의 공동체교환체계가 가장 널리 퍼져 있다. 남미에서는 베네수엘라의 '물물교환 체계Sistema de Trueke'가 매우 대중적이다.

대다수 보완화폐는 여러 가지 목적이 있지만, 그렇더라도 일부 양식을 검토하는 것은 흥미로운 일이다. 북미와 아시아태평양 지역은 많은 경우 '공동체 발전'을 목표로 삼는 반면, 유럽은 '지속가능한 사회에 기여', '구성원의 삶의 질 강화', '지역 시장 활성화', 그리고 또한 '약소 및 중소기업 발전' 임무 같은 목표에 더 민감하다. 제시된 자료는 전 세계 보완화폐체계의 성장을 보여준다. 특히 2008년 이후부터 보완화폐체계가 상당히 성장해 왔음을 알 수 있다(구체적인 사항은 부록 1을 참조할 것).

그림 3.6 세계 보완화폐체계 지도

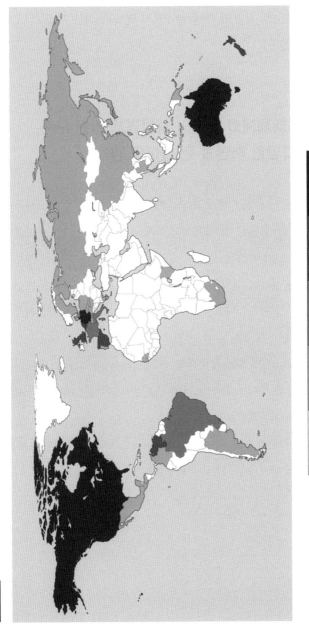

21+

11-20

6-10

1-5

0

자료: 세계 보완화폐 데이터베이스(http://www.complementarycurrency.org).

대안화폐는 소비자가 국가 내 다른 지역이나 해외보다 지역사회 안에서 구매를 하도록 독려한다. '지역제품을 사는 것'이 지역에 부를 순환시키고, 불필요한 수입을 줄이며, 실업 수준이 높아지지 않도록 하는 데 도움이 된다고 지지자들은 말한다.

3절: 공동체화폐체계와 국가의 사회경제 발전 수준, 금융 부문의 다양한 측면과 돈 사이의 관계

이 관계를 검토하는 데에는 세계 보완화폐체계 데이터베이스를 사용했다. 이 데이터베이스는 오늘날 전 세계에서 사용되는 모든 유형의 보완화폐체계를 포함하고 있으며, 국가별·연도별 공동체화폐체계 수에 대한 정보를 얻을 수 있게 해준다. 좀 더 정확히 말해, 이 자료는 2006년부터 2012년까지 세계 35개국을 포괄한다. 우리는 또한 다양한 자료로부터 200개 이상의 변수를 모았다. 경제 자료들과 금융 서비스에 관한 정보는 국제통화기금 International Monetary Fund: IMF 및 세계경제전망World Economic Outlook: WEO 데이터베이스에서 얻었고, 사회, 환경, 교육 요인에 관련된 데이터는 세계개발지수 World Development Indicator에서 추렸다.

방법론으로는 일반 선형 모형generalized linear model: GLM을 사용했다(통계 모형과 데이터 기초통계에 관한 세부 사항은 부록 2와 부록 3을 참조할 것).[1]

---

1 통계에 관해 중요한 조언을 해준 파브리치 엔리코(Fabrizi Enrico), 마르코 리아니(Marco Riani), 그리고 지오바니 베르가(Giovani Verga)에게 감사를 표한다.

주요 실증 결과들

우리는 실증분석으로부터 얻은 '매우 유의미한' 결과들을 아래에 기술했다. 가독성을 위해 결과를 분야별로 묶었다.

거시경제학 특성들

(−) GDP 성장(연간 %): 보완공동체화폐ccc는 GDP 성장 둔화(연간 %)와 음의 상관관계가 있다.

(+) 일반 정부 총부채의 로그값: 정부 총부채가 높은 나라와 연도에 더 높다.

(+) 대출의 위험 프리미엄(대출 금리 − 단기국채 금리, %): 공동체화폐체계는 대출의 위험 프리미엄과 양의 상관관계에 있다.

(+) GDP %로서 정부 총지출: GDP %로서 정부 총지출이 높은 나라와 연도에 더 많이 사용된다.

보완공동체화폐가 경기침체기에 아주 유용하며 번창했다는 것은 보완공동체화폐 설립자와 공동체 구성원들 사이에 널리 퍼진 명제와 신념이다. 분석 결과는 이러한 명제와 신념을 확인해 준다는 점에서 중요하다.

금융

(−) 민간 부문 국내 신용거래(GDP %): 이것은 보완공동체화폐 발전과 비교했을 때 국내 신용거래의 움직임을 나타내는 지표다. 이 결과는 이 연구에서 논의된 증거와 완전히 일치한다. 여러 유형의 상호신용체계 기반 보완화폐가 특히 신용거래 제한 기간에 활성화되었다. 레츠 체계는 참여자들이 자신의 신용한도를 발행하는 무이자 지역신용을 사용했지만, 비르 체계의 성공 모형을 기반으로 더 진화한 형태도 있다.

(−) 전체 총대출 대비 은행 회수 불능 대출(%): 보완화폐들은 은행의 회수 불능 대출 비율과 역逆의 관계에 있다. 부실 대출은 돌려받을 수 없는 회수 불능 대출이 될 가능성이 더 크다. 은행 포트폴리오의 질이 좋은지를 보여주는 이 지표의 수준이 낮을 때 보완공동체화폐가 발전하는 관계에 있다는 뜻이기 때문에 이 결과는 공동체화폐의 보완 기능을 확실히 보여준다.

사회인구학적 특징들: 인구, 교육, 성

(+) 로그 변환한 (총)인구 수: 보완공동체화폐와 양의 관계가 발견된다. 인구가 많은 국가에서는 선행학습의 영향이든, 이데올로기적 민감성이든, 아니면 경제적 필요 때문이든 보완화폐 도구를 실험해 보고 도입할 의사가 있는 사람들을 찾을 가능성이 더 크다.

(+) 고등교육, 교사(여성 %): 고등교육에서 여성 교육 종사자의 비중과 보완공동체화폐 사이의 양의 관계는 보완공동체화폐 확산에 여성 고등교육 종사자의 비율이 긍정적인 영향력이 있음을 증명한다.

(−) 사회적 기여(수익의 %): 이 지표는 보완공동체화폐와 음의 관계에 있다. 사회적 기여는 고용인, 고용주, 자영업에 종사하는 개인들의 사회보장 기여분과 정부가 운영하는 사회보험체계에 대한 기여분을 포함한다. 그러므로 사회보장 혜택이 적은 곳에서 우리가 주목하는 이러한 도구가 더 활발하다는 결과는 꽤 논리적인 설명이다.

화폐 지표들

(+) GDP %로서 화폐와 준화폐(M2): 화폐와 준화폐는 은행 바깥에 있는 화폐, 중앙정부의 몫 외의 요구불 예금, 중앙정부가 아닌 주민 부문의 어음, 저축 및 외화 예금의 합으로 구성된다. 화폐 지표와 양의 관계에 있다는 사실은 보완공동체화폐가 국가화폐 대체 기능을 갖지 않으

며 국가화폐의 대안이 되려는 의도가 있는 것이 아니라 이를 보완하려고 한다는 주장과 일치한다.

인터넷과 통신

(+) 안정적 인터넷 서버: 전자거래가 보완공동체화폐의 지배적인 교환수단이기 때문에, 인터넷 기술과 보완화폐 사이에 양의 관계가 있어야 함은 분명하다(부록 1을 참조할 것).

기업가정신

(+) 신규 기업 밀도(15~64세 인구 1000명당 신규 등기): 등록된 신규 등기 기업 지표는 보완공동체화폐 경험과 양의 관계로 나타났다. 이는 기업가정신과 일하려는 열망을 가진 사람들이 있는 나라, 무엇보다 사업을 하기에 더 우호적인 분위기(느슨한 관료제, 낮은 세금 등)를 가진 나라들이 보완공동체화폐가 발전하기에도 환경이 더 좋다는 것이다.

기후와 환경

(+) 이산화탄소 배출(1인당 미터톤): 이산화탄소 배출과 보완화폐 사이의 양의 관계는 화석연료 연소와 시멘트 제조에 기인한다. 부록 1에서 보여주듯, 보완화폐체계의 목적 중 하나는 환경 전환이다. 공동체화폐는 환경 자원을 더 잘 평가하는 역할을 할 수 있다(예를 들면, 벨기에의 e-포르테모니e-Portemonnee는 기업들이 환경적으로 더 건강한 실천을 하도록 독려한다). 이산화탄소 배출 증가는 세계 기후변화의 원인으로 비판을 받는다. 이 분석의 긍정적이고 낙관적인 결과들은 이산화탄소 배출이 많은 곳에서 지속가능한 행동을 장려하려는 민감성이 더 높음을 보여주었다.

결론

전 세계 화폐체계는 성장과 효율성의 증대로 인해 점차 더 취약해지고 있다. 다양한 유형의 사업 모형, 그리고 교환매개수단으로 사용되고 받아들여질 수 있는 수단들은 당사자들 사이의 상품 판매, 구매, 교역을 촉진한다.

경제·사회·환경 차원을 다루는 광범위한 사회경제적 수단들이 존재하기 때문에, 우리는 두 가지 접근을 따라 분류를 요약하는 것이 유용할 것이라고 생각했다. 첫째 접근은 역사적 진화, 즉 그것이 어떻게 발전했는지를 이해하는 데 도움을 준다. 둘째 접근은 화폐의 유형과 목적, 기능에 초점을 맞춘다.

얼마나 다양한 유형의 체계들이 세계의 다양한 지역에 분포되어 있고, 어떤 교환체계 유형과 목적이 가장 우세한지, 어떤 것이 가장 덜 공통적인지를 보여줄 목적으로 실증분석을 진행하기 전에, 우리는 도표를 이용하여 통계 개관과 자료를 제시했다(주요 결과는 부록 1에 나와 있다). 끝으로, 세계 보완화폐 데이터베이스를 이용해 다음을 밝히기 위해 통계 분석을 실시했다.

- 때로는 논쟁의 기반이 되기도 하는 이론적 믿음이 양적 접근 결과와 일치하는가?
- 보완공동체화폐가 계속해서 성장하기 때문에, 공동체화폐체계와 국가 수준의 경제·사회·환경적 요인, 또한 금융 부문의 다양한 측면과 화폐 사이에 상관관계가 존재하지 않을까?

이 분석의 결과는 보완화폐들이 위기의 시기에 특히 유용하며 사람들과 사업체에 큰 도움이 된다는, 기존에 확인된 내용과 일치한다. 실제로, 많은 공동체가 오늘날 경제위기에서 자기 지역에 부를 잡아두려는 시도로 자체적인 '보완'화폐를 도입하고 있다.

세계 경제가 붕괴한 지난 몇 년 동안, 지역 경제와 지역 생산물에 대한 관심이 부활했으며, 예컨대 버크셔은행처럼 미국과 영국이 여기에 특히 열광했다.[2] 많은 유럽 국가에서도 유로존 위기가 악화되면서 대안화폐가 부상하고 있다. 예를 들어, 금융위기가 심화되면서 대안 거래 기제들이 일어나고 여러 수단들이 더욱더 대중화할 수 있는 상황이 발전한 그리스에서처럼, 유로존 위기가 악화되면서 대안 도구의 사용이 증가해 왔다.

1934년 스위스의 보완화폐인 비르가 시작된 이래로 경제학자들은 이를 주시해 왔다. 경제호황기에는 비르의 매출이 떨어진다. 사업가들은 스위스 프랑으로 자신의 상품을 팔 수 없게 될 때 비르로 들어오고, 현재의 경제 분위기 속에서 사람들은 이러한 해법에 더 끌린다. 비르에 견줄 만한 프로젝트가 독일, 프랑스 등 다른 나라에서 계속되고 있다.

사회인구학 특성에 관련해서는, 실증분석 결과 인구가 많고 사회복지체계가 빈약한 나라들에서 보완공동체화폐가 우세한 경향이 있다. 인구가 많은 나라에서는 보완공동체화폐 도구들을 실험하고 시행하게 하는 선행학습, 이데올로기적 민감성, 경제적 필요의 영향으로 사람들이 보완공동체화폐를 채택하기가 더 쉽다. 게다가 더 큰 나라들에서는 필요가 더 많고, 이는 사업도, 자문도, 거래도, 신용을 구하는 사람들도 더 많다는 뜻이다. 사회복지체계에 미치는 결과와 관련해서 우리가 보고 있는 이러한 도구들이 사회보장 혜택이 적은 곳에서 더 장려되고 있다는 것은 꽤 논리적인 결과다.

신규 등기 기업 지표는 값이 높을수록 보완공동체화폐 경험도 많을 가능성이 높다. 보완공동체화폐 경험과 신규 기업 밀도 사이에 나타나는 양의 상관관계는 고무적 환경 요인(느슨한 관료제, 낮은 세금 등)이 보완공동체화폐의 발전을 장려한다는 점을 보여준다.

공동체화폐는 환경 자원을 더 높게 평가하는 데에도 중요한 역할을 한다

---

2 버크셔 성공 뒤의 비밀: "신뢰 기반 체계는 규정 준수 기반 체계보다 더 효율적일 수 있지만, 이는 직원과 임원진 사이의 이기적 행동이 낮게 나타날 때만 그렇다"(Larcker and Tayan, 2014).

(예컨대, 환경친화적인 실천을 채택하도록 독려하는 벨기에의 e-포르테모니). 이산화탄소 배출량 증가는 세계 기후변화의 원인으로 비난을 받는다. 분석의 긍정적이고 낙관적인 결과들은 이산화탄소 배출이 발생하는 곳에서 지속가능한 행동을 독려하는 뭔가를 만들도록 하려는 장려 요소가 더 많음을 보여주었다.

부록 1은 전자거래가 보완공동체화폐의 지배적인 교환매개수단임을 보여준다. 이는 보완공동체화폐가 인터넷기술과 양의 관계가 있을 것이라는 예상 결과를 실증분석으로 확인한 것이다.

화폐 지표와 금융, 즉 보완공동체화폐 발전 대비 국내 신용거래의 민간부문 이동 지표와의 관계에서도 흥미로운 결과가 도출되었다. 이러한 결과는 이 연구에서 논의된 증거와 완전히 일치한다. 상호신용체계에 기반한 여러 유형의 보완공동체화폐들은 특히 신용거래가 제한된 시기에 활성화되었다. 기업 대 기업 체계의 사례로는 상업신용순환Commercial Credit Circuit: C3 네트워크가 있다. 이는 아주 낮은 가격에 전체 중소기업 네트워크에 실질적 유동성을 제공하는 기술이다. 이 모형은 이런 방식으로 고객으로부터 공급자에게 네트워크 내부에서 유동자금을 전달하고, 사업체는 운용 자금과 생산력 활용을 개선하는 데 필요한 단기 신용에 대한 접근성이 높아진다. 유동자금, 현금, 운용 자금은 한 회사의 생존과 성장에 핵심이기 때문에, 중소기업 네트워크에 아주 낮은 비용으로 상당한 양의 유동자금을 주입하면서 공급자가 즉각 돈을 받는 것은 아주 중요하다.

끝으로, 화폐와 준화폐 지표에 관한 증거는 1절에서 설명한 개념틀과 일치하며, 이러한 도구가 기존 국가화폐의 보충물로 운영된다는 점에서 '보완적'임을 확인시켜 준다.

금융 세계화는 위기가 아닌 시기에는 대안 수단보다 일반 명목화폐fiat money 사용이 시장 참여자에게 더 편리하다고 주장한다. 하지만 공동체화폐라는 도구는 경기침체기에 훌륭한 치료제다. 그것은 지역의 사업 순환을 지지하고 사회적 부를 창출한다.

보완공동체화폐의 초기 디자인은 지역의 무화폐 비영리 교환으로, 레츠와 공통점이 있었다. 레츠가 인터넷 기반의 좀 더 복잡하고 세계적인 교역체계로 진화하면서, 주창자들은 레츠 모형을 다른 지역 또는 대륙으로 확장시켜 나갈 수 있었다. 실제로 공동체 교환 체계는 남아프리카, 호주, 뉴질랜드, 폴란드에서 나타나는 주요 유형 중 하나다. 그림 3.7은 보완화폐체계의 세계적 성장을 보여준다.

크리스토퍼 디트머(Dittmer, 2011)는 "베네수엘라의 물물교환 체계는 최고위 정치 수준에서 차베스 대통령이 먼저 만들자고 발의했다는 점에서 오늘날 보완공동체화폐 중에서 독특하다"고 말했다. 우고 차베스(Chávez, 2005)는 이렇게 말했다. "[물물교환 화폐는] 현명한 판단을 하는 사람들의 손과 영혼 속에 들어갈 것이다. 그리고 시스템이 되고, 공동체가 될 것이다."

교환매개수단의 분포를 관찰하면, 공동체가 '전자거래'에 우선권을 줌으로써 새로운 정보기술의 혜택을 활용하고 있음을 알 수 있다(그림 3.8 참조). 이러한 경향은 미국, 캐나다, 벨기에, 호주에서 더욱 분명하며, '수표 또는 화폐'가 가장 빈번한 교환매개수단인 독일에서는 정반대다.

그림 3.9는 상대적 의미에서 '교환매개수단'의 분포를 보여준다. 전자거래는 19.5%, 수표/지폐 15.2%, 계좌 10.5%, CES 소프트웨어를 이용한 전자거래 7%, 계좌+지폐는 5.1%의 분포를 보인다.

협동, 빈곤 경감, 환경 보호, 안정되고 지속가능한 경제 증진, 경제 정의, 신시장 창출 등 다양한 목적과 그중 가장 중요한 목적이 무엇인지 상대적인 세계 분포를 보면, '모든 이유'라는 다중 범주는 49.4%를 차지하고, '지속가능한 사회에 기여'가 12%, '공동체 발전'이 8%, '지역시장 활성화'가 5.6%를 차지한다.

그림 3.7 교환체계 유형과 연간 성장

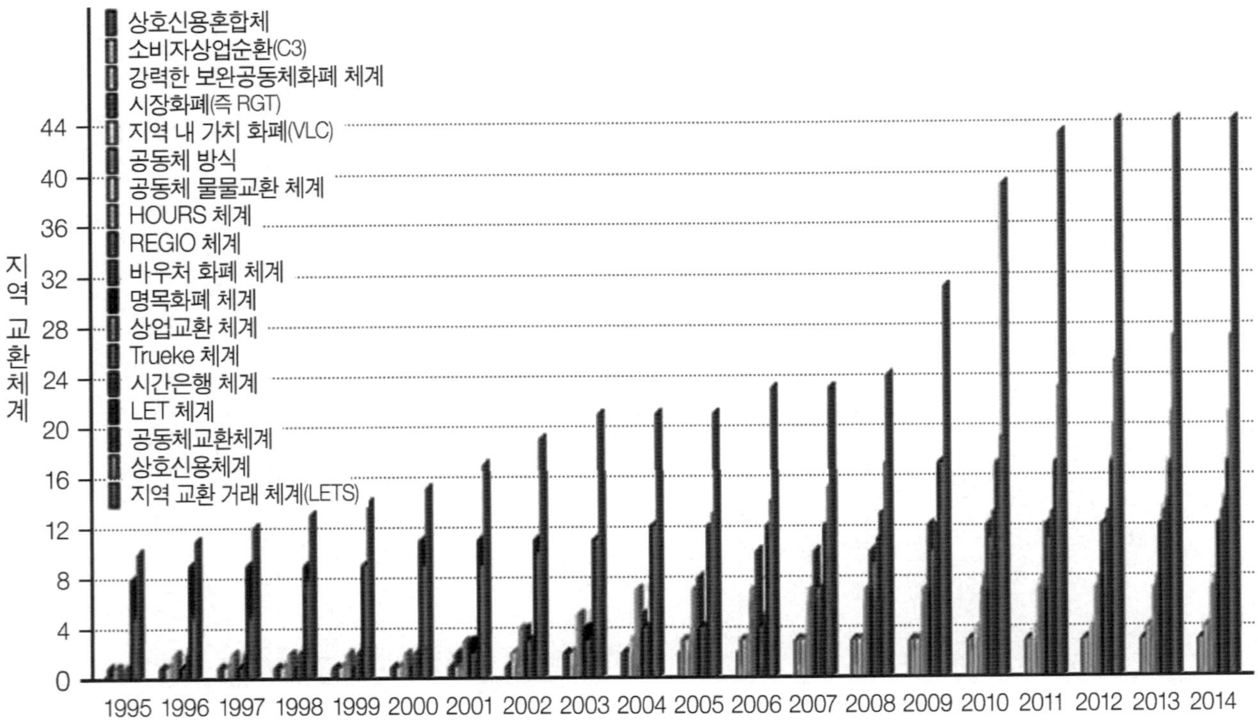

지역교환체계
상호신용혼합체
소비자상업순환(C3)
강력한 보완공동체화폐 체계
시장화폐(즉 RGT)
지역 내 가치 화폐(MLC)
공동체 방식
공동체 물물교환 체계
HOURS 체계
REGIO 체계
바우처 화폐 체계
명목화폐 체계
상업교환 체계
Trueke 체계
시간은행 체계
LET 체계
공동체교환체계
상호신용체계
지역 교환 거래 체계(LETS)

44 40 36 32 28 24 20 16 12 8 4 0

1995 1996 1997 1998 1999 2000 2001 2002 2003 2004 2005 2006 2007 2008 2009 2010 2011 2012 2013 2014

자료: 세계 보완화폐 데이터베이스(http://www.complementarycurrency.org).

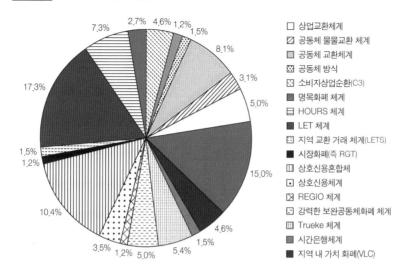

그림 3.8 교환체계 유형(상대분포)

□ 상업교환체계
▨ 공동체 물물교환 체계
▦ 공동체 교환체계
▩ 공동체 방식
⊠ 소비자상업순환(C3)
▪ 명목화폐 체계
目 HOURS 체계
■ LET 체계
⊟ 지역 교환 거래 체계(LETS)
■ 시장화폐(즉 RGT)
Ⅲ 상호신용혼합체
⊡ 상호신용체계
⊠ REGIO 체계
⊟ 강력한 보완공동체화폐 체계
▦ Trueke 체계
▨ 시간은행체계
■ 지역 내 가치 화폐(VLC)

자료: 세계 보완화폐 데이터베이스(http://www.complementarycurrency.org).

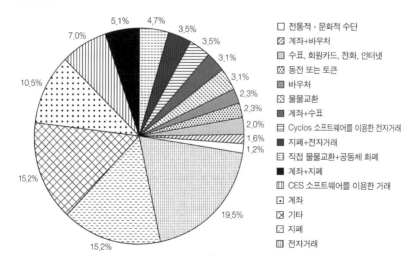

그림 3.9 교환매개수단(상대분포)

□ 전통적·문화적 수단
▨ 계좌+바우처
▦ 수표, 회원카드, 전화, 인터넷
⊠ 동전 또는 토큰
▪ 바우처
⊠ 물물교환
■ 계좌+수표
目 Cyclos 소프트웨어를 이용한 전자거래
■ 지폐+전자거래
⊟ 직접 물물교환+공동체 화폐
■ 계좌+지폐
Ⅲ CES 소프트웨어를 이용한 거래
⊡ 계좌
⊠ 기타
⊟ 지폐
▦ 전자거래

자료: 세계 보완화폐 데이터베이스(http://www.complementarycurrency.org).

부록 2: 방법론

이 연구의 모형은 선형 모형의 분석 틀을 따르되 정규분포를 이루지 않는 변수들을 포함한다. 포아송 회귀분석Poisson regression은 가산可算 자료를 모형화하는 데 자주 사용된다. 일반 선형 모형GLM은 연결 함수를 통해 선형 모형이 대응 변수와 연결되게 만들어 준다. 여기에서의 포아송 회귀분석에는 로그연결함수를 적용하였다. 모형은 다음과 같다.

$$\log(\mu) = \beta_0 + \beta_1 x_1 + \ldots + \beta_p x_p,$$

여기에서 μ는 총 수이고, $\log(\ )$는 연결함수를 정의한다. 이 모형에서는 또한 각 측정치의 분산 정도가 예상값의 변수가 된다. 부록 3은 더 자세한 통계 정보를 담고 있다. 부록 3에서 모델 적합도 통계와 표준오차 및 각 변수의 포아송 회귀계수, Wald χ^2 통계치와 구간, 계수들의 p-값 등을 더 살펴볼 수 있다. 게다가 이 프아송 모형식이 우리 자료에 맞는지 확인하고자 모형식을 검증해 본 결과, 이 모형이 상당히 잘 맞았음을 실증했다.

자료 기술

분석 과정에서 우리는 매우 흥미로운 중요변수들을 발견했다. 표 3.3과 3.4는 요약통계(평균, 표준편차, 합계, 최솟값, 최댓값)를 보여준다.

변수들은 함께 보아야 하기 때문에 집단으로 묶었다. 부채 수준이 높아질수록 높은 부채에 직면한 정부들의 위험 프리미엄도 급격히 증가하기 시작한다. 라인하트와 로고프(Reinhart and Rogoff, 2009)가 강조했듯, 높아지는 부채 재원을 감당하기 위해 단기 대출에 과도하게 의존하기로 결정한 국가들은 위기에 특히 취약하다.

표 3.3 요약통계

변수	N	평균	표준편차	합	최솟값	최댓값
w_25	270	104.60879	57.46501	28244	22.56075	241.17990
w_38	270	106.49313	59.40280	28807	11.66688	223.87316
w_141	158	40.54356	6.72466	6406	17.90211	68.68251
w_49	239	3.48537	4.03519	833.00406	0.16453	25.06939
lag1_w77	245	2.55172	3.70704	625.17234	-14.80000	14.20000
logx_41	264	3.89333	0.58420	1028	2.26975	5.46951
lag1_w11	218	6.15960	8.72002	1125	0.10000	61.80000
w_67	278	39.22036	19.91704	10903	10.00657	93.99816
logW_74	280	17.14665	1.30690	4801	15.23473	21.02389

변수	정의
w_25	GDP %로서 화폐 및 준화폐(M2)
w_38	민간 국내신용거래(GDP %)
w_141	고등교육 교사(여성 %)
w_49	신규 기업 밀도(15-64세 인구 1000명당 신규 등기)
lag1_w77	전년도 GDP 성장 로그값(연간 %)
logx_41	일반 정부 총부채 로그값
lag1_w11	전년도 총대출 대비 은행 회수 불능 대출(%)
w_67	상품과 서비스 수출(GDP %)
logW_74	인구 로그값(총)

표 3.4 요약통계

변수	N	평균	표준편차	합	최솟값	최댓값
w_36	107	4.70378	8.22961	503.30499	-0.00231	36.62375
w_118	210	7.22287	4.20266	1517	0.41346	19.71596
w_131	227	26.89919	15.25939	6106	0.15336	58.92924
w_64	279	22189	65138	6190680	3.00000	487069
x_31	264	38.38237	10.42475	10133	18.02800	59.20300
x_33	264	-3.05801	3.64759	-807.31500	-16.60100	5.04200

변수	정의
w_36	대출 위험 프리미엄(대출비율에서 단기채권 비율을 뺀 값, %)
w_118	탄소 배출(1인당 미터톤)
w_131	사회적 기여(수익의 %)
w_64	안정적 인터넷 서버
x_31	정부 총지출(GDP %)
x_33	정부 총 대차거래

부록 3: 통계 분석

이 연구에는 일반 선형 모형이 적용되었다. 프아송 분포는 정수값 y = 0, 1, 2, … y!를 가질 때 비율 매개변수 μ > 0로 연동되는 확률함수를 갖는 이산분석방법이다. 포아송 랜덤변수의 기대값과 분산은 둘 다 μ와 같다. 프아송 분포는 가산자료를 모형화하는 데 유용하다. μ가 증가할수록 포아송 분포는 더 대칭적이 되어 최종적으로는 정규분포에 가까워진다.

우리는 범주 명령문에 연도와 국가(year key_code)라는 두 개의 범주변수를 넣었다. 나열된 범주변수의 다중 자유도 검증에 type3 옵션이 사용되므로 우리는 모형 명령문에 이 옵션을 사용했다(year key_code).

모형 적합도 평가를 위해서는 χ^2 적합도 검증방법을 이용한다. 이 방식은 분산이 모형 잔차와 자유도가 같은 χ^2 분포를 따른다고 가정한다. 적합도 결과의 첫 줄로부터 이 값이 54.9486 와 55임을 볼 수 있다.

p-value $= 1 -$ probchi$(\chi^2,$ d.f.$);$ d.f. $= 55; \chi^2 = 54.9486;$

p-value $= 0.47659$

이것은 이 포아송 모형식이 우리 자료에 맞는지를 확인하기 위한 하나의 검증일 따름이다.

적합도 χ^2 값이 통계적으로 유의미하지 않기 때문에 우리는 모형이 상당히 잘 맞는다는 결론을 내렸다. 만일 검증이 통계적으로 유의미했다면, 그것은 자료가 이 모형과 잘 맞지 않는다는 뜻이었을 것이다. 이런 경우라면, 우리는 빠진 예측변수가 있는지, 선형성 가정이 맞는지, 과대분포의 문제가 있는지를 확인해 봐야 한다.

참고문헌

Blanc, J. 2011. "Classifying CCs: Community, complementary and local currencies' types and generations." *International Journal of Community Currency Research*, Vol.15, Special Issue, D4-10.

Chávez, H. 2005. "Aló Presidente." Televised broadcast, December.

Database of Complementary Currencies Worldwide. 2014. Available at: http://www.complem entarycurrency.org/ccDatabase/les_public.html

De Bondt, W. and Thaler, R. 1987. "Further evidence on investor overreaction and stock market seasonality." *The Journal of Finance*, Vol.42, No.3, pp.557~81.

De Long, B.J., Shleifer, A., Summers, L.H. and Waldman, R.J. 1990. "Noise trader risk in financial markets." *Journal of Political Economy*, Vol.98, No.4, pp.703~38.

Derudder, P. 2011. "Cahier d'éspérance richesses et monnaies." *Monnaie en débat.*

Dittmer, K. 2011. "Communal currencies in Venezuela." *International Journal of Community Currency Research*, Vol.15, Section A, pp.78~83.

Goerner, S., Lietaer, B. and Ulanowicz, R.E. 2009. "Quantifying economic sustainability: Implications for free-enterprise theory, policy and practice." *Ecological Economics*, Vol.69, No.1, pp.76~81.

Greco, T.H. 1994. *New Money for Healthy Communities.* Tucson, AZ: Greco Pub.

Holling, C.S. 1986. "The resilience of terrestrial ecosystems: Local surprise and global change." In: Clark, W.C. and Munn, R.E. (eds.). *Sustainable Development of the Biosphere.* London: Cambridge University Press, pp.292~317.

Kash, I.A., Friedman, E.J. and Halpern, J.Y. 2007. Optimizing scrip systems: efficiency, crashes, hoarders, and altruists. Eighth ACM Conference on Electronic Commerce.

Kennedy, M. and Lietaer, B. 2004. *Regionalwährungen: Neue Wege zu nachhaltigem Wohlstand. Translated in French: Monnaies Régionales: de nouvelles voies vers une prospérité durable.* Paris: Charles Léopold Mayer.

Larcker, D.F. and Tayan, B. 2014. "Corporate governance according to Charles T. Munger." Stanford Closer Look Series. Available at: https://www.gsb.stanford.edu/sites/default/files/ 38_Munger_0.pdf

Lietaer, B., Ulanowicz, R.E., Goerner, S.J. and McLaren, N. 2010. "Is our monetary structure a systemic cause for financial instability? Evidence and remedies from nature." *Journal of Futures Studies*, Vol.14, pp.89~108.

Martignoni, J. 2012. "A new approach to a typology of complementary currencies." *International Journal of Community Currency Research*, Vol.16, Section A, pp.1~17.

May, R.M. 1972. "Will a large complex system be stable?" *Nature*, Vol.238, pp.413~14.

Reinhart, C. and Rogoff, K. 2009. *This Time Is Different. Eight Centuries of Financial Folly.* Princeton, NJ: Princeton University Press.

Schroeder, R.F.H., Miyazaki, Y. and Fare, M. 2011. "Community currency research: An analysis of the literature." *International Journal of Community Currency Research*, Vol.15, Section A, pp.31~41.

Thaler, R. 1999. "The end of behavioral finance." *Financial Analysts Journal*, Vol.55, No.6, pp.12~17.

Western Australia Government. 1990. "LETSystems Training Pack." Community Development Branch, Department of State Development.

WIR Bank. 1934. "WIR Economic Circle Cooperative, Wirtschaftsring-Genossenschaft."

Available at: http://www.wir.ch/

Zorach, A.C. and Ulanowicz, R.E. 2003. "Quantifying the complexity of flow networks: How many roles are there?" *Complexity*, Vol.8, No.3, pp.68~76.

4장

블록체인의 꿈

비트코인 이후 기술-경제 대안 상상하기

라나 스와츠
Lana Swartz

서론

옹호자들에 따르면, 비트코인bitcoin[1]의 기반이 되는 분산 원장 체계distrib-uted ledger system인 블록체인blockchain은 급진적으로 사회를 탈바꿈할 태세를 갖추고 있다. 사실 비트코인 열성 지지자들의 주장도 맞기는 하다. 오라일리O'Reilly에서 2015년에 출간한 이 기술에 대한 개론적 안내서인 『블록체인: 새로운 경제를 위한 청사진Blockchain: Blueprint for a New Economy』은 이렇게 시작한다. "우리는 새로운 혁명의 여명에 있는지도 모른다"(Swan, 2015). 이 책은 계속해서 블록체인 기술이 "경제, 정치, 인도주의, 법 체계에 미치는 혜택"이 블록체인이 "사회와 그 운영의 모든 측면을 재구성할 역량을 지닌 매우 파괴적인 기술"임을 확실히 보여준다고 주장한다(Swan, 2015). 무수한 TED 강연, 판촉회, 업계 회의 기조연설, 블로그 게시물, 새로운 기술 방법을 개관하는 '백서'들과 스타트업의 시작을 알리는 '선언'에서도 비슷한 예측이 나온다.[2]

블록체인을 꿈꾸는 사람들이 소환하는 환상은 야심 차고 현혹적이다. 한 열성 지지자의 말처럼, 이러한 기술로 무장함으로써 "젊은 기업가들은 그간 자신들의 상상이 가능성을 가로막고 있었음을 깨달았다"(Yuan, 2015). 하지만 블록체인 프로젝트는 현재로서는 일종의 유토피아 과학소설이다. 이 프로젝트들이 정말 다가올 현실의 지도를 그리는 것일 수도 있지만, 현재로서

---

1 전반적으로 나는, 표준적인 표기 방식에 따라 비트코인이라는 단어를 대문자로 시작하지 않는다.

2 방법론 노트: 이 연구는 이러한 담론 영역에서부터 도출되었다. 이러한 문서 자료들에 보태어, 나는 2011년부터 지금까지 5년 가까이 비트코인과 블록체인 시스템에 관련된 연결된 현장(Burrell, 2009)의 다현장 문화기술지(multi-sited ethnography)(Marcus, 1995)에 관여했다. 여기에는 참여자들과의 면담, 그리고 샌프란시스코, 뉴욕, 로스앤젤레스, 보스턴, 바르셀로나, 런던, 더블린, 암스테르담, 시드니에서의 관련 행사들에 관찰자이자 학자 또는 비판적 전문가로서 참여관찰했던 내용이 포함된다.

는 추측에 근거한 환상이다. 만일 블록체인을 꿈꾸는 사람들이 상상에 맞춰 미래를 실현하려고 한다면, 그들이 상상하는 것은 어떠한 미래일까?

이 장은 블록체인의 꿈이 제시하는 대안 기술-경제의 미래를 살펴본다. 설령 이러한 프로젝트가 공상으로 드러난다 하더라도, 블록체인은 욕구의 발명으로서 의미가 있다. 이것은 다름alterity의 동력원이자, 다른 세계의 모습과 그 세계가 어떻게 돌아갈지의 역동성을 상상할 기회다. 이러한 꿈에는 또 다른 질문이 들어 있다. 이러한 미래는 어떻게 오게 될까? 오늘날의 비전과 미래의 현실 사이를 이어줄 연결고리는 무엇인가?

우선 이 장은 비트코인의 출현을 포함해 블록체인이 무엇인지 기술적·사회적 차원에서 짧게 설명한다. 그리고 나서는 블록체인의 꿈으로 표현된 불만과 열망, 가능할지도 모를 대안 미래 세계의 지도를 그린다. 다음으로 이 장은 급진적 제안들과 금융업계 안에 블록체인을 결합하려는 상상들을 비교한다. 끝으로 과학기술학science and technology studies: STS 및 대안 경제학 연구자들의 접근을 빌려, 급진적인 블록체인의 꿈이 덜 야심 찬 프로젝트들로부터 무엇을 배울 수 있을지를 묻는다.

비트코인 블록체인

가장 간단하게 말해서, 블록체인은 원장ledger을 나누어 갖는 것이다. 이렇게 축약된 정의를 내리면 이 개념의 본질을 포착하면서도 이 개념을 충분히 유연하게 사용할 여지가 생긴다. 이 개념을 가장 느슨하게 적용하는 경우라 하더라도, 블록체인은 첫째로, 쓸 수만 있는 원장, 즉 추가할 수는 있지만 지우거나 변경할 수는 없는 입력 기록들의 목록이다. 둘째, 블록체인은 나누어 보관된다. 블록체인은 하나의 중심 호스트 없이 다수의 거래 당사자들이 관리하고 접근한다. 각 '블록'은 원장의 기록 뭉치다. 모든 당사자는 블록을 추가할 수 있고 블록이 추가되면 볼 수 있으므로, 블록체인은 '블록'들의 '체인(사슬)'이다.

블록체인의 개념은 물론 포괄적인 다목적 원장이 아니라 비트코인이라는 새로운 형태의 디지털 화폐에 소유권을 부여하고 이전할 목적으로 개발되었다. 이는 사토시 나카모토(Nakamoto, 2008)라는 익명의 필자가 쓴 "비트코인: 개인 간 전자화폐체계Bitcoin: A peer-to-peer electronic cash system", 또는 "비트코인 백서the bitcoin white paper"로 가장 널리 알려진 글에서 공식적으로 기술되었다. '블록체인'이라는 용어는 이 백서에 등장하지 않지만, 나카모토는 비트코인을 '블록'과 '체인'이라는 말로 설명한다. 백서에서 그리는 블록체인은 이미 존재하는 각각의 비트코인 소유권을 설명하는 분산화된 원장 계정을 제공한다. 비트코인 블록체인은 과거와 현재의 모든 비트코인 소유권이 담긴 단일 기록이며, 노드 전체에 공유되어 승인을 받는다. 이런 방식에서 나카모토는 '코인'이 '디지털 서명의 사슬'로만 존재한다고 기술한다 (Nakamoto, 2008: 2).

원장들은 대부분 결제체계의 공통 요소다. 전통적인 결제체계를 아주 간소화해 보면, 은행 같은 중앙화된 기관이 누가 누구에게 무엇을 주었는지, 그에 따른 대차 계정을 계속해서 기록한다. 이에 비해 비트코인에는 대차를 기록하는 은행이 없다. 그 대신에 모든 노드 컴퓨터가 각 비트코인 소유자의 원장을 가지고 있다. 거래를 하려면 소유자가 모든 노드에 코인의 이전을 알린다. 그 거래는 '블록'에 모아지고, 이것은 과거에 만들어진 모든 블록과 '연쇄되어' 모든 노드가 관리하는 원장을 형성한다. 블록들을 확인하고 이를 체인에 추가하는 대가로 노드에는 새로운 비트코인이 생성된다. 이 체계는 모든 블록을 확인하고 모든 노드의 승인을 반드시 받도록 함으로써 코인이 복제나 위조되지 않도록 보호한다. 각 비트코인은 그야말로 원장의 입력치일 뿐이다. 사람들은 비트코인의 소유를 주장할 권리를 거래한다.

비트코인 블록체인은 기술 특성과 함께 사회구조 차원에서 이해될 수 있다. 비트코인 블록체인을 만든 것은 일련의 겹치고 때로는 모순되는 이데올로기 체계다.

우선 비트코인 블록체인은 나카모토가 말하는 "새로운 개인정보 보호 모형"(Nakamoto, 2008: 6)을 제공한다. 비트코인 블록체인에서 각 비트코인의 소유인과 수취인은 익명으로, 주소 기능을 하는 암호키로 식별된다. 거래는 블록체인 원장에 유지되기 때문에 공개되지만, 거래 당사자의 개인정보는 잠재적으로는 심지어 서로에게도 비공개다. 비트코인 거래의 공개 범위는 은행만이 신상과 거래 정보를 알고 대중에게는 비밀에 부치는 전통적인 결제 모형과 대척점에 서 있다.

예전에 나는 동료들과 비트코인의 고안을 촉진하는 정치적 가치들을 '디지털 본위주의digital metallism'라고 표현한 바 있다(Maurer et al., 2013). 비트코인은 정부처럼 그것을 발행하는 중앙 관리 단위가 없고, 그 대신에 금처럼 희소한 자연 재화를 얻는 방식을 본뜬 것으로 여겨지는 알고리즘에 따라 '채굴'한다. 비트코인의 수는 한정되어 있으며 반감기가 있어서 점점 더 채굴하기가 어려워진다. 비트코인의 가치는 '탈중앙화'되어 있어서 사용자들이 거래 조건에 동의하는 중앙 관리 단위를 거치지 않고도 거래를 할 수 있다. 본위주의에서 이러한 자율 시장 거래는 개인 주권과 동료 의식의 더 넓고 총체적인 사회성을 만든다.

좀 더 최근에 나는 비트코인에 내포된 화폐와 사회에 관한 이론을 '인프라 상호주의infrastructural mutualism'라는 개념을 포함해 상술한 바 있다. 이 개념은 호기심 어린 눈길이나 기업 중개인들의 개입과는 별개로, 일부 열성 지지자들이 협력적 거래 플랫폼을 상호적으로 구축하고 지지할 능력을 가치 있게 여기는 방식을 표현한 것이다(Swartz, 근간). 인프라 상호주의는 무료 소프트웨어, 개인 간 협동생산peer-to-peer production: p2p, 공유화와 같은 동료생산peer production의 오랜 역사와 묶여 있다(Benkler, 2003; Bauwens, 2005; Kelty, 2008을 참조할 것).

디지털 본위주의자와 인프라 상호주의자 모두 탈중앙화와 자율성에 관심을 쏟는다. 하지만 디지털 본위주의자들은 '동전coin', 즉 탈중앙화되고 자율적인 가치를 가질 수 있어서 시장 관계를 탈중앙화하고 자율적이게 할 수 있는 가치를 지닌 금 같은 실재라는 점을 비트코인의 주요 특성으로 꼽는다. 인프라 상호주의자에게 비트코인의 주요 특성은 블록체인, 즉 모든 참여자가 생산하고 유지하면서 효용을 나누어 갖는 탈중앙화하고 자율적인 인프라다.

비트코인 이후의 블록체인

2013년 말부터 대중의 관심은 화폐로서의 비트코인으로부터 그 기저의 블록체인과 그 밖의 잠재적 활용 방안으로 옮겨진 것처럼 보였다. 2015년에 이르러 블록체인에 관한 미디어의 관심은 비트코인에 대한 관심을 완전히 흡수한 것 같았다. ≪블룸버그 마켓Bloomberg Markets≫의 표지에는 "블록체인에 관한 모든 것"이라는 표제가 달렸다(Robinson and Leising, 2015). 이 현상을 지켜본 한 기고가는 이렇게 썼다. "비트코인은 냅스터Napster[3]와 비슷한 실험으로 그려지는 반면, 많은 사람의 눈에 블록체인은 파괴적인 기술로 비춰진다"(Ghalim, 2015). 잘 알려진 비트코인 기업가 에릭 부어히스(Voorhees, 2015)는 자신의 블로그에 "2015년은 서사가 바뀐 해였다. 비트코인은 물러나고 블록체인이 이 서사에 들어오고 있다"라고 썼다.

이러한 관심의 일부는 이른바 '비트코인 2.0' 프로젝트, 다시 말해 비트코

---

3 [옮긴이] 1999년 숀 패닝(Shawn Fanning)이 창업하여 2001년까지 운영된 온라인 음악파일 공유 서비스로, 냅스터의 기술은 오늘날 P2P 공유 및 디지털 음원 공유, 구매, 스트리밍 방식의 근간으로 여겨진다.

인 블록체인을 확장할 방법에 집중된다. 예를 들어, 결혼서약에서부터 내부 고발자가 누출한 민감 정보의 소유권 기록에 이르기까지 모든 종류의 정보를 비트코인 블록체인을 이용해 이 불변의 원장에 저장하려는 노력이 있었다. 다른 블록체인 프로젝트들이 포괄하는 전혀 새로운 체계들은, 기능 면에서 비트코인과는 별개다. 이렇게 새로운 블록체인 프로젝트 중 아마도 선도적이고 가장 야심 찬 프로젝트일 이더리움Ethereum은 완전히 프로그램화할 수 있는 다용도 블록체인을 개발하려고 지속적으로 노력 중이다. 종종 설명되듯, "비트코인을 아주 단순하게 '세계 스프레드시트'로 표현할 수 있었다면, 이더리움은 마이크로소프트 엑셀과 비슷한 프로그램에 작은 코드를 심어 자동화할 수 있다는 점에서 '매크로가 있는 세계 스프레드시트'로 표현할 수 있다."[4]

많은 블록체인 프로젝트들은 혁명적인 사회·경제·정치 변화를 지향한다. 이들이 블록체인을 이용해 새로운 기술-경제 질서를 불러오려고 시도한다는 점에서 나는 이들을 '급진형'이라고 부른다. 이러한 계획 대다수는 비트코인의 정치적 주제인 탈중앙화, 자율성, 개인정보 보호privacy와 궤를 같이한다. 일부는 블록체인의 목적을 영리하고 간단하게 다른 용도로 수정한 것이다. 예를 들어, 네임코인Namecoin은 블록체인을 사용해 국제인터넷주소관리기구ICANN의 관리감독을 벗어나 탈중앙화한 웹사이트 도메인명 체계를 운영할 것을 제안한다(Isgur, 2014). 다른 급진형 프로젝트들은 더 야심 차게, 중앙화한 구조나 위계 없이 자율적인 자치가 이루어지는 전체적인 체계를 만들려고 한다. 예를 들어, 스타트업 백피드Backfeed는 "자발적으로 출현한 개인 간 연결망에서 가치를 협력적으로 창출하고 분배하게 해주는 블록체인 기반 응용프로그램들의 분산 운영체계"와 "어떠한 중앙 권위의 조정

---

4 예를 들어 다음을 참조할 것. https://www.quora.com/What-is-Ethereum-in-laymans-term/answer/James-Z-2?srid=uEQu

없이도 수천 명의 사람들 사이에서 대규모로 자유롭고 체계적인 협동이 이루어질 수 있게 하는 도구들"을 만들겠다고 제안한다.[5]

이러한 프로젝트에서 나타나는 이데올로기적 의지들의 스펙트럼은 초창기부터 비트코인에 나타났던 디지털 본위주의와 인프라 상호주의의 가치와 공명한다. 디지털 본위주의 방식에서 블록체인은 어떤 형태의 가치로든 거래할 수 있고 정부 영역과 기존 금융체계 너머에 존재하는 궁극적 시장 기제를 만들어 낸다. 인프라 상호주의 방식의 목표는 자원을 분배하고 새로운 개방연결형 공유자원을 조직하는 개인 간 정보체계를 만드는 것이다.

이러한 급진형 블록체인 프로젝트들과 더불어, 블록체인 기술을 활용해 기존 금융체계 내부를 혁신하려는 노력도 있다. 그중 하나는 2015년 혁신 기업 R3CEV가 시작한 분산 원장 이니셔티브Distributive Ledger Initiative로, 뱅크 오브 아메리카, 바클레이스, 시티은행, 도이체방크, J.P. 모건, 골드만삭스, HSBC를 포함한 대형 은행들의 지지를 받고 있다(Stafford, 2015). 이 계획은 현재 금융 기술을 활용하는 방식에 도전을 던지고 은행업의 후방 인프라를 새로 만들 것을 제안한다. 이들이 반드시 정치적이거나 사회적인 관점을 가지고 기존 금융체계를 바꾸려고 하는 것은 아니기 때문에 나는 이들을 '결합형incorporative'이라고 부른다. 그 대신에 이들은 블록체인을 기존 체계에 결합해 체계를 더 효율적으로 만들려고 한다.

결합형 블록체인의 적용은 급진형 프로젝트의 '혁명적' 기운 덕을 보고 있지만, 더 급진적 열망을 가진 블록체인 옹호자는 이러한 결합형 프로젝트를 비트코인의 원래 목표와 동떨어진 것으로 본다. 한 네트워크의 모든 '동료들peers'이 전통 금융기관들이라면 이 네트워크를 정말 '개인 간peer to peer'으로 여길 수 있을까? 부어히스(Voorhees, 2015)가 말했듯, "은행들 사이의between 인가받은 금융 네트워크가 여러 은행들 간의among 인가받은 금융 네

---

5 다음을 참조할 것. http://backfeed.cc/explore-in-depth

트워크로 이동하는 것은 인류를 위한 진일보가 아니다." 하지만 역설적이게 도, 비트코인이 빠져나가려고 애를 쓰고 있는 은행업만큼 블록체인에 관심을 보이거나 지지를 보내는 산업은 없다.

결합형 블록체인에 대한 관심은 금융과 기술 산업의 경계가 흐려지는 '핀테크fin tech' 시대라는 환경으로부터 출현한다. 이러한 프로젝트의 상당수는 대규모 금융기구 내부에 있거나 밀접하게 관련된 '스타트업', '액셀러레이터', '혁신랩'으로 존재한다. 이러한 현상 중 일부의 이면에는 한 기술자가 어느 워크숍에서 내게 "C-레벨 포모증후군C-Suite FOMO"이라고 표현했던, 고위 임원들이 차세대의 거대한 무엇을 '놓칠지도 모른다는 두려움'으로 괴로워할 수도 있다는 생각이 자리한다. 업계 분석가들이 월스트리트가 실리콘밸리에 가장 우수하고 영리한 인재들을 내어주고 있다고 주장하는 시기에 (예를 들어 Duffy, 2013; Egan, 2014; Greenberg, 2015를 참조할 것), 블록체인은 재능 있는 청년들을 다시 월스트리트로 끌어들일 흥미롭고 매력적인 도전 과제를 제공한다. '파괴'되지 않으려고 애쓰는 은행들은 블록체인 혁신에 자신들이 가진 충분한 자원을 소환해 왔다. 게다가 자신의 전문지식을 직업화하면서 핀테크 전도사가 된 비트코인 및 급진형 블록체인광표들이 많다.

급진형 블록체인 프로젝트와 결합형 블록체인 프로젝트의 구분은 분명하게 정의되지 않으며, 실제로 두 이데올로기 양식 사이에는 연속성이 있다. 블록체인은 비트코인에 기원을 두고 있고 암호화폐와 계속해서 관계가 있기 때문에, 움직이는 화폐를 기록하기에 알맞다. 자유주의적 급진형 블록체인 프로젝트의 지도자들이 좀 더 평범한 자본주의를 추구하는 은행을 도움으로써 (비록 단기일지라도) 합리적 자기이해를 추구할 수도 있다고 상상하기란 어렵지 않다.

비슷하게, 일부 급진형 블록체인 계획들이 비영리 조직이거나 무료 개방형 소프트웨어 프로젝트이기는 하지만, 많은 수는 스타트업이고, 이들 다수는 결합형 블록체인 스타트업을 지원하는 곳과 같은 자금원과 많은 액셀러레이터 프로그램으로부터 지원을 받는다. 블록체인 이전에 개인 간 상거래라는 상상에서 시작했다가 빠르게 주문형 업무 플랫폼이 되었던 '공유경제'처럼, 이상에 가까운 환상을 가진 스타트업들이 어떻게 원래 목표와 다르고 심지어는 반대로 갈 수도 있는 사업 모형으로 (업계 용어를 사용하자면) '피봇 pivot', 즉 돌아설 수 있는지도 쉽게 볼 수 있다.

급진형 및 결합형 블록체인 프로젝트들은 가치와 사회의 미래를 향한 다양한 꿈들을 나타낸다. 급진형 블록체인 프로젝트의 옹호자들은 제도가 수백만 개의 작은 사회 차원의 의무들로 분해되고 컴퓨터를 이용한 계약이 이를 뒷받침하는 미래를 꿈꾼다. 그들은 그러한 미래가 실현되기까지의 중간단계는 거의 언급하지 않는다. 결합형 블록체인 옹호자들은 급진형 프로젝트를 꿈꾸는 동료들보다 장기적 상상이 부족한 경향이 있지만, 그 대신에 블록체인을 도입하는 데 있어서의 단기적 어려움에 초점을 맞춘다. 결합형 블록체인 옹호자들은 현재의 실질적인 제약을 고려하면서, 제도를 파괴하기보다는 바꾸기를 상상한다.

급진형 블록체인의 꿈

급진형 블록체인의 꿈에 관한 가장 명확한 설명 중 하나로, 블록체인 스타트업 시티즌코드Citizen Code의 공동창립자인 노아 소프(Thorp, 2015)는 이런 말을 쓴다.

무료 인터넷 세대인 우리는 이제 우리가 좋아하는 누구와도 세계 차원에서 협력하고, 화폐와 지분 중 무엇으로 보상받을지 자유롭게 선택하며, 매우 창의적이고 예술적인, 프랙털적으로 자율조직된 유동적 활동 집단 안에서, 평등을 지향하는 개인 간 절차에 따라 제공되는 기본소득으로 파국의 위험으로부터 보호를 받으면서 기분에 따라 일주일에 네 시간 일하기로 선택할 수 있는 세계를 만들 기회를 가지고 있다. 이런 비전 속에서 협력적 신뢰 네트워크로 소아마비를 퇴치했듯 공유지의 비극은 근절되고, 이 비전을 강화하는 합의 기반 암호화 프로토콜은 우리의 개인적이고 집합적인 목적을 표현할 수 있게 인센티브 기제들을 조정하도록 보장한다.

이것이 블록체인이라는 기술 인프라로 상상할 수 있게 된 대안 사회의 비전이다. 이 인프라 구조는 그것이 촉진할 것으로 여겨지는 사회와 마찬가지로 이제 막 시작되었음에도, 신봉자들에게는 마치 이미 존재하는 것처럼 느껴지는 강력한 환상이다. 이것은 완전하게 나타나서, 완전하게 버티면서 그것이 생기를 불어넣는 관계들까지도 비슷하게 완전해 보이게 만든다.

나는 급진형 블록체인의 꿈이 갖는 특징으로 미래성, 탈중앙화와 탈중개화, 자율성과 자동화라는 세 요소를 꼽는다. 이에 관해서는 이어지는 각 항에서 설명하겠다.

미래성의 꿈

블록체인을 꿈꾸는 사람들은 사회학자 앤서니 기든스(Giddens, 1991)의 표현처럼, 언제나 빠르게 '식민화'되고 있는 미래를 얻으려고 서두른다. 만일 그들이 미래를 지금 꿈꾸지 않으면, 다른 누군가가 꿈꿀 것이다. 어느 스타트업 설립자의 말마따나, 미래는 이제 다가오기를 수동적으로 기다리면 될 만큼 "더 이상 선택적이지 않다"(Swarm, 2015). 백서든, 발표물이든, 또는 블로그 게시물이든 어떤 제안이 공개되자마자, 그 제안은 마치 실제 존재하며 진행할 준비가 된 것으로 여겨진다. 실제로 블록체인 프로젝트들은 특유의 시간성 안에 존재하며 과거와 미래, 변화에 관한 나름의 감각을 갖는다. 이 시간성은 언제나 아주 가깝고, 어쩌면 이미 여기에 와 있을지도 모르는 미래에 기대며 실제로 그 미래를 만들어 낸다.

이처럼 자극적인 환상이 난무하지만, 후기 블록체인 프로젝트 중 엄밀히 말하자면 현재 완전히 기능하는 형태로 존재하는 것은 거의 없다. 블록체인 프로젝트들에 대한 설명을 들으면 마치 완전히 추진할 준비가 된 것 같지만, 아직까지는 확실히 그렇지 않다. 스완(Swan, 2015)은 자신의 개론서에서 블록체인 1.0에서 2.0을 거쳐 3.0까지의 진화를 각각 더 복잡한 기능과 더 통합적인 적용 방식들과 연결된다고 설명하지만, 현재 시행되고 있는 것은 블록체인 1.0인 비트코인 블록체인뿐이다. "블록체인 1.0의 실제 활용"이라는 제목이 붙은 절의 문단은 겨우 세 개다. 이 책의 나머지는 계속해서 잠재적이고 이론적인 적용을 항상 현재를 암시하는 시제로 기술한다.

이는 기술의 도입을 맨 뒷전의 생각거리로 밀어놓는 기술 물신주의technological fetishism다. 한 언론인의 말처럼, "현실보다 아찔하리만큼 훨씬 멀리 앞서가 보는 것이 블록체인 혁명에 참여하기 위한 필요조건일 수 있다"(Rosenberg, 2015). 아마 새로운 기술-경제 질서로 가려면 이 정도 대담한 믿음이 필요할 것이다. 그들의 조급함은 실리콘밸리 기술업계의 일반적인 미래지향을 증폭하여 보여준다. 실리콘밸리가 워낙 실제 기술보다 한 발 앞서는 약속을 내거는 곳이라고는 하지만, 블록체인 옹호자들은 유독 추측에 근거한 미래가 마치 이미 현재에 도달한 것처럼 생각하면서 일하기를 꺼리지 않는다.

탈중앙화와 탈중개화의 꿈

많은 급진형 블록체인의 꿈은 탈중앙형 자율기업decentralized autonomous corporations: DACs, 탈중앙형 자율조직decentralized autonomous organization: DAOs, 탈중앙형 자율사회decentralized autonomous societies: DASs와 같은 새로운 형식을 꿈꾼다. 이더리움의 창립자이자 블록체인에 관한 선견지명으로 유명한 비탈릭 부테린(Buterin, 2015)이 반농담식으로 말했듯, "다오이즘DAOism[6]은 유사 사이버 종교가 되는 길을 잘 가고 있다." 어떤 사회가 탈중앙화되고 자율적인가?

아니면 최소한 탈중앙형 자율 조직과 기업으로 이루어지는가?

거의 모든 블록체인 신봉자는 우리 시대의 주요 문제가 사회 모든 영역에서 '중개인'의 역할에 있다는 데 동의한다. 이러한 관점에 따르면, 오늘날 인터넷은 엄청나게 실망스럽다. 그것은 중앙집중된 플랫폼의 통제를 받고, 개인 및 사회 자료 수집에 의존하는 사업 모형을 특징으로 하며, 정보의 감시와 흐름에 있어 국가안보국NSA 같은 국가기관과 공모한다. 이러한 체계들은 다소 강압적이고, 이를 벗어나서는 인터넷을 쓸 수 없다. 개인은 모든 소통에 어쩔 수 없이 그저 이 '신뢰할 만한 제3자'를 통해 참여해야 한다.

반면 블록체인을 활용하면 이러한 신뢰가 필요 없어질 것이다. 블록체인은 "거대한 개인 간 연결망 안에서 탈중앙화하여 여러 사람들이 통제하는" 인프라이기에 "정부 규제와 통제를 함께 빠져나갈" 수 있다(Lujan, 2016). 이더리움의 스테판 투알Stephan Tual이 말했듯, "우리는 그저 인터넷을 논리적인 귀결로 이끌기를 원할 따름이다. 그 결론은 완전한 탈중앙화다"(Volpicelli, 2015). 블록체인 탈중앙화는 진화의 다음 단계이자, 인터넷을 중개인들로부터 자유롭고 그래서 전반적으로 더 자유로워지도록 되돌리는 일로 여겨진다.

그렇기에 개인들의 연결망이라는 점은 블록체인이라는 꿈의 중요한 속성이다. 점차 중앙집중화하는 인터넷 대신, 열성 지지자들은 "분산된 그물형 연결망에서 엄청난 수의 분산된 기기들이 함께 작동하는, … 강력한 탈중앙화"를 상상한다(Yuan, 2015). '인프라 구조의 급진화'는 블록체인의 특징으로 여겨져 왔다. 즉, 이상적 형태의 블록체인이라면, "비물질적이고 분산되어 있거나, 유연하고 일시적인 소유권 형태를 통해 관리되는 무언가"를 위해 "진입을 가로막는 장벽을 갖추고 하나로 통제되는 자원과 일부 원거리

---

6 [옮긴이] 탈중앙형 자율조직을 뜻하는 DAO에 '주의(-ism)'라는 말을 붙여 도교를 의미하는 영단어 'daoism'과 발음이 같게 만든 말이다.

산업단지에 있는 전형적 서버”는 사라질 것이다(O'Dwyer, 2015).

블록체인의 꿈에서, 개인들은 더 이상 학자들이 '사회 공장'(Gill and Pratt, 2008을 참조할 것)이라고 부르는 곳에서 수동적으로 일하면서 중개기관을 이용하느라 자기 데이터를 '지불'하지 않을 것이다. 그 대신에 우리 모두가 중개기관이 되어 직접 공유하고 신뢰가 필요 없는 인프라 구조를 함께 만들고 비트코인 같은 암호화폐를 통해 이를 더욱 장려할 것이기 때문에, 중개기관은 없어질 것이다. 만일 모든 개인이 블록체인을 통해 서로 직접 연결된다면 구글, 페이스북, 아마존은 한물가게 될 것이다.

하지만 탈중앙화를 향한 블록체인의 꿈은 그저 중개기관들의 사업 모형을 망가뜨리는 것보다 더 크다. 블록체인은 또한 탈중개화와 직접 소통을 꿈꾼다. 급진형 블록체인의 꿈에서 탈중앙화와 탈중개화는 얽혀 있으며 상호 의존적이다. 이더리움 설립자 비탈릭 부테린(Buterin, 2014a)은 출판을 예로 든다.

1970년대에는, 만일 당신이 책을 출판하고 싶으면 당신의 책이 고객에게 가기까지 거쳐야 할 불투명하고 집중된 중개기관들이 많았다. 첫째, 당신을 대신해 편집과 마케팅 일을 해주고 소비자에게는 품질 조절 기능을 제공하는 출판사가 필요했을 것이다. 둘째, 책이 서점에 유통되고 결국 각 개별 서점에서 팔려야 한다. 이 사슬의 각 부분이 커다란 몫을 떼어가고, 결국 당신은 운이 좋으면 인세로 책 한 권당 10%가 넘는 수익을 받을 것이다. '인세'라는 용어가 쓰인다는 것은 책의 저자인 당신이, 애초에 당신이 아니었다면 나오지도 못했을 그 책에서 가장 중요한 단 한 명의 사람이 아니라 그 몫으로 몇 퍼센트 정도를 주면 되는 그저 이 사슬의 외부적인 한 부분일 뿐임을 의미한다.

부테린 같은 블록체인 선지자들이 볼 때 중개기관이 아닌 것이 있을지 알기는 어렵다. 출판, 유통, 서적상은 각각 '몫'을 떼어가면서 마찰을 보태는 중개인들의 사슬 중 하나가 된다.

반복해서 나타나는 용어들을 사용하자면, 현재 정보체계와 경제의 거의 모든 인프라 요소는 출판처럼 삐걱거리고 투박하며 구식이고 복잡한데다 부조리하게 여겨진다. 그것들은 약탈적이거나 무능하거나, 아니면 둘 다다. 그러므로 블록체인으로 모든 것을 무너뜨리고 파괴해 아무것도 없는 데서부터 재건할 시기가 무르익었다. 이들은 중개가 이루어지게 하는 중앙집중된 인프라와 중개에 거의 도덕적 경멸을 드러낸다. 그리고 중앙화와 중개를 벗어나는 것은 거의 도덕에 가까운 의무로 여겨진다.

블록체인이라는 꿈의 중심에는 어느 때보다도 직접적인 소통을 향한 갈망이 있다. 이더리움이라는 이름은 우주를 채우는 본질인 에테르라는 고전 요소로부터 따온 것이다. 커뮤니케이션 학자 존 더럼 피터스(Peters, 1999)가 지적했듯, 인공두뇌학의 신호 처리 전통과 심령학의 텔레파시라는 전통은 완벽한 소통이라는 천상의 꿈 안에서 만난다. 이더리움은 불완전한 의사소통의 번거로움, 실질적으로 그에 따르는 자질구레한 일들과 그러한 불완전한 의사소통 방식의 우세를 넘어설 개인 간 소통을 약속한다.

중개기관의 인프라 업무는 무엇이며, 그들은 어떤 서비스를 제공하는가? 중개, 접속, 상호 호환성을 만들고 상호작용을 원활하게 하는 것은 그 자체로 일이다. 블록체인의 꿈이 제거하려는 것이 바로 이런 업무다. 그렇다 하더라도 직접성을 향한 꿈은 여전히 누군가가 생산하고 유지해야 하는 하드웨어와 소프트웨어 생태계에 의존하고 있다.

현재 온전하게 존재하는 유일한 블록체인 기반 체계인 비트코인 안에서도 탈중앙화는 여전히 도전 과제다. 비트코인 화폐에 본위주의적 투기가 일어나면서, 가정용 컴퓨터와 소규모 집단에서 블록체인을 관리하기에 최적화된 가벼운 프로토콜 역량을 개발하는 것이 아니라 인프라가 집중되었다. 블록체인 관리는 가장 큰 두 개의 풀이 블록체인의 57%를 운용하고 다섯 개의 채굴 풀에서 80%를 운용하는 산업화된 '채굴' 공정의 형태로 통합되었다.[7] 이들 풀의 일부를 같은 운용자가 소유하고 있을지 모른다는 의심도 퍼져 있는데, 이는 통합 정도가 더 심할 수도 있다는 뜻이다(Otar, 2015).

이와 비슷하게, 많은 사람들이 블록체인을 통해 직접 거래하는 대신에 지갑, 환전소, 현금카드, 기타 결제 포털 등 비트코인에 특화된 새로운 중개기관들을 통해 비트코인을 이용한다. 이러한 중개기관은 금융중개기관이 늘 해왔던 일들, 결제 대행과 정산, 환율 가치 조율, 위험 및 사기 관리를 한다. 블록체인 위에 이러한 적용 방식을 구축한 비트코인 기업가들이 발견한 것은, 다른 모든 의사소통과 마찬가지로 금융의 직접 소통도 마법처럼 저절로 일어나지 않는다는 것이다. 비트코인 기업가들은 결제체계 대부분을 밑바닥에서부터 재건해야 하는 상황에 처했다.

비트코인 생태계는 인프라에 얽힌 일이 사라지면 좋겠다고 생각하다가 기존 체계와 마찬가지로 중앙화하고 중개를 거치게 되었다. 새로운 비트코인 프로젝트라고 해서 다를 것이라고 기대할 이유가 없다.

자율과 자동의 꿈

블록체인의 꿈에서 사용되는 '자율'이라는 단어는 의미가 다양하고 다름을 꿈꾸었던 예전의 기획들을 상기시킨다. 그것은 사회주의와 자유지상주의의 교차점에 앉아 있는 반권위주의 좌파 이론 및 활동가의 자율주의autonomia 접근방식을 떠올리게 한다(Lotringer and Marazzi, 2007을 참조할 것). 또한 점령운동Occupy 캠프와 버닝맨Burning Man처럼 장소에서 발견되는 경계적 자율성도 떠올리게 한다. 일부 참여자들은 이러한 장소가 다름을 미리 구현해 보는 곳으로서 현재 사회 바깥에 존재할 수 있다고 본다(Castells, 2013; Turner, 2009). 이 용어는 또한 국가나 은행으로부터 자율적으로 기능하게

---

7 다음을 참조할 것. https://news.ycombinator.com/item?id=6894320 그리고 https://blockchain.info/pools

되어 있는 비트코인을 가리킨다. 하지만 새로운 블록체인의 꿈 안에서, 자율적이라는 말은 더 많은 것과 다른 것 두 가지 모두를 의미한다.

비록 애매하고 논란의 여지가 있는 용어이기는 하지만, 블록체인 열성 지지자들은 '탈중앙형 자율조직'을, 어떠한 외부 통제도 받지 않는 대신에 부패가 일어날 수 없는 규칙을 따르고 스마트계약, 암호화폐 시장, AI(인공지능)를 동력으로 움직이는 블록체인 기반 조직체 같은 것으로 보는 정의로 수렴했다. 인간 이해관계자들은 스마트계약을 맺고 시장을 활용해 자신의 선호를 표현하며, AI는 이러한 계약과 시장 선호의 실행을 강화한다. 그렇다면 자율적이라는 말은 그저 권위로부터의 자율이 아니라 자동화를 가리키는 것이 된다. 블록체인의 꿈에서 이 둘은 서로 연결되어 있고, 자율은 자동화에 의존한다.

페이스북의 전(前) 공동창립자이자 비트코인 및 블록체인 기업가인 캐머런과 타일러 윙클보스 형제는 이를 다음과 같이 설명한다(강조는 원문을 따름).

암호화폐는 또한 '제2차 기계 시대'를 여는 인공생활의 첫 형태가 이루어지게 한다. 컴퓨터, 기계, 사물(예를 들어, 냉장고)은 오늘날 은행 계좌를 열 수 없지만, 미래에는 그것들이 비트코인 프로토콜에 접속해 **합리적 경제행위자**처럼 행동할 수 있게 될 것이다. **자율행위자**로 알려진 이러한 컴퓨터들(예를 들어, 자율주행차량, 드론)은 스스로 소유하고, 만일 이윤이 남는다면 자녀를 낳아 가족을 이루거나 **자율기업**을 만들 것이다. 기계, 컴퓨터 및 사물 간 거래가 사람 간 거래를 초과하는 **거래 특이점** Trade Singularity 이 발생할 것이다. 창의적이지 않은 일부터 우선 자동화하면서 재화와 서비스가 더 싸지고 삶의 질이 향상될 것이다.[8]

---

8 다음을 참조할 것. https://winklevosscapital.com/money-is-broken-but-its-future-is-not/

패스트컴퍼니Fast Company는 탈중앙형 자율조직에 관심을 쏟는 블록체인 기업가들을 "우리를 필요로 하지 않을 회사를 꿈꾸는 사람들"이라고 표현한다(Pangburn, 2015).

사실 문제는 사람인 듯하다. 한 열성 지지자가 썼듯, "스마트계약은 인간의 개입을 최소화한 채 규칙을 자동화하고 조건을 확인하여 조건이 충족되면 계약을 이행한다"(Frisby, 2016). 다시 말하지만, 이러한 꿈은 신뢰의 제거를 내포하고 있다. 탈중앙형 자율조직은 사람들이 잠재적으로 해를 끼칠 만한 요인과 능력 부족이 나타날 수 있는 모든 과정을 자동화하기 때문에 상대방이나 중앙화된 제3자를 믿을 필요가 없게 만든다. 부테린의 말처럼 "심지어 조직의 '속'도 속일 수 없다"(Buterin, 2015).

사람들은 협력하려고 애쓸 필요 없이 동의 체계에 참여하기만 하면 된다. "초안을 짜고 논쟁을 벌이거나 전통적인 계약을 작성하는" 것이 아니라, 가장 복잡한 사업협정조차 "코드화하여 스마트계약으로 제시"할 수 있다(Frisby, 2016). 동의는 사회적 신호를 자동으로 포착·계량화·실행하는 방식의 조정을 거쳐 이루어진다. 블록체인 스타트업 창립자 노아 소프(Thorp, 2015)는 이를 다음과 같이 표현한다.

마음의 눈에 보이지 않던 가치의 흐름은 곧 새로 생겨난 프로토콜로 표현되어 볼 수 있게 되었다. 앱 코인과 기계경제는 달러니 엔화니 하는 평판화폐 전체의 스펙트럼을 넘어, 내 눈앞에서 화폐, 주식, 분산 계좌의 무지개로 흘렀다.

이러한 '기계경제', 비트코인처럼 암호화된 가치토큰의 '무지개'는 무엇이든 다루는 완전시장이 된다. 이것이 바로 자동화의 주요 동력으로서 시장에 대한 신뢰다. 이는 주류 경제학자들이 말하는 완전시장에 대한 신뢰보다도 깊지만, 시장기제가 사람들이 세상을 재단하는 만큼 기능을 수행하도록 고안되어 있다는 점은 주류 경제학자들 대다수도 최소한 암시적으로 인정하는 부분이다(MacKenzie, 2006). 이것은 어떤 사람들이 줄여서 FALC라고 부르기도 하는 '완전 자동화된 럭셔리 공산주의'와 더 일치한다.[9] FALC의 한 주요 지지자는 이렇게 말한다. "자본주의는 노동을 자동화하고, 예전에 사람이 했던 일을 자동화된 기능으로 바꾸는 경향이 있다. 그것을 인정한다면 유일하게 할 수 있는 유토피아적 요구는 모든 것의 완전 자동화와 자동화된 것의 공동 소유권일 수 있다"(Merchant, 2015).

블록체인의 꿈이 이루어지면, 이러한 토큰이 순환될 것이며, 다양한 방식으로 기여하는 사람들이 이러한 토큰 시장에서 인센티브를 얻고, 토큰 자체가 사회에서 지분의 한 형태가 될 것이다.[10] 이 모든 것은 자동화하고 스스로 조직화하고 조정하면서 인간의 오류나 부패의 영향에서 벗어나며, 그래서 공정할 것이다. 하지만 동시에 이 토큰은 구매할 수도 있다. 블록체인 스타트업 스웜Swarm의 창립자 조엘 디에츠(Dietz, 2015)는 이렇게 말한다. "과거의 혁명과 달리, 이것은 동참이 아니라 소유하는 혁명이다." 초기 투자자들은 다가올 사회에 참여하는 방법으로서 주식을 사고 있다.

블록체인의 꿈에서, 자동화는 위계와 제도로부터의 자율성을 이끌어 낸다. 이러한 상상은 먼 과거와 먼 미래로부터 일종의 기술원시주의techno-primitivism를 동시에 도출해 낸다. 이는 자주 '무리', '프랙털', 또는 자연에서 나타나는 복잡한 양상으로 묘사된다. 학자이자 백피드Backfeed의 '선임 연금술사'인 프리마베라 드 필리피Primavera De Filippi는 2015년 TED 강연에서 이렇게 말했다.

---

9 http://luxurycommunism-blog.tumblr.com/의 "완전 자동화된 럭셔리 공산주의(Fully Automated Luxury Communism)"를 참조할 것.

10 이더리움은 이더리움의 '동력이 되는' 동전과 비슷한 '암호연료'인 '이더(ether)'를 42일 동안 미리 판매하면서 시작되었다(Buterin, 2014b). 이더리움은 사전판매로 첫 12시간 동안 3700비트코인을 모았고, 이는 당시 시세로 미화 230만 달러의 가치였다(Tanzarian, 2014).

동물의 왕국에는 각자가 서로 협력해 계획, 통제, 아니면 심지어 서로 직접적인 의사소통조차 필요 없이 인상적인 결과를 이루어 내는 다수의 사례가 있습니다. 벌, 개미, 물고기 떼가 그 예입니다. 하지만 사람들은 조직 위계, 중앙집중형 조정, 규칙 부과 등을 통해서만 협력적으로 목표를 달성할 수 있었습니다. 블록체인 기술이 제공하는 새로운 접근 덕에 우리는 완전히 분산되고 탈중앙화한 방식으로 대규모의 체계적 협력을 이룰 수 있습니다.

홀리안 페데르(Feder, 2016)는 백피드 블로그에 이런 생각을 설명하면서, 블록체인이 "곤충 무리가 페로몬 교환에 단순 반응하는 것과 똑같이" 참여자 사이에 조정이 이루어지도록 "자연스럽게" 이끌 "연결망이 동시에 생겨나도록" 만든다고 설명한다. 블록체인은 사람들에게 매우 자연스러웠던 협력을 이끌어 내며 기술로 인간이 소외된 자율조직 능력을 확장하려는 시도로 여겨진다. 이러한 미래를 성취하게 된다면 진정한 인간다움을 발견하는 일이 될 것이다. 이것은 기술과 시장 모두를 통해 인간성을 완전하게 하려는 비전이다.

하지만 탈중앙화의 꿈과 마찬가지로, 자동화의 꿈은 여전히 달성하기 어렵다. 복잡한 생각과 협상을 감당할 수 있을 정도의 기능을 수행하는 블록체인이 없는 상황에서, 블록체인을 활용하려는 사람들은 기존에 존재하는 의사소통 기술을 사용해야 한다. 스스로 '문명 2.0'을 만들 태세를 갖추고 있다고 말하는 스웜은 구글 문서를 사용해서 '프랙타스티칼fractastical[11] 분산지배구조'(Swarm, 2015)에 대한 자신들의 계획을 공개적으로 브레인스토밍했다. 현재형으로 커다란 약속들을 했지만, 집단 브레인스토밍의 정신없고 불만스러운 과정은 차치하고라도 블록체인은 아직까지 구글의 중개에서 벗어나지 못했다.

---

11 [옮긴이] 스웜의 창립자 조엘 디에츠의 트위터 계정명이다.

다시 말하지만, 블록체인의 도입을 가장 완전하게 실현한 비트코인 프로젝트조차도 블록체인을 사용하여 동의를 자동화해 보려고 고군분투하고 있다. 2015년부터 비트코인 공동체에서는 어떻게 해야 비트코인이 더 많은 거래를 더 빠르게 처리할 수 있을지를 놓고 논쟁이 일었다. 여러 가지 수정이 제안되었고, 그중 어느 한 방식을 돌리는 쪽으로 가장 많은 채굴자가 안착하면 그 방식이 '이기는' 것으로 합의가 달성될 것이다. 결정적으로 한 공개 토론의 주도자가 썼듯 "비트코인의 대단한 점 중 하나는 민주주의가 부족하다는 것"이기 때문에 이것은 '투표'와는 관련이 없다.[12] 다시 말해, 누구도 한 가지 버전의 프로토콜이나 다른 것을 사용하도록 "민주적으로 강압할" 수 없다. 그 대신에 그들은 다수가 쓰는 어느 소프트웨어 버전을 쓸지 말지를 두고 합리적인 경제적 의사 결정을 할 것이다. 이 문제는 아직 해결되지 않았다. 비트코인은 충분히 규모가 커지지 않았다. 비트코인을 선도하는 핵심 개발자였지만 이러한 대실패를 깨닫고 업계를 떠난 마이크 헌(Hearn, 2016)이 볼 때 이는 "이런 결과를 예방했어야 할 기제들이 무너졌음"을 입증해 준 것이었기에 "비트코인 실험의 해법"이 "실패"했다는 증표였다.

그렇다 하더라도 협동이라는 어려운 일을 자동화된 시장 방식의 동의로 해내겠다는 꿈은 여전히 남아 있다.

결합형 블록체인의 꿈?

금융업계 안에 블록체인을 결합한다는 비전은 어떠한 혁명적 목표도 없지만, 고유의 다른 부분이 있다. 그 목표와 맥락이 급진형과 매우 다르다는

---

12 https://www.reddit.com/r/Bitcoin/comments/3rejl9/coinbase_ceo_brian_armstrong_bip_101_is_the

바로 그 이유 때문에, '핀테크'로서 블록체인을 결합하려는 지향은 어쩌면 유용한 비교항을 제공할 수 있다. 사실 깁슨-그레이엄(Gibson-Graham, 2008)이 주장했듯, 경제를 있는 그대로 연구하는 일은 다른 경제의 표면을 드러내고 그 실천을 수행하는 것일 수 있다. 결합형 블록체인의 꿈은 우리에게 급진형 블록체인의 꿈에서 놓쳤을지 모를 것에 관한 통찰을 제공한다.

결합형 블록체인은 사실 전혀 꿈이 아니다. 그것은 지루하다. 결합형 블록체인 프로젝트는 급진형 블록체인의 꿈과 열광의 정도에서도 차이가 나지만 사회를 전체적으로 고치려고 하지 않는다. 그 대신에 컨설팅회사 어센추어 인사이츠(Accenture Insights, 2016)가 말하는 "현재 은행 풍경 안에 존재하는 고충의 지점을 치유할 플랫폼"을 제공한다. 이 회사의 보고서는 "고객 파악 및 자금세탁 방지 데이터 공유, 거래 감시, 규제 보고, 담보 관리, 거래, 결제 및 정산"과 함께 "내부 부기 과정에 전례 없는 일관성 도입, 암호화 거래 감사 추적으로 합의 기록 제시, 실시간에 가까운 합의 구성, 거래 상대방과의 더욱 강력한 유대를 통해 감사 가능성과 위험 관리 강화"와 같은 잠재적 적용 방안을 제시한다. 이런 것들이 결합형 블록체인에서 상상하는 전형적인 적용 방식이다. 그렇다 하더라도 이것은 금융 서비스 업계를 위해 소환된 열쇠이자, "장기적으로 지속되는 운영상의 문제를 해결하기 위해 인프라를 다시 상상하고 현대화할, 한 세대에 한 번 오는 기회"다(DTCC, 2016).

결합형 블록체인이 제시하는 비전은 미래성, 탈중앙화 및 탈중개화, 자율성 및 자동화와 관련해 급진형 블록체인과 정반대에 있다. 급진형 블록체인의 꿈이 미래성을 특징으로 하는 데 비해, 결합형 블록체인의 꿈은 천천히 움직이며 위험을 회피한다. 급진형 블록체인의 꿈이 탈중앙화와 탈중개화를 가치 있게 여기는 데 반해, 결합형 블록체인의 꿈은 거버넌스를 주장하며 중개기관들의 일을 부각시킨다. 급진형 블록체인의 꿈은 자동화를 기반으로 자율성을 추구하기를 꿈꾸지만, 결합형 블록체인은 사람들의 노동을 대체하는 것이 아니라 인간 노동을 위한 도구로서 자동화를 상상한다.

느린 블록체인?

　급진형 블록체인을 꿈꾸는 사람들이 열정적으로 미래에 매달리는 것과 달리, 블록체인을 금융제도 내에 결합하여 이용하는 데 관심을 갖는 사람들은 움직임이 느리고 조심스럽다. 컨설팅회사 매킨지McKinsey에서 나온 2015년 보고서가 대표적이다. "블록체인 기술의 완전한 잠재성은 시장 참여자, 규제 담당자, 기술자 사이의 협력을 통해서만 실현될 수 있으며 여기에는 시간이 좀 걸릴 수 있다." 스위프트 인스티튜트SWIFT Institute의 2016년 5월 보고서는 블록체인 기술이 잠재성이 있을 수 있지만 "단기 보상이 상대적으로 작은" 상황에서 과도한 "비현실적 기대"를 동반한다는 점을 업계의 많은 사람들이 우려하고 있다고 언급한 바 있다(Mainelli and Milne, 2016).

　업계 대표들은 블록체인에 관한 워크숍과 회의에서 블록체인을 도입하는 일이 "이전비용을 감당할 만한 가치가 있을지" 반복해서 묻고 도입에 따르는 '부가가치'가 무엇인지 질문하면서, 블록체인은 '해결할 문제를 찾고 있는 해법'에 불과할지도 모른다고 주장한다. 기업이 이러한 발언을 하는 이면에는 미래성과 기술 물신주의에 대한 비판이 있다. 급진형 블록체인으로부터 뻗어나간 높은 수준의 열성 지지자와 블록체인을 전파하는 컨설턴트 말고는 직업상 블록체인을 도입해야 할 것 같은 많은 사람들은 블록체인이 실제로 무엇을 할 수 있을지 우려하고 있으며, 아직 많은 부분이 초기 상태에 있는 블록체인 기술의 이름으로 전체 체계를 뒤바꾸려고 특별히 서두르지 않는다. 한 업계 컨설턴트의 말처럼, "여기에는 많은 품이 들 것이다"(Peabody, 2016).

　실리콘밸리가 일상적으로 월스트리트를 비판하는 '민첩성' 부족이 바로 이 부분이지만, 이러한 느린 행보와 위험 회피는 수탁자 보호 윤리에 뿌리를 둔 것이다. 달리 말하면, 금융 기술 체계는 실제로 작동해야 한다. 말만 하고 실체가 없는 소프트웨어인 베이퍼웨어vaporware가 되어서는 안 된다. 신용 부도 스와프나 고빈도 거래와 같은 신기한 기술들은 대형 은행의 거래에 있어서는 가치 있게 여겨질 수 있지만, 돈을 옮기고 그 기록을 추적하는 인프라 구조는 환영받지 못한다. 다음 두 항에서는 결합형 블록체인을 향한 꿈의 시간성이 이 꿈을 둘러싸고 있는 신탁 노동fiduciary labor, 즉 탈중앙화와 자동화를 협상하는 일의 측면에서 어떻게 느려지는지를 설명할 것이다.

하지만 먼저 약간 환기 삼아 은행업계가 실리콘밸리의 미래주의와 급진형 블록체인에 대안을 제시하는 방식을 잠시 생각해 보자. 어쩌면 역설적이게도, "기업형 은행 개혁은 단거리 달리기가 아닌 마라톤이기" 때문에, 느림의 가치를 찬양하는 많은 대안 경제실천 및 활동가 집단의 시간성과 결합형 블록체인이 공유하는 부분이 많을 수 있다(PYMNTS, 2015). 이상하기는 하지만, 결합형 블록체인은 스페인의 분노Indignados 운동과 "우리는 멀리 가야 하기 때문에 느리게 간다"(Roos, 2011)라는 주문을 공유하고 있을 수도 있다. 물론 금융업계는 현재 사실상 전 세계적 헤게모니를 쥔 체계로서 여유를 누리고 있지만, 질문은 여전히 남는다. 변화의 시간성을 뛰어넘어 급진적인 '느린 블록체인' 운동을 한다는 것은 무슨 뜻일까?

집중과 중개

결합형 블록체인의 비전은 철학적으로나 실천적으로나 완전한 탈중앙화가 아니다. 심지어 결합형 블록체인을 앞장서서 전파하는 블라이스 마스터스Blythe Masters조차 인프라와 권위가 완전히 탈중앙화한다면 "고객 비밀 유지를 신성불가침으로 여기는 이 업계가 파면"될 것임을 인정한다(Robinson and Leising, 2015). 그녀는 그 대신에 '사적'이거나 '인가받은' 블록체인으로 알려진 것들을 옹호한다(Birch et al., 2016을 참조할 것). 이러한 종류의 블록체인에 관한 대부분의 제안에서는 암호토큰을 채굴함으로써 인센티브를 받는 자발적 채굴자가 아니라 회원 조직이 관리하는 서버가 네트워크의 노드가 된다. 그 결과는 급진형 블록체인의 꿈에서 상상하는 어떤 것보다는, 여행업계의 가장 잘나가는 업체들이 이용하는 보편적 예약 데이터베이스인 사브르 세계분배체계Sabre Global Distribution System에 좀 더 가까워질 것이다. 이것은 탈중앙화의 심화가 아니라, 업계 파트너들이 생산하는 집중된 원장을 의미하게 될 공산이 더 크다.

그렇다면 결합형 블록체인은 협동으로 만들어진 경쟁 플랫폼이 될 것이다. 사실 결제업계는 오랫동안 여러 가지 방식으로 협력해 왔다. 비자VISA 네트워크는 그러한 '협쟁協爭, coopetition', 즉 협력 더하기 경쟁의 장이다. 여기에서 거래하는 판매자와 소비자는 같은 은행에 계좌를 둘 필요가 없다(Stearns, 2011). 이것은 현실에서 중앙화와 탈중앙화 사이의 긴장을 기능적으로 협상하는 방법이다. 블록체인 기술 자체는 여전히 더 발전해야 하지만, 업계의 다수는 "더 힘든 일은 거버넌스, 규칙 개발, 규제 변화, 후방 업무 최적화, 표준 개발 영역 등 다른 데 있다"는 것을 알고 있다(Peabody, 2016). 중개를 벗어나는 일이 아니라 중개를 하는 일 말이다.

이렇게 되면 블록체인은 문제가 일어났을 때 소환되어 해법을 찾을 장이 된다. 업계에 블록체인을 적용하는 데 관심이 있는 많은 사람들은 기술 자체에 대해서는 불가지론의 입장을 보인다. 그들은 자신의 일을 불만족스럽게 만드는 '현재의 고충'을 완화하는 데 관심이 있으며 이를 해결할 만할 잠재적인 블록체인 기반의 해법에 열려 있다. 한 금융 기술 분야 기고가는 블록체인에 대한 관심을 다음과 같은 방식으로 설명했다.

① 시장 참여자들이 서로 서류를 팩스로 보내고 옛날 방식으로 주문을 처리하느라 합리적인 보통의 시장 거래 결제에 20일이 걸리는 것은 어리석고 나쁜 일이다.

② 시장 참여자들은 모여서 그것을 바로잡기 위한 방법에 합의해야 한다.

③ 그 방법은 아마도 컴퓨터를 포함해야 할 것이다(Levine, 2015).

여기서 목표는 금융체계의 중개를 벗어나는 것이 아니라, 어떻게 해야 더 나은 중개기관이 될지를 정하는 것이다.

이야기가 이렇게 흐르면 블록체인이 제공하는 구체적 행동유도성afford-ance으로부터 멀어지는 방향으로 논점이 급격히 빠져나오게 된다. 이야기는 '블록체인'에서 '원장 공유'를 거쳐 '데이터베이스 공유'와 더 큰 범위의 기술과 실천으로 옮겨진다. 금융기구 대표들은 곧 '블록체인 전략'을 이야기하는 대신 블록체인이 약속한 것들을 성취할 방법에 대한 기존 연구들을 이야기하게 될 것이다. 어느 공학자는 나에게 이런 말을 했다. "우리는 한동안 다자간 컴퓨팅 기술multi-party computation을 확보하는 데 공을 들여왔고, 그것을 블록체인이라고 부른다고 해서 뭔가 더 잘 작동하는 것은 아니지만, 그렇게 부르면 분명히 상사의 관심을 더 끌 수는 있겠죠." 블록체인은 기술 전략이라기보다 수사 전략으로서 더 유용하다.

결합형 블록체인 기술은 함께 모여 공통 인프라를 디자인하고, 기준을 정하며, 실현 방식과 절차를 결정하는 협업에 흥미로운 맥락을 만들고 있다. 어느 대형 은행에서 블록체인 계획 추진을 맡은 한 직원은 내게 이렇게 말했다. "이것이 세상을 바꾸거나 심지어 핀테크를 바꿀 것이라고 생각하느냐고요? 모르겠습니다. 하지만 지금은 이 일을 하기에 정말 흥미로운 시기입니다. 이런 과정들을 재고해 보는 일이 흥미로울 것이라고는 여태 누구도 생각해 보지 못했죠. 이제는 뉴스가 온통 이 이야기입니다."

결합형 블록체인이라는 꿈은 금융업을 떠받치는 인프라 업무를 드러내고, 거래가 이루어지는 현장이 아니라 정보체계를 만드는 사람들에게로 관심의 방향을 돌린다. 정보체계 인프라는 오랫동안 금융과는 마찰을 일으킨다고 여겨지면서 매끈하고 눈에 보이지 않았으면 하는 기대를 받던 부분이다. 결합형 블록체인이 중앙집중화와 중개화를 받아들인 것은 급진형 블록체인을 꿈꾸는 사람들에게 자극을 준다. 만일 탈중앙화와 탈중개화라는 목표를 따로 떼어 생각하는 대신, 인프라 협력과 공유라는 일의 어려움을 심각하게 받아들인다는 것이 어떤 의미인지 생각해 본다면 어떤 일이 벌어질까?

자율성도 아니고, 자동화도 아닌

결합형 블록체인 프로젝트는 워낙 기존 제도로부터 자율적이지 않다. 그것은 기존 금융 서비스 회사 내외부를 둘러싸고 맺어지는 협력 관계에서부터 형성된다. 이 협력 관계에는 국가와 업계에서 현재 규제를 담당하는 사람들이 모두 들어가 있다. 이들은 암호 '코인'을 사용하여 체계를 운영할 꿈을 꾸면서도 국가통화에서 전적으로 벗어나려고 하지는 않는다. 결합형 블록체인의 꿈은 사회에 자율성을 제공하지 않으며, 자동화로 예상되는 개인의 자율성을 제공하지도 않는다. 다만 결합형 블록체인은 자동화를 신비주의에서 벗어나서 바라볼 수 있게는 해준다.

결합형 블록체인 프로젝트가 자동화를 전적으로 피하는 것은 아니다. 급진형 프로젝트와 달리, 결합형 블록체인 프로젝트의 목표는 인력 투입을 대체하는 체계를 만드는 것이 아니라, 현대 금융의 복잡성에 맞설 현대화된 정보 도구를 만드는 것이다. 여기서는 자율성을 향한 어떠한 급진적 꿈이나 독립적인 '기계경제' 또는 '우리를 필요로 하지 않는 회사' 같은 것을 꿈꾸지 않는다.

결합형 블록체인 프로젝트를 대표하는 한 사례는 나스닥 프라이빗 마켓Nasdaq Private Market이다. 2015년 나스닥은 블록체인 회사 체인Chain과 제휴를 맺고, 블록체인 기술을 이용해 민간 기업의 주식을 관리하는 예비 프로젝트를 발표했다(Shin, 2015). 역사적으로 민간 기업의 주식을 관리하는 과정은 시간이 많이 들고 노동집약적이었다. 그럼에도, 또한 그렇기 때문에, 문서 작업이 자주 현실보다 뒤처지게 되고, 그 결과 기록이 부정확한 경우가 많았다. 블록체인 방식은 이러한 작업의 대부분을 공정화하고 자동화한다. 탈중앙형 자율조직에 관한 제안들과 달리, 나스닥 프라이빗 마켓은 블록체인 자동화를 완전히 새로운 패러다임을 구현할 기반이기도 하지만 이미 존재하는 복잡한 환경에서 이전보다는 믿을 만한 기록 도구로 간주한다.

많은 결합형 블록체인 프로젝트는 '스마트계약', 즉 협약의 협상을 촉진하고 강화하는 절차 개발에 초점을 맞춘다. 원장 공유 회사인 리플랩스Ripple Labs의 이사로 있는 경제학자 수전 애티Susan Athey는 분산 원장에 기록되는 스마트계약의 주요 효용을, 첫째로 "당신이 규칙을 작성할 수 있고", 둘째로 이러한 규칙들이 신뢰를 얻은 정보 인프라를 기반으로 집행된다는 점이라고 설명한다(Shin, 2014). 핵심은 규칙을 작성하는 방법과 자동화를 이루는 방법을 찾아내는 일에 있다.

자동화가 이상적 실천이 아닌 전문적인 관행이 되면, 자동화는 예술이자 일로 여겨진다. 지식episteme이 아닌 기술techne인 것이다. 자동화는 운영과 의사소통을 위한 공통 체계를 만드는 지루하고 관료적인 노동을 들여 일을 해야 하는 사람들인 보통의 기술자들이 하는 일이 된다. 한 업계 컨설턴트가 내게 말했듯 "마법 콩이 아니라, 소프트웨어일 뿐이다." 최소한 아직까지는, 결합형 블록체인 프로젝트들은 일을 안 하는 데 초점을 맞추는 것이 아니라, 새로운 과정을 만들어 내는 일, 사람들이 직접 관리하는 상호작용 도구로서 자동화에 초점을 맞추고 있다.

업계의 많은 사람은 블록체인과 더 크게는 자동화가 확산되면 MBA 출신보다 공학자의 권한이 더 강화되고 기술회사가 은행보다 더 많은 돈을 벌게될 것이라고 우려한다. 정말 그럴 수도 있고, 이러한 현상이 낮은 지위의 직원들이 수행하면서 문제가 없다고 할 수는 없던 과제를 자동화하려는 사회적 지향이 더 크다는 점을 반영하는 것일 수도 있다. 하지만 이러한 결합형 제안들은 급진적인 꿈을 꾸는 이들에게 이런 질문을 던진다. 사람을 대체하는 것을 목표로 하지 않는 대신에 사람들 사이에 지금 존재하는 관계를 확장하는 블록체인을 상상한다는 것은 무엇을 뜻하는가?

결론

급진형 블록체인의 꿈과 결합형 블록체인의 꿈 사이의 가장 큰 차이는 전자가 사회를 그들이 생각하는 더 나은 방향으로 다시 만들려는 대담한 목표를 갖고 있는 반면, 후자는 그런 야망이 없다는 점이다. 이렇게 뚜렷하게 구분될 뿐만 아니라, 결합형의 비전은 급진형 블록체인이 만일 미래성을 고집하지 않는다면, 더 장기적이고 느린 게임을 한다면 무엇을 할 수 있을지를 묻는다. 사람들 사이의 신뢰를 완전히 제거할 필요가 없다면 어떨까? 다시 말해, 완전히 탈중앙화하고 자율주의적일 필요가 없다면?

결합형 블록체인은 블록체인 관리에 드는 일들을 드러낸다. 이것은 큰 꿈을 꾸는 일이 아니고, 세부 사항을 추리는 일이다. 마크 저커버그, 사토시 나카모토, 그리고 지금은 비탈릭 부테린 같은 외로운 천재들은 새로운 정보 인프라를 꿈꾼 사람들로 추앙받지만, 이러한 인프라를 날마다 관리하는 매일의 지루한 일을 우리가 생각해 볼 기회는 거의 없고, 이러한 일은 훨씬 덜 칭송된다.

기술과 사회를 연구하는 학자들은 이 '관리' 업무에 더 많은 주의를 기울여야 한다고 주장해 왔다(예를 들어 Jackson, 2015; Downey, 2015; Vinsel, 2015를 참조할 것). 정보업계는 시스템 관리에서부터 회귀 테스트와 데이터 클리닝에 이르기까지, 셀 수 없이 많은 일자리들이 모여 구성되는데 이러한 일자리들은 보이지 않을 뿐 아니라 일상적으로 묵살되고 단순한 '마찰', 자동화되거나 외주를 주거나 없어져 버리기를 바라는 불편한 버그로 평가절하되곤 한다. 관리 업무에 주의를 기울인다는 것은 '노고'와 생산성을 그 자체로 숭배하라는 말이 아니다. IT 업무에 주목하지 않더라도 관리에 드는 업무를 현 상태의 기술-경제를 영속시키는 노동의 한 부분으로 다시 생각하자는 것이다.

나는 비가시성을 덕목으로 기술체계를 개발하고 관리하는 보이지 않는 일을 인프라 돌봄노동의 한 형태로 볼 수 있다고 주장하고 싶다. J.K. 깁슨-그레이엄(Gibson-Graham, 2008)이 주장했듯, 만일 우리가 매끈해 보이는 체계 안에서 일어나는 울퉁불퉁한 일을 보는 법을 배울 수 있다면, 우리가 얽혀 있는 자본주의와 비자본주의를 포함한 '다양한 경제'를 엿볼 수 있을 것이다.

이렇듯 결합형 블록체인에도 나름 급진적으로 다른 부분이 있다. 만일 급진형 블록체인을 꿈꾸는 사람들이 마치 마법처럼 시장 기제가 작동할 것이라고 그저 상상하는 대신에 세계 자본주의를 떠받치는 기초가 되는 숨겨진 협동으로부터 영감을 얻는다면 어떨까? 급진형 블록체인이 지루하게 진행되어도 된다고 한다면, 어떻게 될까?

참고문헌

Accenture Insights. 2016. "Are you exploring blockchain technology for your investment bank?" Available at: https://www.accenture.com/us-en/insight-perspectives-capital-markets-blockchain

Bauwens, M. 2005. "The political economy of peer production." *CTheory*. Available at: http://www.ctheory.net/articles.aspx?id=499

Benkler, Y. 2003. "Freedom in the commons: Towards a political economy of information." *Duke Law Journal*, Vol.52, No.6, pp.1245~76.

Birch, D.G.W., Brown, R.G. and Parulava, S. 2016. "Towards ambient accountability in financial services: Shared ledgers, translucent transactions and the technological legacy of the great financial crisis." *Journal of Payments Strategy and Systems*, Vol.10, No.2, pp.118~31.

Burrell, J. 2009. "The field site as a network: A strategy for locating ethnographic research." *Field Methods*, Vol.21, No.2, pp.181~99.

Buterin, V. 2014a. "DAOs are not scary, part 2: Reducing barriers." *Ethereum*. Available at: https://blog.ethereum.org/2014/03/01/daos-are-not-scary-part-2-reducing-barriers/

Buterin, V. 2014b. "Launching the ether sale." *Ethereum*. Available at: https://blog.ethereum.org/2014/07/22/launching-the-ether-sale/

Buterin, V. 2015. "Superrationality and DAOs." *Ethereum*. Available at: https://blog.ethereum.org/2015/01/23/superrationality-daos/

Castells, M. 2013. *Networks of Outrage and Hope: Social Movements in the Internet Age*. Cambridge: Polity.

De Filippi, P. 2015. "From competition to cooperation." *TEDxCambridge*. Available at: https://www.youtube.com/watch?v=aYOPcHRO3tc

Dietz, J. 2015. "Swarm manifesto." Available at: https://gist.github.com/fractastical/b658c71573d92ebb9b19

Downey, G.J. 2015. "Making media work: Time, space, identity, and labor in the analysis of information and communication infrastructures." In: Gillespie, T., Boczkowski, P.J. and Foot, K.A. (eds.). *Media Technologies: Essays on Communication, Materiality, and Society*. Cambridge, MA: MIT Press.

DTCC. 2016. *Embracing Disruption: Tapping the Potential of Distributed Ledgers to Improve the Post-Trade Landscape*. New York: Depository Trust and Clearing Corporation.

Duffy, T. 2013. "Wall Street is losing the best and the brightest." *Wall Street Journal*, September 29. Available at: http://www.wsj.com/articles/SB100014241278873236233045790595924984 0128

Egan, M. 2014. "Talent wars: Silicon Valley vs Wall Street." *CNN Money*. Available at: http://money.cnn.com/2014/08/22/investing/wall-street-silicon-valley-talent/

Feder, J. 2016. "From competition to cooperation." *Backfeed Magazine*. Available at: http://magazine.backfeed.cc/from-competition-to-cooperation/

Frisby, D. 2016. "In proof we trust." *Aeon*. Available at: https://aeon.co/essays/how-blockchain-will-revolutionise-far-more-than-money

Ghalim, Y. 2015. "Why we should drop the whole Bitcoin vs blockchain discussion." *Medium*. Available at: https://medium.com/@YacineGhalim/why-we-should-drop-the-whole-bitcoin-vs-blockchain-discussion-e3e38e9a5104#.bghtgxdzy

Gibson-Graham, J.K. 2008. "Diverse economies: Performative practices for "other worlds."" *Progress in Human Geography*, Vol.32, No.5, pp.613~32.

Giddens, A. 1991. *Modernity and Self Identity: Self and Society in the Late Modern Age*.

Cambridge: Cambridge University Press.

Gill, R. and Pratt, A. 2008. "In the social factory? Immaterial labour, precariousness and cultural work." *Theory, Culture, and Society*, Vol.25, No.7-8, pp.1~30.

Greenberg, J. 2015. "Wall Street's scrambling to catch up with Silicon Valley." *Wired.* Available at: http://www.wired.com/2015/04/wall-street-silicon-valley-banks-play-catch-up-with-tech-startups/

Hearn, M. 2016. "The resolution of the Bitcoin experiment." *Medium.* Available at: https://medium.com/@octskyward/the-resolution-of-the-bitcoin-experiment-dabb30201f7#.xrurew5mw

Isgur, B. 2014. "A little altcoin sanity: Namecoin." Coin Report. Available at: https://coinreport.net/little-altcoin-sanity-namecoin/

Jackson, S.J. 2015. "Rethinking repair." In: Gillespie, T., Boczkowski, P.J. and Foot, K.A. (eds.). *Media Technologies: Essays on Communication, Materiality, and Society.* Cambridge, MA: MIT Press.

Kelty, C. 2008. *Two Bits: The Cultural Significance of Free Software.* Cambridge, MA: MIT Press.

Levine, M. 2015. "Blockchain for banks probably can't hurt." *BloombergView*, September 1. Available at: https://www.bloomberg.com/view/articles/2015-09-01/blockchain-for-banks-probably-can-t-hurt

Lotringer, S. and Marazzi, C. 2007. *Autonomia: Post-Political Politics*, Cambridge, MA: Semiotext(e).

Lujan, S. 2016. "Toward techno-anarchy: Blockchain tech will thwart government, transform society." Bitcoin.com. Available at: https://news.bitcoin.com/toward-techno-anarchy-blockchain-tech-will-thwart-government-transform-society/

MacKenzie, D. 2006. *An Engine, Not a Camera.* Cambridge, MA: MIT Press.

McKinsey and Company. 2015. "Beyond the hype: Blockchains in capital markets." Report. Available at: http://www.mckinsey.com/industries/financial-services/our-insights/beyond-the-hype-blockchains-in-capital-markets

Mainelli, M. and Milne, A. 2016. "The impact and potential of blockchain on the securities transaction lifecycle." SWIFT Institute Working Paper No.2015-007.

Marcus, G. 1995. "Ethnography in/of the world system: The emergence of multisited ethnography." *Annual Review of Anthropology*, Vol.24, pp.95~117.

Maurer, B., Nelms, T. and Swartz, L. 2013. "When perhaps the real problem is money itself!" *Social Semiotics*, Vol.23, No.2, pp.261~77.

Merchant, B. 2015. "Fully automated luxury communism." *The Guardian*, March 18. Available at: http://www.theguardian.com/sustainable-business/2015/mar/18/fully-automated-luxury-communism-robots-employment

Nakamoto, S. 2008. "Bitcoin: A peer-to-peer electronic cash system." Available at: https://bitcoin.org/bitcoin.pdf

O'Dwyer, R. 2015. "The revolution will (not) be decentralised: Blockchains." *Common Transition.* Available at: http://commonstransition.org/the-revolution-will-not-be-decentralised-blockchains/

Otar, O. 2015. "Mining consolidation: The bitcoin guillotine." *Bitcoin News Channel*, December 20. Available at: http://bitcoinnewschannel.com/2015/12/20/mining-consolidation-the-bitcoin-guillotine/

Pangburn, D. 2015. "The humans who dream of companies that don't need us." Fast Company. Available at: http://www.fastcompany.com/3047462/the-humans-who-dream-of-companiesthat-wont-need-them

Peabody, G. 2016. "What blocks the blockchain?" *Payments Views.* Available at: http://payment sviews.com/2016/04/14/what-blocks-the-blockchain/

Peters, J.D. 1999. *Speaking Into the Air: A History of the Idea of Communication.* Chicago, IL: Chicago University Press.

PYMNTS. 2015. "Why the corporate banking revolution is a marathon, not a sprint." PYMNTS. Available at: http://www.pymnts.com/news/b2b-payments/2016/why-the-corporate-banking-revolution-is-a-marathon-not-a-sprint/

Robinson, E. and Leising, M. 2015. "Blythe Masters tells banks the blockchain changes everything." *Bloomberg.* Available at: http://www.bloomberg.com/news/features/2015-09-01/blythe-masters-tells-banks-the-blockchain-changes-everything

Roos, J. 2011. "We are going slow because we are going far." *ROAR Magazine.* Available at: https://roarmag.org/essays/marchabruselas-and-antibanks-in-paris-in-pictures/

Rosenberg, S. 2015. "There's a blockchain for that! The code that secures Bitcoin could also power an alternate Internet. First, though, it has to work." *Backchannel.* Available at: https://medium.com/backchannel/how-bitcoins-blockchain-could-power-an-alternate-inter net-bb501855af67#.mlndtx2pl

Shin, L. 2014. "Susan Athey on how digital currency could transform our lives." *Forbes.* Available at: http://www.forbes.com/sites/laurashin/2014/11/24/susan-athey-on-how-digital-currency-could-transform-our-lives/#188df51a79e7

Shin, L. 2015. "Nasdaq selects bitcoin startup Chain to run pilot in private market arm." *Forbes.* Available at: http://www.forbes.com/sites/laurashin/2015/06/24/nasdaq-selects-bitcoin-startup-chain-to-run-pilot-in-private-market-arm/#2f766ff252d7

Stafford, P. 2015. "Blockchain initiative backed by 9 large investment banks." *Financial Times.* Available at: http://www.ft.com/intl/cms/s/0/f358ed6c-5ae0-11e5-9846-de406ccb37f2.html#axzz3y5HqclYN

Stearns, D. 2011. *Electronic Value Exchange: Origins of the VISA Electronic Payment System.* New York: Springer.

Swan, M. 2015. *Blockchain: Blueprint for a New Economy.* Sebastopol, CA: O'Reilly.

Swarm. 2015. "The Swarm skeletons." Medium. Available at: https://medium.com/@Swarm/meet-the-swarm-skeletons-83fb0627f438#.qkqea774y

Swartz, L. (forthcoming) *What Was Bitcoin?*

Tanzarian, A. 2014. "Ethereum raises 3700 BTC in first 12 hours of ether presale." *Coin Telegraph.* Available at: http://cointelegraph.com/news/ethereum-raises-3700-btc-in-first-12-hours-of-ether-presale

Thorp, N. 2015. "How society will be transformed by crypto-economics." *Medium.* Available at: https://medium.com/@noahthorp/how-society-will-be-transformed-by-crypto-economics-b0 2b6765ca8c#.46dy1nf8b

Turner, F. 2009. "Burning Man at Google: A cultural infrastructure for new media production." *New Media & Society*, Vol.11, No.1-2, pp.73~94.

Vinsel, L. 2015. "The maintainers: A call for proposals." Available at: http://leevin-sel.com/blog/2015/2/25/the-maintainers-a-call-for-proposals

Volpicelli, G. 2015. "Smart contracts sound boring, but they're more disruptive than bitcoin." *Vice.* Available at: http://motherboard.vice.com/read/smart-contracts-sound-boring-but-theyre-more-disruptive-than-bitcoin

Voorhees, E. 2015. "It's all about the blockchain." *Money and State.* Available at: http://

moneyandstate.com/its-all-about-the-blockchain/

Yuan, L. 2015. "Forget bitcoin, long live blockchain." *Medium*. Available at: https://medium.com/@L4yuan/forget-bitcoin-long-live-blockchain-5d4b55efce0b#.uo07vbozn

5장
미국의 소비자 금융 서비스

은행이 답이 아닐 수도 있는 이유

리사 서본
Lisa J. Servon

미국의 소비자 금융 서비스 체계는 망가졌다. 이 체계는 주류 은행과 신용협동조합, '대안' 수표환전소와 단기대출업체, 그리고 순환저축신용대출계rotating savings and credit associations: ROSCAs라는 일종의 계契와 고리대금업자 같은 비공식 도구로 이루어진다. 지난 40년 동안 특히 금융 붕괴 시기 이후 소비자 금융 서비스는 더 이상 중하층의 필요에 도움이 되지 않는 체계로 변모했다.

정책입안자들과 연구자들은 은행 계좌가 없거나 수표환전소와 단기 대출업 같은 '대안' 금융 서비스를 이용하는 미국인들의 수가 점차 많아지는 것을 우려한다. 2014년 미국 연방예금보험공사FDIC는 미국인 1700만 명이 '은행 무거래' 상태이며 4300만 명은 은행 계좌가 있으나 계속해서 대안 금융 서비스에 의존하고 있는 '은행 저거래' 상태라고 보고했다(Burhouse and Osaki, 2012). 이러한 수치는 저소득 지역과 소수 인종 및 민족에게서 더욱 냉혹하게 나타난다(Cover et al., 2011). (1만 5천 달러 미만을 버는) 저소득 가정의 28.2%에 달하는 사람들이 은행 무거래 상태이고, 21.6%는 은행 저거래 상태다(Barr and Blank, 2009). 흑인, 히스패닉, 외국 출신 비시민권자 가구도 은행 저거래 상태가 불균형적으로 많다. 히스패닉 가구의 48.7%만이 은행 거래를 온전히 이용하며, 이 수치는 외국 출신 비시민권자 가구에서 45.8%, 흑인 가구에서는 41.6%로 떨어진다(Burhouse and Osaki, 2012).

정책입안자들과 연구자들은 은행 거래를 하는 사람과 그렇지 않은 사람, 금융에 '포용된' 사람과 '배제된' 사람이라는 잘못된 이분법을 세워왔다. 이러한 틀은 오해의 소지가 있다. 사람들에게 '은행 거래', '은행 저거래', '은행 무거래' 같은 꼬리표를 붙이는 것은 은행에만 의존하는 것이 바람직한 규범이며 다른 방식은 모두 열등하다는 식의 전제가 있다. 이와 비슷하게, '금융 배제'라는 용어는 은행 계좌가 없는 사람들은 금융 서비스에 접근할 수 없다고 가정한다. 이 장에서 보여주겠지만, 이 사람들도 때로는 자신이 선택해서, 때로는 주류 제도가 그들의 필요를 충족하지 않기 때문에, 그리고 때로는 그들 스스로 배제를 선택한 것이기 때문에 충분히 금융 서비스 체계의 한 부분이다.

이러한 논쟁은 또한 다양한 유형의 금융 서비스 제공자들이 서로 연결되어 있으며 이윤을 얻기 위해 어떻게 서로 의지하는지를 간과한다. 현재의 정책 노력은 은행 무거래 및 저거래 계층이 금융 의사 결정을 내리는 맥락과 그들이 활용할 수 있는 실행 가능한 선택지가 무엇인지 깊이 이해하지 않은 채로 이들을 은행 거래로 이끌려고 하는 경향이 있다(예를 들어, 샌프란시스코에서 2006년 시작되어 2024년 현재 100개 도시에 도시별 지부를 두고 운영하는 뱅크온 BankOn 프로그램을 참조할 것).

이 장의 목표는 어떻게 소비자 금융 서비스 체계가 제 기능을 하지 못하게 되었는지 이야기하고, 중하위 소득을 버는 사람들이 금융 의사 결정을 내리는 방식에 대해 우리가 갖고 있는 주요 신화들이 틀렸음을 보여주는 것이다. 나는 지금의 상황을 이끈 세 가지 경향, 즉 ① 은행의 관행과 은행 관련 정책의 변화, ② 미국인들의 금융 불안정성 증가, ③ 과도한 신용거래 의존을 논할 것이다. 이런 맥락을 제시한 후, 나는 그렇게 많은 사람이 왜 점점 더 많은 수의 대안 금융 서비스에 의지할 만한지 보여줄 것이다. 나는 참여관찰과 100명이 넘는 사람들과의 면담에서 얻은 자료를 활용하여 대안 금융 서비스 산업에 관해 널리 퍼져 있는 네 가지 신화, 즉 ① 모든 사람에게 은행 계좌가 필요하다, ② 사람들은 금융 지식이 없기 때문에 대안 금융 서비스를 이용한다, ③ 대안 금융 서비스를 더 많이 규제하면 이 문제가 해결될 것이다, ④ 대안 금융 서비스를 이용하는 사람은 저축을 하지 않는다는 신화가 틀렸음을 보여줄 것이다.

방법론

이 장에서는 문헌과 정책을 심층적으로 검토해 제 기능을 하지 못하는 금융 서비스 풍경을 떠받치는 경향에 관한 정보를 알아낸다. 나는 또한 사우스 브롱크스South Bronx에 있는 수표환전소인 라이트체크RiteCheck에 창구 직원으로, 캘리포니아 오클랜드Oakland 시내의 체크센터Check Center에 창구 직원이자 대출 수금 직원으로 들어가 수백 시간을 보냈다. 이들 업체에서 일을 하고 나서는, 두 업체의 고객을 각각 50명씩 면담했다. 또한 상환일이 도래한 대출금을 갚는 데 어려움을 겪는 이들을 위한 긴급전화 담당 직원으로 한 달 동안 자원봉사를 했다. 나는 은행업과 대안 금융 서비스 전문가, 소비자금융보호국과 연방예금보험공사의 정책입안자, 관련 연구자, 서브프라임 신용대출국 책임자 및 소비자 대변인들과 광범위하게 면담했다. 지역 및 전국 수표환전소 및 단기대출업체 사업조합 회의들과 금융 서비스 혁신센터 Center for Financial Services Innovation에서 개최한 회의에도 참석했다.

나는 문화기술지와 그 밖의 질적 연구 방법을 통해 내가 이해하고자 했던 주제에 상당 부분 가까이 다가갈 수 있었다. 대체로 은행 거래를 하거나 또는 하지 않는 사람들을 대상으로 일하는 지역 기반 금융기관에서 생활하면서, 소비자들이 금융과 관련한 결정을 하는 논리를 더 잘 이해할 수 있었다. 지역에서 엄청난 시간을 쓴 것 역시 신뢰를 쌓고 사람들이 자신의 금융 필요를 충족하는 다른 방식을 아는 데 도움이 되었다.

제대로 기능하지 않는 금융 서비스 풍경 이면의
세 가지 경향

정책입안자들은 은행 거래를 하지 않거나 적게 하는 많은 사람들을 매도하고, 연방예금보험공사 통계를 근거로 삼아 곧바로 사람들이 은행 계좌를 만들게끔 개입하려고 한다. 이 과정에는 현 상황을 초래하는 데 영향을 주었을 가능성이 있는 더 많은 이유들을 분석하는 필수적인 절차가 빠져 있다. 나는 소비자 금융 서비스 업계에서 대안 금융 서비스의 요소들이 성장했던 같은 시기에 일어난 세 가지 경향을 발견했다. ① 은행 정책 및 관행의 변화, ② 신용거래 의존 심화, ③ 금융 불안정성 증가가 그것이다.

은행 정책 및 관행의 변화

지나치게 큰 은행의 위험을 둘러싼 논쟁은 최소한 1912년 이래로 지속되어 왔다. 당시 민주당 대통령 후보 우드로 윌슨Woodrow Wilson은 다음과 같은 글을 썼다.

> 이 나라의 커다란 독점은 돈의 독점이다. 우리에게 오랜 다양성과 자유와 개인의 발전 에너지가 존재한다는 것에는 의문의 여지가 없다. 거대한 산업국가는 신용체계의 통제를 받는다. 우리의 신용체계는 집중되어 있다. 따라서 이 나라와 우리의 모든 활동의 성장이 몇 사람의 손에 달려 있으며, 그들은 심지어 자신의 행동이 정직하고 공익을 위한 의도가 있다 하더라도, 필연적으로 자신의 돈이 개입된 큰일에 집중하게 마련이다. 스스로의 한계가 되는 바로 그 이유 탓에, 그들은 순수한 경제적 자유를 필연적으로 냉각시키고 억누르며 파괴한다(Wilson, 1912).

'대마불사'라는 말은 사실 1984년에 처음 만들어졌고 은행의 지점영업 금지가 해지되기 시작한 직후 미국에서 일곱째로 큰 은행인 콘티넨털 일리노이Continental Illinois에 대한 정부 긴급구제를 정당화하는 데 사용되었다. 이 말을 아주 흔한 선전 구호로 만든 가장 최근의 금융위기보다 24년 앞선 일이다(Haltom, 2013). 국회의원 스튜어트 매키니Stewart McKinney는 미국 역사상 가장 큰 은행 실패였던 콘티넨털 일리노이에 연방예금보험공사가 긴급구제를 해야 할지 논의하는 국회 공청회에서 이 말을 처음 사용했다. 1993년에서 1997년 사이에 2829개의 은행이 합병이나 인수를 통해 팔렸다. 권력은 점차 소수의 은행에 집중되었다.

한 세기가 넘는 동안 우리는 은행이 너무 크고 우리의 최선의 이익을 의사 결정의 중심에 두지 않는다는 말을 반복해서 들어왔다. 1912년 이래로 상황은 계속 나빠지기만 했다. 2008년 금융위기 시기에 파산할 당시 워싱턴 상호기금Washington Mutual은 콘티넨털 일리노이보다 일곱 배 컸다. 미국에서는 가장 큰 은행 네 개가 미국 전체 은행 자산의 절반가량인 총 6조 8000억 달러를 보유하고 있다(Schaefer, 2014). 거대 은행들의 힘은 막대하다. 금융규제 분야에서 수십 년 동안 일한 어반 인스티튜트Urban Institute의 선임연구원 엘런 사이드먼Ellen Seidman은 내게 이렇게 말했다. "저는 은행을 관리할 수 있다거나 규제할 수 있다고 생각하는 … [은행] 규제 담당자가 있을 거라고 보지 않아요."

은행의 걷잡을 수 없는 성장이 우리가 지금 처한 상황을 만든 유일한 원인일 리는 거의 없다. 무슨 일이 일어났는지 이해하려면, 지난 세기의 시작으로 돌아가 볼 필요가 있다.

해로운 은행 관행에 대한 우려는 이전부터 있었고 정책입안자들은 일찌감치 1914년 '연방무역위원회법Federal Trade Commission Act'의 일부로 '불공정 기만 행위 및 관행the Unfair or Deceptive Acts and Practices'에 관한 규제법안을 통과시켰다. 1968년과 1991년 '성실대출법Truth in Lending Act'과 '성실저축법Truth in Savings Act'이 각각 통과되면서 규제도 강화되었다. 이 법들은 채권자들이 신용 대출에 드는 비용과 조건을 밝혀야 하며 광고에 오해의 소지가 있거나 부정확하거나 기관의 약관을 잘못 전달해서는 안 된다고 규정한다(FDIC, 2004). '도드-프랭크 법Dodd-Frank Act'이 통과된 2010년 7월에는 법의 머리글 자에 남용Abusive을 뜻하는 두 번째 A가 추가되었다. 불공정 기만 남용 행위 UDAAP에 관한 규제는 실제 문제에 잘 대응했고 의도도 좋았으나, 주마다 규 제가 다르고 '남용'과 '기만'이라는 용어 해석이 판사에게 맡겨져 있다. 해당 규제는 '도드-프랭크 법' 통과 이후 거의 적용되지 않았다.

1929년 뉴욕 증시 대폭락이 일어나면서 소비자에 대한 집중도 강화되었 다. 정책입안자들은 1929년에 일어났던 일들이 다시는 일어나지 않도록 노 력하는 것으로 폭락에 대응했다. 증시 폭락은 너무나 많은 가정을 파괴했기 때문에 이후 40년 동안의 은행 규제를 이끌었다.

1933년부터 1960년대 후반 사이에는 연방 차원의 새로운 은행업 정책이 거의 만들어지지 않았고, 은행가와 규제 담당자는 새롭게 성장하는 경제 풍경 안에서 조심스럽게 움직였다. 1941년부터 1964년 사이에 미국 전역에서 은 행이 망한 경우는 무시해도 될 만큼 적었다. 정황상 (시카고와 중서부를 담당하 던) 7지구의 연방준비제도 회원 은행 한 곳(Federal Reserve Bank of Chicago n.d.)만이 이 시기에 문을 닫았다. 1960년대 중반에는 정치 분위기가 다시 바뀌었다. 우리가 주로 이야기하는 정책은 1960년대에 만들어진 것으로, 이 시기는 당대와 연관된 치열한 운동으로 인해 미국인들이 사업, 관행, 규 범 전반을 재검토하던 때였다. 젊은 랠프 네이더Ralph Nader는 1965년 자동 차 업계에 관한 폭로를 담은 책 『어느 속도에서도 안전하지 않다Unsafe at Any Speed』로 세상을 깜짝 놀라게 했다. 민권운동과 여성운동에 속도가 붙었고, 두 운동은 금융 문제로 수렴했다. 1961년, 미국 민권위원회는 백인에 비해 흑인계 미국인 세입자가 집이나 그 밖의 주요 신용 기반 구매를 할 때 더 높 은 계약금을 내야 하고, 대출금을 더 빨리 상환하라는 요구를 받는다고 밝 혔다(Westgate, 2011: 382). 여전히 차별은 지속되었다. 도시 지역 활동가들은 은행의 의사결정자와 공동체 구성원 전반을 대상으로 신용 차별에 저항하고 이 문제에 대한 관심을 불러일으키기 위해 '은행 들어가기bank-in' 운동을 조직했다.

첫 법안이 통과된 지 30년도 더 넘어선 때에 새로운 연방 은행 법안이 무더기로 통과되었다. 1968년에 통과된 '성실대출법TILA', 1970년 '신용거래공정보고법Fair Credit Reporting Act', 1974년에 통과된 '신용거래기회균등법Equal Credit Opportunity Act: ECOA'은 어떤 종류의 대출을 찾는 사람에게든 조건을 평평하게 다지는 것을 목표로 한다. '성실대출법'은 은행이 신용 대출을 연장하기 전에 연이율, 전체 대출 조건, 비용 같은 핵심 정보를 밝히도록 하고 있다. '신용거래공정보고법'은 신용거래 보고기관들이 보유한 개인정보의 공정성과 정확성, 개인정보 보호를 보장하기 위해 신용거래 정보의 수집과 신용거래 보고서에 대한 접근을 규제했다. 그리고 '신용거래기회균등법'은 차별에 초점을 맞춰 "인종, 피부색, 종교, 국적, 성별이나 결혼 상태, 나이를 기반으로 … 또는 지원자의 소득 전부나 일부분이 공공부조 프로그램으로부터 나온다는 이유로"(15 USC § 1691) 신용거래를 거부하는 것을 불법으로 만들었다. 이 세 법안은 함께 은행 부문의 투명성을 키우도록 의무화함으로써 소비자를 보호하려는 새로운 의지를 보여주었다. 일부 주에서도 앞장서서 차별적 대출 관행을 완화했다. 1964년 캘리포니아는 주에서 인가한 저축 및 대출 상품을 대상으로 위원회에 특정 대출 관련 자료를 제출하도록 하는 법안을 통과시켰다.

대공황 전부터 미국 연방과 주에서는 은행 지점영업을 규제하려고 했다. 1927년 '맥패든법McFadden Act'이 통과되면서 미국 내 주州 간 은행 지점영업이 금지되었다. 일부 주에서는 주 내 저축대부조합 지점영업을 더욱 규제하는 법들을 통과시켰다. 일리노이에서는 특히 지점영업을 금지했던 주 헌법이 통과된 1870년부터 시작해서 1983년 주 법에서 지점영업 규제 조항을 폐지할 때까지 한 세기 동안 모든 은행 지점영업이 금지되었다.

이와 비슷하게, 1982년까지 펜실베이니아 은행들은 본점이 있는 카운티와 인접 카운티에만 지점을 낼 수 있었다(Jayaratne and Strahan, 1999). 캔자스, 몬태나, 네브래스카, 오클라호마, 텍사스, 와이오밍을 포함한 다수의 다른 주들도 1985년까지는 주 간 지점영업을 엄격하게 규제하다가 1991년까지 이러한 규제를 완화하거나 없앴다. 이 시기에 주 지점영업 규제의 제약에 변화가 없었던 것은 콜로라도, 미네소타, 노스다코타뿐이었다. 다른 주에서는 도시 인구를 기반으로 지점영업을 제한했다. 뉴욕과 오리건주는 도시 인구가 5만 명이 안 되는 경우에 지점영업을 금지했다. 뉴햄프서는 인구가 2500명 이하인 도시에서는 지점영업을 금지했지만, 이는 도시 안에 다른 은행이 있는 경우에만 적용되었다. 하와이는 호놀룰루 내에서의 지점영업을 제한했다(Calem, 1994).

주마다 은행의 힘을 제한하기 위해 은행 규제 법안을 제정했던 것은 은행이 너무 커지면 너무 많은 정치적·경제적 권력을 쥐게 될 것이라는 우려 때문이었다. 많은 소비자들은 작은 도시에서 넣은 예금이 중소기업과 지역사회에 충분한 가용 자본을 남기지 않고 같은 주에 있는 더 큰 금융 중심지의 대출금으로 빠져나가지 않을까 두려워했다. 지점영업 규제에는 더 큰 은행과의 과도한 경쟁으로부터 은행을 보호하려는 의도도 있었다(Rice and Davis, 2007).

1977년, '공동체재투자법Community Reinvestment Act: CRA'이 통과되면서 은행 지점영업의 성장이 쉬워졌다. '공동체재투자법'은 저소득 지역에서 가용신용이 심각하게 부족한 현상을 바로잡으려는 것으로, 지점영업에 엄격한 규제가 없는 주에서는 서비스가 충분하지 못한 지역에 저축대부조합을 내면 혜택을 주었다. 이 법안의 효과는 주 수준에서 지점영업 제한 규제 완화의 효과와 나란히 나타났다. 1970년부터 1985년 사이에 15개 주가 지점영업을 허용하는 법안을 통과시켰고, 1989년까지 다른 12개 주도 그렇게 했다. '공동체재투자법'의 이면에는 저소득 공동체와 유색인종 공동체가 금융 서비스에 더 쉽게 접근할 수 있게 하겠다는 생각이 있었지만, 그 결과 만들어진 지점들은 독립적인 은행만큼 지역 공동체에 관한 지식을 가지고 있지 않았다. 1990년이 되자 대부분의 주에서 공동체와 연결된 은행과 관계금융relational banking은 더 이상 흔한 일이 아니게 되었다.

1994년 '리글-닐 주 간 은행업 및 지점영업 효율화법Riegle-Neal Interstate Banking and Branching Efficiency Act'은 주 경계를 넘어서는 은행 지점영업을 허용했고 이는 은행업 규제의 전환점이 되었다. 이 법은 주 경계를 넘어서는 지점영업을 허용하였기 때문에 대형 은행이 종종 대도시 지역의 단일 지점이나 작은 은행, 특히 워싱턴 D.C. 주변의 수도권역처럼 주 경계선에 걸쳐 있는 곳을 매수함으로써 쉽게 성장할 수 있었다.

1980년대의 규제 완화에 이어, 큰 은행이 작은 은행을 매수하고 여러 작은 저축은행thrift이 가속화하는 경쟁의 속도를 쫓아가지 못한 채 문을 닫으면서 저축대부조합의 수는 급격히 줄었다. 1986년에서 1995년 사이에 연방저축대부보험공사Federal Savings and Loan Insurance Corporation: FSLIC와 정리신탁공사Resolution Trust Corporation: RTC는 미국 내 전체 기관 중 약 절반에 달하는 1043개의 저축금융기관을 폐쇄했다.

2010년 12월, ≪뉴욕 타임스The New York Times≫ 딜북Dealbook은 미국 내에서 734개의 소규모 저축금융기관이 운영 중이라고 보도했다(Protess, 2010). 지난 수십 년 사이 저축금융기관의 이러한 극적인 축소는 개별 소비자들이 은행 업무를 볼 선택지가 줄어들었음을 의미하며, 이렇게 되면 은행이 고객에게 최고의 서비스를 제공하려고 경쟁할 유인이 적어진다. 1999년에 이르자 증시 대폭락 이후 만들어졌던 거의 모든 보호책이 사라졌다. 의회는 그해에 '그램-리치-블라일리Gramm-Leach-Bliley 법'으로 알려진, '금융서비스현대화법Financial Services Modernization Act'을 통과시켜 은행이 상업과 투자 활동을 모두 할 수 있게 허용하였다. 또다시 예금자들은 은행의 고위험 투자 전략이 초래할 수 있는 결과로부터 보호받지 못한 채 남겨졌다.

다음에 무슨 일이 일어났는지는 우리 모두 알고 있다. 2008년 9월, 리먼 브러더스가 무너지면서 주식시장에 공포를 불러일으켰고 세계 금융체계가 무너질지 모른다는 위협이 되었으며, 파행을 겪는 금융업계를 납세 재정을 바탕으로 하는 긴급구제로 떠받치는 '신용 규제'를 만들었다(The Economist, 2013). 위기는 서브프라임 대출자에게 무책임하게 주택담보대출을 하면서 야기되었다. 이들은 주로 신용 기록이 좋지 않고 이미 대출금을 갚느라 고전하고 있던 사람들이었다. 대형 은행의 금융공학자들은 위험이 큰 주택담보대출을 위험이 낮다고 여겨지는 보장상품과 묶었지만, 사실 이 취약한 주택담보대출은 여전히 위험을 안고 있었다. 은행은 안전하지 않은 방식으로 금융 수단을 사용하면서 스스로 돈을 걸고, 취약한 금융 환경을 만들었다. 하지만 연방정부 같은 규제 담당자들도 비난을 받아야 한다. 그들이 충분히 감독하지 못했기 때문에 리먼 브러더스 붕괴가 일어났고, 이는 대공황 이후 가장 큰 경기침체를 유발한 하강 국면으로 이어졌다.

시중 은행에서는 여전히 소비자 서비스를 가난한 의붓자식쯤으로 여기고, 자신들의 핵심 사업보다 부차적으로 본다. 규제 완화로 확장이 허용되면서 이들은 과거에 공동체에 기반한 소규모 저축은행이 제공했던 예금과 대출 서비스로 (말 그대로) 가지를 뻗었지만, 이러한 서비스로 얻는 이윤 보상이 훨씬 작기 때문에 소매금융은 이 나라에서 가장 큰 은행에서는 우선순위로 취급되지 않는다.

질 좋고 알맞은 가격의 금융상품 부족과 '대마불사'의 사고방식은 연결되어 있다. 미국에는 현재 금융 기관이 6900개 있으며, 그중 10개가 전체 예금의 80%를 맡고 있다(Hryndza, 2014). 은행이 더 커지고 수는 줄어들면서, 그들은 점차 소비자의 필요에 덜 반응하게 되었다. 대형 은행들은 소비자를 볼모로 이윤에 집중해 왔다. 대안 금융 서비스 업계가 은행이 합병되고 은행 이용 수수료가 높아진 시기 동안 크게 성장했다는 것이 아마 놀랄 일은 아닐 것이다.

신용거래 의존 심화

지난 수십 년 넘는 시간 동안 미국인들은 점차 신용거래에 더 의존하게 되었다. 낮은 이자율과 높은 신용거래 접근성은 금융 스트레스를 경험하는 사람들에게 신용카드를 쉬운 선택지로 만들었다. 1983년에는 미국 가구의 43%만이 마스터카드, 비자카드 또는 다른 범용 신용카드를 가지고 있었다. 1995년에 이르러 이 숫자는 66%까지 치솟았다. 2010년에는 미국 가구 중 68%가 한 개 이상의 신용카드를 가지고 있었다. 이는 2010년 기준 대략 1억 5200만 소비자(18세 이상 성인의 3분의 2)가 5억 2000만 개의 신용카드를 가지고 있었다는 뜻이다(Canner and Elliehausen, 2013).

신용카드 회사들은 또한 공격적 마케팅으로 새로운 시장을 찾아나섰고, 결국 위험성이 더 높은 고객을 목표 대상으로 삼았다. 2005년에 신용카드 회사들은 미국 소비자에게 거의 600만 개의 사전 선별 가입요청서를 보냈고, 이는 바꾸어 말하면 남성, 여성, 아이 한 명당 20개의 가입요청서를 보냈다는 말이다. 회사의 전략이 바뀌면서 카드 사용자의 구성도 바뀌었다. 1995년 카드 사용자는 미혼이고 집을 소유하는 대신 세를 얻어서 살고 있으며 1989년 사용자보다 직장에서 연차가 낮을 공산이 더 컸다. 이 새로운 대출자들은 과거의 카드 사용자보다 위험이 더 컸다. 이들은 대체로 소득 대비 부채 비율이 더 높았는데, 이것은 소득이 조금만 낮아져도 금융 곤란으로 이어질 수 있다는 뜻이었다. 새로운 대출자들은 또한 경기순환에 따라 임금이 영향을 받는 미숙련 직종에서 일하는 경우가 더 많았다.

신용카드 대출자의 구성을 평가하는 한 가지 방법은 신용카드 가입요청서의 목표 대상이 된 이들을 살펴보는 것이다. 연방준비제도이사회의 한 분석에 따르면, 2007년 개인의 63%가 가입요청서를 받았다. 이 비율은 2009년 27%로 떨어졌다. 신용점수가 최하위 4분위에 있는 개인들(채무불이행 위험이 더 높은 사람들)은 2007년에 전체 신용카드 우편의 약 11%를 받았다. 2009년에 이 숫자는 겨우 2%로 떨어졌다(Canner and Elliehausen, 2013).

신용카드 회사들이 이 기간 동안 신용한도를 높인 것 역시 대규모 경기 침체로 이어졌다. 카드당 가용 금액은 중위값을 기준으로 약 900달러, 다시 말해 3분의 1 정도 늘었고, 미결제 잔고는 중위값을 기준으로 1989년 1100달러에서 1995년 1700달러까지 늘었다. 2010년에 신용카드 대출을 받은 가정의 빚 액수는 대부분 상대적으로 안정적이었다. 이들 가정의 중위 부채 금액은 2600달러였다. 그러나 보다 최근 미국 가구의 평균 부채 금액은 7100달러로 훨씬 높다(Canner and Elliehausen, 2013). 빚을 진 가정만 고려했을 때, 평균 가구 부채는 1만 5224달러다(Federal Reserve Board, 2014).

신용카드를 이용하는 데 드는 비용도 올랐고, 정책은 비용 인상을 부추겼다. 신용카드 이자율을 거의 없애다시피 한 1978년 마케트 대 퍼스트 오마하 저축공사Marquette v. First Omaha Savings Corp. 건의 대법원 판결 이후 소비자 부채는 신용카드 업계의 규제 완화와 함께 증가했다. 1996년 스마일리 대 시티은행Smiley v. Citibank 판결 역시 신용카드 수수료를 대출기관이 속한 주에서 결정하게 함으로써 신용카드 수수료를 올리는 데 거의 같은 역할을 했다. 이러한 결정 이전에 신용카드 연체료는 평균 16달러였으나, 2007년 평균 연체료는 34달러였다(Garcia, 2007).

대규모 경기 불황이 가져온 가장 중요한 영향 중 하나는 소비자가 결제를 관리하는 방식의 변화였다. 더 많은 소비자가 금융 제약과 어려운 선택에 직면하면서, 많은 사람이 신용카드 결제를 주택담보대출 상환보다 우선하는 쪽을 선택했다. 먹고살려면 유동자금이 필요했던 것이다(Vornovytskyy et al., 2011; TransUnion, 2014). 신용카드 업계는 이러한 경향을 부추겼다. 이자율은 낮고 신용거래 접근성은 높아지자 금융위기 6개월 전인 2009년 1월 정점을 찍은 신용카드 부채는 더욱 증가했다(Garcia, 2007; Canner and Elliehausen, 2013).

금융위기의 여파 속에서 은행이 대출 기준을 강화하면서 신용카드 사용은 감소했고, 소비자들이 일자리(그리고 소득)를 잃게 되자 이용할 수 있는 신용거래는 적어졌다. 2000년과 2011년을 비교하면 가구의 신용카드 부채는 줄어들었다. 2000년에는 가구 중 51%가 신용카드 부채를 갖고 있었다. 2011년 이 비율은 38%로 떨어졌다(Vornovytskyy et al., 2011). 2011년을 기준으로 미국인의 29%는 신용카드를 하나도 가지고 있지 않았다. 2001년 이후 가장 높은 비율이었다. 그리고 신용카드를 가진 사람들은 2001년 4월 4개보다 줄어든 3.7개의 카드를 가지고 있었다.

이러한 변화는 순전히 소비자 행동이 바뀌었기 때문이 아니라, 정책과 신용카드 회사의 관행이 변하면서 함께 일어났다. 검소한 신용거래 이용자들이 미결제 잔액을 갚은 경우도 있다. 다른 경우, 소비자들이 결제 대금을 갚으려고 고군분투하고 있는 동안 신용카드 회사들은 체납과 상각 증가를 겪었다. 카드 발급 업체들은 신용카드에 제시된 약관 조건, 대출자에게 제공되었던 신용거래 총액과 자신의 상품을 시장에서 팔기 위해 사용했던 전략을 바꾸는 것으로 이러한 상황에 대응했다(Garcia, 2007; Canner and Elliehausen, 2013; Athreya et al., 2014).

신용카드 업계의 이러한 변화 역학은 점차 많은 수의 소비자가 단기 대출에 의지하게 되는 이유이기도 했다. 단기 대출은 소비자 금융 서비스 영역에서 아마도 가장 열띠게 논의되는 주제일 것이다. 과거에는 은행에 걸어 들어가서 서명 한 번만 하면 500달러를 대출받을 수 있었다. 최소한 당신이 백인이라면 말이다. 버지니아대학교의 경영학 교수인 그레그 페어차일드 Greg Fairchild는 자신의 아버지가 이런 대출을 '백인 남성 대출'이라고 불렀다고 내게 알려주었다. 이제 당신의 인종이나 성이 무엇이든 그런 시절은 갔다. 단기 대출은 9000억 달러의 산업이다. 단기 대출 영업소는 맥도날드와 스타벅스를 합친 것보다 더 많다(Graves and Peterson, 2008).

신용거래의 축소는 또한 사람들이 자신의 신용 한도를 아슬아슬하게 넘나들면서 개인들의 상황을 완전히 알지 못하는 사람들이 보기에는 반직관적으로 보이는 방식으로 단기 대출을 이용하게 만들었다. 단기 대출을 받는 사람 중 일부는 여전히 신용거래 한도가 남은 신용카드도 가지고 있다. 그런 사람들은 단기 대출을 이용하기 전에 신용카드부터 써야 할 것 같지 않은가? 꼭 그렇지는 않다. 팀 래니Tim Ranney는 자신에게 "왜 사람들이 카드를 쓰는 대신 대출을 받을까요?"라고 묻던 한 대형 신용카드 회사의 위험관리 책임자와 나누었던 대화를 전하면서 이렇게 말했다. "이 사람은 그런 사람들이 '옳은' 결정을 내릴 만큼 똑똑하지 않다는 식으로 말하고 있었어요. 나는 그의 면전에 대고 웃으면서 말했습니다. '카드를 아끼는 거죠! 사람들은 신용거래 한도를 끝까지 채워서 쓰려고 하지 않아요'." 이 경우 신용카드는 안전망이다. 단기 대출은 갚지 못해도 소비자의 신용 점수에 영향을 주지 않지만, 신용카드 사용 금액을 갚지 않으면 영향을 받을 것이다.

신용거래 의존의 문제를 진짜로 이해하려면 소비자들이 신용거래를 어디에 쓰는지 분석해야 한다. 이를 분석하면 신용카드를 사용해 기본적인 필요 대금을 결제하는 사람들의 수가 늘고 있음을 알 수 있다. 2006년에 세 집 중 한 집은 신용카드를 이용해 집세나 주택담보대출금, 식료품, 관리비, 보험료 등 기본적인 필요 대금을 결제한다고 보고되었다(Garcia and Draut, 2009). 전반적으로 사람들은 신용거래로 소득을 대체하고 있는데, 이는 지속가능하지 않은 전략이다. 그리고 신용을 얻기가 더 어려워지면서, 소비자들은 점차 단기 대출처럼 비싼 형태의 소액 신용거래로 돌아섰다.

널리 퍼진 금융 불확실성

앞에서 언급한 은행과 신용카드의 변화들은 우리가 금융 의사 결정을 하는 맥락의 변화로 이어졌다. 은행 이용 수수료가 더 비싸지고 신용거래 이용이 확장되던 시기 동안, 미국 노동자들의 상황은 악화되었다. 수십 년 동안 생산성은 높아졌는데도, 일반적인 미국 가정은 1972년부터 인플레이션에 맞춰 소득의 지속적인 감소를 경험했다(Garcia and Draut, 2009). 2000년부터 2004년 사이에는 모든 소득수준의 사람들이 하락을 경험했다. 가장 충격이 컸던 집단은 하위 20분위에 속한 사람들로, 이들의 임금은 실질적으로 1.5% 떨어졌다(Garcia, 2007). 최저임금 노동자들은 과거보다 더 나이가 많고 교육 수준이 더 높다(Cooper and Hall, 2013).

임금 하락은 생활비 증가와 맞물려 미국의 금융 상황을 더욱 불안정하게 만들었다. 1984년부터 2004년 사이에, 생활비는 의료·주거·교통 비용 상승으로 90% 증가했다(Dēmos, 2007; Garcia, 2007). 1973년과 2004년 사이 소득 변동성은 두 배가 되었다(Hacker and Jacobs, 2008). 미래 금융 이동성의 핵심 지표인 평균 고등교육 비용은 1975년에서 2005년 사이에 (2005년 달러 가치를 기준으로 했을 때) 165% 올랐다. 2003~2004학년도와 2013~2014학년도 사이의 10년 동안, 학부 등록금, 기숙사비 및 운영회비는 공립대학이 34%, 사립대학은 25% 상승했다(US Department of Education, 2016). 게다가 양육비는 가장 최근 한 세대 전까지만 해도 거의 비용이랄 것이 없었지만, 이제는 가족의 주된 지출처다(Garcia, 2007).

감소하는 소득과 증가하는 생활비 사이에서 이렇게 압박을 받은 결과, 많은 사람이 신용거래로 소득을 대체하는 방식의 지속하기 어려운 전략을 쓰기 시작했다(TransUnion, 2014). 2000년 즈음부터 시작해, 많은 가구들이 먼저 저축을 헐고 집에서 자기자본을 고갈한 다음에 신용카드를 이용해 기본적인 지출을 해결하기 시작했다(Garcia, 2007). 앤드루 로스Andrew Ross는 현 상황을 묘사하는 데 '부채 지배creditocracy'라는 말을 처음 사용했는데, 이 말은 생활 필수재든 아니든 재화의 값을 치르려면 부채로 돈을 융통해야 하고, 빚을 지는 것이 기본적인 필요를 충족하는 전제조건이 되는 상황에서 나왔다.

경기침체 이전에는 미국인의 15%가 300~599점 사이의 낮은 신용점수를 받았다. 2010년에 이르자 25% 이상이 이 범주에 속하게 되었다(Whitehouse, 2010). 이런 변화는 앞서 언급한 신용거래의 모순과 결합해, 미국인이 점차 단기 대출과 자동차 담보대출 같은 비싼 신용거래에 의지하게 됨을 뜻한다.

이러한 소액 신용거래의 공급원들이 소비자들에게 이로울지 해로울지는 연구를 해봐야 하지만, 이러한 대출의 활용이 급증하고 있다는 점과 소비자들이 말하는 대출 활용의 이유들로 볼 때 금융 불안정성이 위기점에 다다랐음은 확실하다.

연구 결과

이들 세 가지 경향은 대안 금융 서비스의 사용 증가와 매우 긴밀히 연결되어 있다. 정책입안자들은 계속해서 대안 금융 서비스 대신 은행을 이용하라고 소비자들을 떠밀지만, 주류 및 대안 금융 서비스 업체와 이용자들의 차이에 대해 잘못된 가정에 기대고 있다. 정책은 또한 앞서 나열한 환경 변화를 통합적으로 이해하는 데 실패했다.

이 절에서의 연구는 내가 창구 직원, 대출금 수금 직원, 긴급전화 담당 직원으로 들어가서 보낸 시간과 내가 일했던 업체들의 100명이 넘는 고객들을 대상으로 연구조교와 내가 진행했던 면담에 초점을 맞춘다. 이 연구를 통해 나는 정책입안자들과 연구자들이 말하는 '금융 포용'에 관한 네 가지 신화에 도전할 수 있었다. 첫째 신화는 누구나 은행 계좌가 필요하다는 것이다. 둘째는 금융 지식이 대부분의 사람들을 다른(이라고 쓰고 더 나은이라고 읽는) 결정을 내리도록 이끈다는 것이다. 셋째 신화는 주류 은행이나 더 일반적인 체계 요소들에 반대하는 대안 금융 서비스 제공자들에게 문제가 있다는 것이다. 넷째는 대안 금융 서비스를 이용하는 사람들은 저축기제가 부족하다는 것이다. 이러한 신화들과 대안 금융 서비스를 이용하는 사람들에 관해 떠도는 이야기들은 실제 사람들의 삶과 동떨어져 있고, 실은 이 문제가 우리 모두에게 영향을 주는 엄청난 문제가 되는 상황임에도 이것이 작고 주변화된 집단에 국한된 일이라고 믿게 만든다.

신화 1: 누구나 은행 계좌가 필요하다

연방예금보험공사의 의제는 은행 무거래 및 저거래층이 은행 계좌를 갖게 하는 것이다. 여기에는 은행 거래를 하지 않거나 적게 거래하는 미국인들이 바람직하지 않으며 은행이 '주류 금융'으로 가는 적합한 경로라는 가정이 깔려 있다. 하지만 연방예금보험공사의 주장에는 상황의 복합성에 대한 인식이 부족하다. 예를 들어, 이 기관의 홈페이지에(economicinclusion.gov)는 수표환전소와 단기 대출은 단점만, 은행은 장점만 강조되어 있다. 은행의 이런 혜택을 누릴 만큼 충분한 돈을 가지고 있지 않은 사람들은 점차 많아지고 있다.

내가 라이트체크와 체크센터 고객들에게 왜 이 업체를 자주 이용하기로 했는지 물었을 때, 그들은 비용, 투명성, 서비스 등 세 가지 이유를 들었다.

정책입안자와 소비자 대표, 언론은 수표환전소의 높은 수수료를 비판한다(Fox and Woodhall, 2006; Choi, 2011). 그러나 내가 고객들에게 왜 은행 대신 수표환전소를 이용하는지 물었을 때, 그들은 대체로 은행이 너무 비싸다고 생각한다고 말했다. 내가 면담한 라이트체크 고객 제케는 예전에는 은행 계좌가 있었지만 직업을 잃은 후에 없앴다고 했다. 그는 "돌아가고 싶었지만, 월 수수료를 감당할 수 없었어요"라고 말했다. 제케는 2년 동안 라이트체크를 이용하고 있었다. 마리아도 같은 이유로 은행을 떠났다. 그녀는 "수수료가 정말 말도 안 됐어요!"라고 말했다.

실제로 은행은 더 비싸졌고, 비용 인상은 앞서 말한 정책 변화들과 직접적으로 연결되어 있다. '글래스-스티걸 Glass-Steagall 법'에서부터 시작해, 정책은 은행이 1929년 증시 대폭락과 2008년 금융위기로 이어졌던 위험한 행동에 관여하지 않도록 막으려고 해왔다. 입법자들은 또한 은행에 전체 대중을 차별 없이 상대할 것을 요구했다. 한 영역에서 은행을 규제하면 언제나 다른 영역에서는 수수료와 이자율 인상이 이어지곤 했다.

앞서 말한 '공동체재투자법 CRA'은 이러한 역동성을 보여주는 한 사례를 제공한다. '공동체재투자법'은 은행이 모든 공동체에 은행업 및 신용거래 서비스를 제공하도록 함으로써 특정 지역이 소외되지 않도록 막으려고 했다. 이 법은 본질적으로 고객에게서 멀어지게 만들어져 왔던 체계에 고객 서비스를 접목시켰다. '공동체재투자법'은 규제 담당자들이 은행이 법을 잘 따르고 있다는 판단을 내리지 않는 한, 그 은행이 인수합병 등 좀 더 이윤지향적인 서비스에 관여하는 것을 금지했다. 불행히도 이 법은 한 번도 엄격하게 적용된 적이 없다. 실제 은행이 중하위 소득 지역에 지점을 열도록 장려하기는 했지만, 지점을 열어도 늘 이윤을 내지는 않았다. 인근 고객들은 부유한 다른 지역에 비해 저축하고 투자할 돈이 적으며, 대부분의 소비자에게 필수 상품인 당좌예금은 은행에 충분한 돈을 벌어다 주지 못한다.

그리하여 은행들은 서비스에 비용을 더 물리기 시작했다. 그들은 여러 가지 새로운 수수료를 도입했고, 1998년부터 2011년 사이에 두 배 이상 급증한 ATM 인출 수수료부터 송금 결제, 현금카드 교체와 증명서 발급에 이르기까지 모든 기존 수수료를 인상했다. 2009년 76%였던 무이자 자유 당좌예금은 2011년 39%에 불과할 만큼 감소했고, 당좌예금의 평균 월 서비스 수수료는 2010년부터 2011년 한 해에만 25%가 올랐다(Bankrate, Inc., 2012).

신뢰와 관계는 사람들이 수표환전소 이용을 선택하는 또 하나의 중요한 이유다. 은행 업무는 점차 인격적 관계를 벗어났다. 기술은 우리가 은행을 이용하는 방식의 변화를 부추기면서 은행 이용에 드는 비용을 낮췄다. 은행업이 관계지향성을 포기하는 동안, 수표환전소는 계속해서 고객에 집중했다. 나는 창구 유리창 뒤에서 일하는 동안 이것을 경험했고, 내가 면담한 고객들 역시 그들이 받은 서비스에 관한 사연을 말해주었다.

니나는 내가 일했던 지점이 있는 사우스 브롱크스의 모트 헤이븐_{Mott Haven} 구역에서 거의 평생을 살아왔다. 그녀는 내게 자신의 어머니가 매우 아팠고 라이트체크 직원이 전화를 걸어서 어머니가 어떤지 물어본 적이 있다는 이야기를 해주었다. 니나는 말했다. "우리는 그렇게 가족이 될 수 있어요. 우리는 그들 모두를 알고 있어요."

수표환전소의 단골이 되면 눈에 보이는 혜택도 생긴다. 또 다른 단골이었던 마르타는 어느 날 오후 환전해야 할 정부 발행 장애인 수표를 들고 내 창구로 왔다. 내가 그녀의 정보를 컴퓨터에 넣자, 중년의 푸에르토리코 여성인 마르타가 수표를 현금으로 바꿀 때마다 20달러를 라이트체크에 갚아야 한다는 메시지가 떴다. 알아보니 마르타가 최근에 계좌에 잔액이 없는데도 돈을 인출해 간 적이 있었다. 은행이었다면 그녀에게 초과인출 수수료 overdraft fee를 물리거나 계좌를 닫았겠지만 라이트체크는 그렇게 하지 않는 대신, 그녀가 빚진 금액을 20달러씩 할부로 갚게끔 계획을 세웠다. 어느 날 마르타는 내게, 20달러를 갚을 여유가 없다고 말했다. 그녀는 예상하지 못했던 지출을 감당하기 위해 수표에 쓰인 금액 전부가 필요한 상황이었다. 우리는 그녀가 수표를 환전하고 (일반 수수료를 제외한) 전액을 가져갈 수 있게 해주었다.

많은 고객은 또한 은행이 정보를 투명하게 공개하지 않아서 비용을 치른 적이 있다고 말했다. 그들은 자신에게 언제 얼마가 청구될지 예측하기가 어려웠다고 했다. 은행은 고객이 당좌예금을 개설할 때 정보공개 동의서를 제공해야 한다. 이 동의서는 평균적으로 111쪽에 달하고 용어는 쉽게 와닿지 않는다. 월 수수료가 언제 빠져나갈지는 유동적이다. 금융 낭떠러지 언저리에 살아가는 소비자들이 점차 늘고 있으며 이들에게는 투명한 정보가 필요하다. 안내판이라고는 거의 찾아볼 수 없는 은행과 달리, 수표환전소에는 매우 명확하고 읽기 쉬운 안내판이 있다. 은행에 익숙하지 않은 소비자들은 그들이 은행에서 무엇을 할 수 있고 비용이 얼마나 드는지 알기 어렵다. 수표환전소에 들어가면 패스트푸드 식당에 들어가는 것 같은 기분마저 느껴진다. 창구 유리창 위에 걸려 있는 안내판에는 어떤 서비스를 받을 수 있는지가 모두 커다란 글씨체로 가격과 함께 써 있다.

신화 2: 사람들은 금융 지식이 부족하기 때문에 대안 금융 서비스를 이용한다

정책입안자들은 사람들이 더 나은 정보를 얻으면 금융을 관리하는 방식에 관해 다른 선택을 할 것이라고 믿는다. 나는 대안 금융기관에서 일하는 동안 사람들에게 부족한 것이 금융 지식이 아니라 좋은 선택지라는 것을 더 분명하게 알게 되었다. 내가 면담한 사람들 중 많은 수는 다른 대안이 없기 때문에 돈을 찾거나 빌리는 데 비싼 값을 치렀다.

내가 면담한 단기 대출자 중 상당수는 대출금을 제때 갚을 수 없을 것임을 스스로 알고 있었지만, 자신이 처한 상황을 빠져나갈 다른 길은 보이지 않는 상태였다. 오클랜드에서 함께 일한 창구 직원 애즐리나는, 일하러 가고 어린 딸을 어린이집에 데려다주기 위해 차가 꼭 있어야 했다. 그녀는 차가 고장 날 때마다 55달러부터 255달러에 이르는 다섯 건의 대출을 받았다. 100달러를 빌릴 때마다 15달러가 부과되었다. 상환일은 전부 다음 월급날로 잡혀 있었다. 스물두 살의 싱글맘인 애즐리나는 몇 주 동안 버스를 타고 다녔지만, 버스로는 시간에 맞춰 일하러 가거나 어린이집에 갈 수가 없었다. 상환일이 다가왔을 때 애즐리나는 대출금을 갚을 수 없었다. 집세와 관리비를 내고 음식을 사려면 월급 전부가 필요했던 것이다. 그래서 그녀는 대출금을 갚고 바로 다른 대출을 받았는데, 이는 수수료를 새로 내면서 대출 기한을 실질적으로 연장하는 셈이었다. 대출기관들이 그녀의 결제 계좌에서 그녀가 빚진 돈을 인출하려고 했을 때, 계좌에는 그 돈을 치를 만큼 충분한 잔액이 들어 있지 않았고, 그녀는 300달러까지 급격히 뛰어오른 초과 인출 수수료를 맞았다. 빚은 급증했다.

애즐리나는 창구 직원으로서, 이러한 대출이 문제가 될 수 있다는 것을 알고 있었다. 날마다 그녀는 대출금을 갚자마자 다른 대출을 받는 고객들을 상대한다. 그녀가 내게 말했다. "이게 나쁜 건 알아요. 나는 단기 대출이 어떤 건지 알고 있다고요."

창구 직원이자 상담사로 일하면서 나는 내가 응대하는 고객들이 돈이 생기자마자 손에 쥘 수 있는 돈 전부가 필요한 까닭에 높은 비용을 치르면서 돈을 찾는다는 사실을 알게 되었다. 은행들은 보통 승인될 때까지 며칠 동안 수표를 가지고 있는 반면에, 수표환전소는 고객들이 (수수료를 뺀) 돈을 즉시 받을 수 있게 해준다. 라이트체크의 사장인 조 콜먼Joe Coleman은 내게, 자신의 고객들이 은행에서 예상하지 못한 비용과 초과인출 수수료를 맞는 대신에 이해할 수 있는 고정 수수료를 내는 편을 선택할 것이라고 말했다. 그는 사람들이 창구 직원을 신뢰하며 라이트체크가 지역은행보다 덜 비싸다는 것을 알고, 투명성과 편리성, 그들이 받는 서비스를 가치 있게 여기기 때문에 계속해서 돌아온다고 설명했다. "고객이 금요일에 돈을 받는다고 해 봅시다. 만일 그 사람이 그 수표를 우리에게 가지고 오면 돈을 바로 받아 갈 겁니다. 그 사람은 각종 청구서 비용을 바로 내고 주말 동안 먹을 것들을 사러 갈 수 있죠. 만일 그 사람이 은행으로 가면 그 수표는 다음 주까지 승인되지 않을 겁니다. 그 사람은 청구 비용을 제때 내지 못하겠죠. 그리고 만약 입금한 수표가 승인되기 전에 수표로 결제를 하고 그 결제금액이 계좌에서 빠져나가게 된다면, 그 사람은 30달러가 넘는 초과인출 수수료를 물게 될 겁니다. 우리에게 내야 하는 수수료보다 훨씬 많은 돈이죠."

라이트체크의 젊은 단골 미셸은 어느 날 아침 자신의 전자지원금Electric Benefit Transfer: EBT 카드에서 돈을 빼려고 내가 있는 창구로 왔다. 뉴욕주 임시장애인지원국Office of Temporary and Disability Assistance: OTDA은 이 카드에 현금과 영양보충지원 프로그램Supplemental Nutrition Assistance Program: SNAP 수당을 제공한다. 주에서 전자 계좌에 예치한 수당은 ATM이나 내가 라이트체크에서 사용한 것과 같은 단말기에 이용자가 긁는 방식으로 이용할 수 있다. 라이트체크는 액수에 관계없이 인출 건당 2달러의 고정 수수료를 받는다. 미셸은 내게 자신의 계좌에서 10달러를 인출해 달라고 했다. 그러면 그녀는 20%에 해당하는 돈을 내고 8달러를 받아가게 된다. 전자지원금 수혜자에게는 특정 ATM에서 매달 두 번씩 무료 인출이 허용되기는 하지만, 그 ATM에서는 일정 금액권만 나온다. ATM은 대부분 최소 인출 금액이 20달러다.

내가 일하면서 함께 이야기를 나눈 전자지원금 고객 대다수는 돈이 들어오는 즉시 그 돈 전부를 찾아서 써야 하는 상황이었다. 그런 상황에서 이런 행위는 불가피하지만 비싸기도 하다. 미셸은 그 8달러가 바로 필요했다. 그녀는 1달러당 낮은 수수료를 지불해도 될 만큼 전자지원금 계좌에 충분한 돈이 쌓이도록 기다릴 수 없었다. 이것은 사람들이 대용량으로 사야 하는 할인점에서 물건을 사기보다 비싼 값을 주고서라도 동네 식료품상에서 돈을 쓰게 되는 원리와 같다. 월급이 괜찮은 직장, 튼튼한 차, 대용량 상품을 저장할 공간이 있다면, 한 번에 200달러를 쓰는 것이 장기적으로는 돈을 절약하는 것일 수 있다. 은행의 혜택과 마찬가지로, 대용량 쇼핑의 혜택은 누구나 똑같이 얻을 수 없다.

일을 하는 사람도 이러한 종류의 유동 자금이 필요한 경우가 점차 늘고 있다. 카를로스는 자신의 소규모 도급업체에서 쓸 수표를 수백 달러에서 수천 달러까지 바꾸러 라이트체크를 자주 찾아왔다. 어느 목요일 오후 그는 작업복 차림으로 문을 열고 들어와서는 내 창구에 5000달러짜리 수표를 내밀었다. 나는 수표를 스캔하고 돈을 센 뒤 4902.50달러를 건넸다. 수표 액면가의 1.95%에 해당하는 97.50달러의 수수료는 주에서 법으로 정한 것이다. 뉴욕주는 가장 규제가 많은 주이면서도, 수수료는 이 나라에서 가장 낮다.

카를로스가 현금을 빨리 얻으려고 100달러 가까운 돈을 낸 데는 최소한 두 가지 다른 이유가 있다. 만일 뉴욕시에서 운영되는 많은 도급업체들과 같다면, 그는 최소한 일부라도 미등록 노동자들을 고용하고 있을 것이고, 그들은 은행 계좌가 없을 가능성이 크다. 만일 카를로스가 수표를 은행에 예치했다면 승인되기까지 너무 오래 걸려서 자기 직원들에게 제때 돈을 줄 수 없었을 것이다. 카를로스가 빠르게 착수해야 하는 일을 맡았을 수도 있다. 그렇다면 자재를 구매할 현금이 필요할 것이다. 미셸과 카를로스의 이야기는 그들이 비합리적 결정을 내린 것이 아니며 금융 지식이 더 있다고 해도 그들이 했던 방식을 바꾸지 못할 것임을 보여준다. 이것은 대안 금융 서비스가 그것을 사용하는 사람들에게 완벽하게 작동한다는 뜻이 아니다. 하지만 많은 사람에게는 대안 금융 서비스가 은행보다 낫다.

신화 3: '은행 무거래' 및 '은행 저거래' 문제는 대안 금융 서비스 공급자들 탓이다

소비자 대표들과 정책입안자들은 대안 금융 서비스 업계가 금융 배제 문제를 이끌고 있다고 믿는다. 연구자, 금융 규제 담당자, 언론은 수표환전소와 단기대출업체를 묘사할 때 '지저분하다'거나 '약탈적', '폭력적'이라는 등의 말을 사용한다(Noah, 2010; Montezemolo, 2013; Johnson, 2014). 그 결과 '금융 배제' 문제의 해법은 그러한 업체를 더욱 규제하거나 그들을 완전히 불법으로 만드는 데 초점을 맞춰왔다. 추가적인 규제가 인가될 것 같기는 하지만, 규제가 수요를 없애지는 않을 것이다. 정책 제안은 수요의 본질, 사람들이 이러한 상품과 서비스를 찾게 만드는 조건에 초점을 맞출 필요가 있다. 수요의 증가는 이 글에서 앞서 요약한 경향 때문이다.

신용 상담사로 일하는 동안 나는, 일자리를 잃은 뒤 펜실베이니아에서 버지니아로 이사한 30대 여성인 지니와 이야기를 나눈 적이 있다. 지니는 곧 새로운 일자리를 찾았지만 첫 월급을 받으려면 한 달은 지나야 했고, 그 사이에 아파트 보증금과 이사 비용을 낼 돈이 필요했다. 그녀는 단기 대출에 의지해 이주 기간을 버텼다. 긴급전화 상담을 요청한 다른 고객 메이는 어머니를 '끔찍한' 양로원에서 빼내서 다른 곳으로 옮기느라 대출을 받았다. 그녀는 내게 이렇게 말했다. "빚을 감당할 수 없을 건 알고 있었지만, 어머니를 그곳에 둘 수는 없었어요. 어머니를 도울 수 있다면 무엇이든 했을 거예요. 당신이라면 안 그러겠어요?" 지니와 메이는 둘 다 곧 감당할 수 없는 빚을 떠안게 되었지만, 그들의 상황을 고려했을 때 그들이 어리석은 결정을 했다고 말하기는 어렵다.

신화 4: 대안 금융 서비스를 이용하는 사람들은 돈을 모을 이렇다 할 방법이 없다

수표환전소와 단기대출업체에 관한 넷째 신화는 그들이 저축을 억제한다는 것이다. 미국에서 저축은 분명 문제다. 미국은 모든 선진국 중 저축률이 가장 낮은 편이다. 2013년 1분기에 개인 저축률은 2009년의 5.5%, 2012년의 3.9%보다 낮아진 2.6%였다. 이에 비해 2012년 프랑스의 저축률은 12.3%였고, 독일은 10.5%, 스웨덴은 10%였다(Kramer, 2013).

수표환전소와 단기대출업체에서 예금을 받지 않는 것은 사실이다. 지금의 규제 방식 안에서는 예금을 받을 수가 없다. 라이트체크와 같은 일부 업체는 이 문제에서 벗어날 길을 찾았다. 라이트체크는 지역 신용협동조합인 베텍스 연방신협Bethex FCU과 제휴를 맺어 고객이 문제없이 저축을 할 수 있는 길을 제공한다. 라이트체크 고객은 어느 라이트체크 영업점에서든 베텍스 계좌를 개설하고 돈을 넣을 수 있다. 또한 많은 면담자들이 돈 문제에 관해 은행을 믿지 않는다고 말했다. 일부는 이민자 공동체에 뿌리를 둔 비공식 집단인 순환저축신용대출계ROSCAs에 참여하기도 한다. 돈을 집에 보관하는 이들도 있다. 라이트체크 단골 고객인 마이크는 내게, 자신은 은행 계좌가 있었지만 은행을 좋아하지 않기 때문에 없앴다고 말했다. 하지만 그는 돈을 모으고 있다며 자신의 저축 과정을 다음과 같이 설명했다. "다짐을 해야 돼요. 나는 이달에 이만큼을 쓸 거다, 그리고 다만 100달러라 하더라도 이건 따로 둘 거다 하고 딱 정해요. 그 100달러는 절대 건드리지 않는 거죠. 그게 핵심이에요." 내가 마이크에게 돈을 어디에 모으는지 묻자, 그는 말했다. "서랍장에 넣어요. 옷장에 넣고 건드리지 않죠. 다른 것들은 예산에 있기 때문에 신경 쓰이지 않아요. 일단 다른 것들을 다 예산에 넣으면, 떼어둔

돈은 다 쌓이는 거예요."

우리가 만난 순환저축신용대출계를 이용하는 사람들 중 다수는 이 돈을 자산 형성용으로 따로 떼어둔다. 카르멘은 이러한 계의 일종인 탄다tanda에서 모은 돈을 온두라스에 있는 어머니를 위한 집을 짓는 데 쓰고 있다. 이 집은 올해 완공될 것이다. 마리벨은 탄다를 이용해 지역 커뮤니티 칼리지의 수업료도 낸다. 마리벨은 어머니가 수년 전 멕시코로 추방당한 뒤부터 두 어린 동생들의 생활비도 책임져야 했지만, 학자금 대출은 피할 수 있었다. 그녀는 유아 교육을 공부하고 있으며, 학사 학위를 딴 뒤 컬럼비아대학교에서 석사 과정을 공부할 계획이다. 그녀는 맨해튼 어퍼이스트사이드의 한 어린이집에서 시간제로 일하면서 저녁에 학교에 간다. 그녀는 우리에게 남동생이 대학에 다니고 있으며, 여동생도 이번 가을학기에 대학에 들어간다고 말하면서 활짝 웃었다.

결론

소비자 금융 서비스 업계의 특징이 된 역기능은 수십 년 동안의 정책과 관행의 산물이며 하룻밤에 바뀌지 않을 것이다. 미국인들이 노동에 보상하고 자신감과 자기 자신 및 가족에게 투자할 자원을 주는 데 의지할 수 있는 사회계약을 다시금 이행하는 분위기를 만들려면 공공 및 민간 부문에서 중요한 변화가 이루어져야 할 것이다. 그것은 또한 집합적인 풀뿌리 행동을 필요로 한다. 여기에는 운동이 필요하다.

정책입안자는 소비자가 정말 무엇을 원하며 왜 그러는지를 더 완전히 잘 이해하고 대화의 틀을 다시 짜야 한다. '금융 포용'에 관한 정책 대화는 은행, 단기대출업체, 수표환전소 너머의 비공식 관행과 예전 범주에는 잘 들어맞지 않는 새로운 상품까지 확대되어야 한다. 더욱이 소비자 금융 서비스 규제는 실질소득 감소를 뒤집고 점차 단단히 자리를 잡아가는 소득 불평등을 해결하는 정책과 병행되어야 한다.

규제를 손보라. 현재 은행 규제의 이해하기 어려운 말들은 불분명하고 혼란스럽다. 그것 때문에 혁신이 억제되고 있을 수도 있다. 변화가 계속 늘어난 결과 이해하기 어려운 정책이 조각보처럼 짜깁기되었다.

은행이 소비자 응대를 잘 하고 있는지 결정하는 평가를 받을 때, 이 과정은 보통 규제 담당자들이 수많은 칸에 표시하는 방식으로 이루어진다. 문제는 우리가 "이 관행이 공정한가", "나라면 이 상품을 내 어머니에게 팔겠는가"와 같은 질문에 정말 답을 알고 싶을 때 이 체크리스트가 답을 주지 못한다는 점이다.

소비자가 양질의 정보를 얻기 쉽게 만들어라. 금융 의사 결정은 신비의 베일에 싸여 있으며, 개인 금융이라는 주제는 우리 안에 다양한 감정을 불러일으킨다. 그중 다수는 불쾌한 것이다. 수즈 오먼Suze Orman은 과거의 경험과 자존감의 인식이 우리가 돈을 다루는 방식을 형성한다는 사실을 밝히며 경력을 쌓았다. 구글에 '돈 수치심Money Shame'이라는 단어를 치면 1억 6400만 개의 결과를 얻게 된다.

소비자 금융 서비스 업계는 예전보다 훨씬 더 복잡하다. 이것은 좋은 소식이자 나쁜 소식이다. 좋은 소식은 내 필요에 맞는 신용카드와 내 지출을 계속해서 기록하도록 도와주는 예산 도구를 찾을 수 있을 것이라는 점이다. 나쁜 소식은 의견을 정하기 위해 얻을 수 있는 정보를 처리하고 어떤 정보가 믿을 만한지를 판단하기가 엄청나게 어렵다는 점이다. 몬텔 윌리엄스 Montel Williams는 단기대부업체 머니 뮤추얼Money Mutual의 유명 대변인이다. 그는 또한 거의 7만 8000명에 가까운 트위터 팔로어를 거느리고 있다. 개인이 스스로 금융 정보를 얻고 금융과 관련한 결정을 내리게끔 도와주는 회사인 너드 월렛Nerd Wallet의 팔로어는 1만 1000명이다. 만일 내가 몬텔 윌리엄스의 팬이고 너드 월렛은 들어본 적이 없다면, 나는 누구를 믿겠는가?

노동이 돈이 되게 하라. 이 제안은 최소한 겉보기에는, 소비자 금융 서비스와 아무 관련이 없다. 하지만 대안 금융 서비스 형태로서 시장은 소비자들이 처해 있는 조건에 반응한다. 임금 감소와 교육·의료·양육 비용 상승, 극도의 임금 변동성이 합쳐지면서 삼중 타격이 만들어져 소비자 금융 서비스 위기의 뿌리에 자리 잡게 되었다. 우리가 규칙과 규제에만 초점을 맞춘다면, 그것은 치료법을 찾으려고 노력하기보다 문제의 증상만을 치료하는 일이 될 것이다.

자본 소유권을 넓히라. 사람들이 삶이 가져다주는 불가피한 부침에 대처하도록 보장하는 한 가지 방법은 어릴 때부터 비상금을 만드는 것이다. 2013년 '개인 투자, 은퇴, 교육을 위한 미국 저축법The American Saving for Personal Investment, Retirement and Education: ASPIRE'은 모든 미국인에게 출생 시 은행 계좌를 개설할 것을 제안한다. 각 계좌에는 연방정부로부터 한 차례 500달러(국가 중위소득 이하 소득을 버는 가구의 아이에게는 1000달러)의 지원금이 부여된다. 저축 장려를 위한 이 계좌의 소유주는 18세가 될 때까지 쌓인 돈을 인출할 수 없다. 영국에서는 여러 해에 걸쳐 아동 저축 계좌 체계가 자리를 잡았다.

이 장은 현재 소비자 금융 서비스에 적용되는 '은행 거래/무거래'의 틀이 정확하지 않음을 보여준다. 사람들을 은행을 얼마나 많이 이용하는지에 따라 범주화하는 대신에, 우리는 그들이 안전하고 비용을 감당할 만한 금융 서비스에 접근할 수 있는지를 알아봐야 한다. 경제와 시민사회에서 온전히 기능하는 데 필수적인 이러한 자산을 가지고 있지 않은 이들이 너무도 많다.

참고문헌

Athreya, Kartik, Sánchez, Juan M., Tam, Xuan S. and Young, Eric R. 2014. "Labor market upheaval, default regulations, and consumer debt." Working Paper No. 2014-002A, Federal Reserve Bank of St. Louis. Available at: http://research.stlouisfed.org/wp/more/2014-002.

Bankrate, Inc. 2012. "Free checking gets rarer as ATM fees and other checking account feescontinuetorise." Press release, September 24. Available at: http://phx.corporate-ir.net/phoenix.zhtml?c=61502&p=irol-newsArticle&ID=1737572&highlight

Barr, M.S. and Blank, R. 2009. "Savings, assets, credit, and banking among low-income households: Introduction and overview." In: Blank, R. and Barr, M.S. (eds.). *Insufficient Funds: Savings, Assets, Credit and Banking Among Low-income Households*. New York: Russell Sage Foundation.

Burhouse, S. and Osaki, Y. 2012. 2011 FDIC national survey of unbanked and underbanked households. Washington, DC: Federal Deposit Insurance Corporation.

Calem, P. 1994. "The impact of geographic deregulation on small banks." *Business Review*, November/December, pp.17~30.

Canner, G. and Elliehausen, G. 2013. "Consumer experiences with credit cards." *Federal Reserve Bulletin*, Vol.99, No.5, pp.1~36.

Choi, C. 2011. "Reporter spends month living without a bank, finds sky-high fees." *Huffington Post*, May 25.

Cooper, D. and Hall, D. 2013. "Raising the federal minimum wage to $10.10 would give working families, and the overall economy, a much needed boost." Economic Policy Institute. Available at: http://www.epi.org/publication/bp357-federal-minimum-wage-increase/

Cover, J., Fuhrman Spring, A. and Garshick Kleit, R. 2011. "Minorities on the margins? The spatial organization of fringe banking services." *Journal of Urban Affairs*, Vol.33, No.3, pp.317~44.

Dēmos. 2007. "Higher and higher education: trends in access, affordability, and debt." Young Adult Economics Series. Available at: http://www.demos.org/sites/default/files/publications/yaes_web_execsumm.pdf

The Economist. 2013. "Crash course." *The Economist*, September 7. Available at: http://www.economist.com/news/schoolsbrief/21584534-effects-financial-crisis-are-still-being-felt-five-years-article

FDIC(Federal Deposit Insurance Corporation). 2004. "Unfair or deceptive acts or practices by state-chartered banks." *Financial Institution Letters*, March 11. Available at: https://www.fdic.gov/news/news/financial/2004/fil2604a.html

Federal Reserve Bank of Chicago. n.d. *Chicago Fed History: 1940~1964.* Available at: https://www.chicagofed.org/utilities/about-us/history/chicago-fed-history-1940-1964

Federal Reserve Board. 2014. Aggregate revolving credit survey. Available at: http://www.federalreserve.gov/releases/g19/hist/cc_hist_sa_levels.html

Fox, J.A. and Woodhall, P. 2006. "Cashed out: Consumers pay steep premium to "bank" at check cashing outlets." Consumer Federation of America. Available at: http://consumerfed.org/pdfs/CFA_2006_Check_Cashing_Study111506.pdf

Garcia, J. 2007. "Borrowing to make ends meet: the rapid growth of credit card debt in America." *Demos*. Available at: http://www.demos.org/publication/borrowing-make-ends-meet-rapid-growth-credit-card-debt-america

Garcia, J. and Draut, T. 2009. "The plastic safety net: how households are coping in a fragile economy." *Demos*. Available at: http://www.demos.org/publication/plastic-safety-net-2009-how-households-are-coping-fragile-economy

Graves, S. and Peterson, C. 2008. "Usury law and the Christian right: Faith-based political power and the geography of American payday loan regulation." *Catholic University Law Review*, Vol.57, No.3, p.637.

Hacker, J. and Jacobs, E. 2008. "Income volatility: Another source of growing economic insecurity." Economic Policy Institute. Available at: http://www.epi.org/publication/web features_snapshots_20080528/

Haltom, R. 2013. "Failure of Continental Illinois." *Federal Reserve History*. Available at: http://www.federalreservehistory.org/Events/DetailView/47

Hryndza, M. 2014. *An Introduction to Clever: An Initiative of the Campaign for Better Banking Fiscally*. Chicago, IL: The Center for Urban Research and Learning at Loyola University.

Jayaratne, J. and Strahan, P.E. 1999. "The benefits of branching deregulation." *Regulation*, Vol.22, No.1, pp.8~16.

Johnson, A. 2014. "Bank of America will use database to screen for payday lenders." *The Wall Street Journal*, June 16.

Kramer, L. 2013. "America's savings crisis: your spending habits may be to blame." ICI 2013 General Membership Meeting. CNBC.com. Available at: http://www.cnbc.com/id/100700580

Montezemolo, S. 2013. "Payday lending abuses and predatory practices." Center for Responsible Lending. Available at: http://www.responsiblelending.org/state-of-lending/ reports/10-Payday-Loans.pdf

Noah, T. 2010. "Legal usury: The skeevy business of payday loans." *Slate*, October 5.

Protess, B. 2010. "Thrift banks long decline." *NYT Dealbook*, December 8. Available at: http://dealbook.nytimes.com/2010/12/08/thrifts-last-stand/

Rice, T. and Davis, E. 2007. "The branch banking boom in Illinois: A byproduct of restrictive branching laws." *Chicago Fed Letter*, May.

Schaefer, S. 2014. "Five biggest U.S. banks control nearly half industry's $15 trillion in assets." *Forbes*, December 3. Available at: http://www.forbes.com/sites/steveschaefer/2014/12/03/ five-biggest-banks-trillion-jpmorgan-citi-bankamerica/

TransUnion. 2014. 2014 payment hierarchy study. Available at: http://media.marketwire.com/ attachments/201403/233081_PaymentHierarchyInfographic2014FINAL.j

US Department of Education, National Center for Education Statistics. 2016. Digest of Education Statistics, 2014 (NCES 2016-006), Chapter 3. Available at: http://nces.ed.gov/fastfacts/display. asp?id=76

Vornovytskyy, M., Gottschalck, A. and Smith, A. 2011. Household debt in the US 2000 to 2011. US Census Bureau. Available at: http://www.census.gov/people/wealth/files/Debt%20High lights%202011.pdf

Westgate, M. 2011. *Gale Force*. The Woodlands, TX: Education and Resources Group.

Whitehouse, M. 2010. "Number of the week: Default repercussions." *The Wall Street Journal*, July 31.

Wilson, W. 1912. "The Democratic Party's appeal." In: The Political Parties: Their Appeal to the Nation by the Presidential Candidates William H. Taft, Woodrow Wilson, Theodore Roosevelt, Eugene V. Debs, Eugene W. Chafin, Arthur E. Reimer, special issue. *The Independent*, October 24.

6장
위기에 맞서는 공유화

앙겔로스 바르바루시스, 이오르고스 칼리스
Angelos Varvarousis and Giorgos Kallis

서론

아르헨티나에서부터(Abramovich and Vázquez, 2007) 스페인(Conill et al., 2012), 그리스(Vathakou, 2015)에 이르기까지 다양한 장소에서 시간은행과 공동체화폐, 사회센터, 사회병원이나 생태농업마을 등 대안 경제의 성장을 담은 문헌들이 나오고 있다. 대안 경제가 왜 어떤 곳(말하자면 그리스나 스페인)에서는 출현하고 성장하지만 다른 곳(말하자면 이탈리아나 포르투갈)에서는 그렇지 못할까? 이러한 실천이 압축된 시간에 단절적으로 나타나 기하급수적으로 성장하는 것은 어떻게 설명할까? 그리고 끝으로 새로운 대안 프로젝트들은 어떻게 내부 차이와 갈등을 협상하며, 어떻게 안정되고(혹은 그렇지 못하고), 국가 및 시장과 어떤 관계를 맺는가? 이 장에서는 이러한 질문을 다룬다.

장기침체와 성장의 한계라는 맥락 속에서(Jackson, 2009; Kallis, 이 책의 2장), 새로운 형태의 '공통 부common-wealth', 더 이상 점점 더 많은 돈에 의존하지 않는 부를 생산해 내는 대안 경제실천에 대한 관심이 늘고 있다. 그리스나 아르헨티나 같은 곳에서는 대안 경제가 새로운 현상이지만, 다른 장소에서는 1960년대 학생운동 및 대항문화운동, 심지어 더 이전의 파리코뮌에 이르기까지 대안을 실험해 온 긴 계보가 있다(Ross, 2002; 2015). 헤게모니를 쥔 자본주의 체계 안에서 이런 대안 시도들의 지속가능성, 효과, 유산을 묻는 질문은 여전히 유효하다. 하지만 이 장에서 우리의 관심은 다른 데 있다. 그 첫째는 이러한 대안이 출현하게 되는 역동성 및 성장 초기 단계에서의 촉매 요인이며, 둘째는 오늘날의 운동이 특히 개방 대 폐쇄의 방식, 국가 및 자본주의 경제와의 관계(Harvey, 2000)에서 직면했던 딜레마를 이전의 운동과는 달리 다루는 아마도 새로운 방법이다. 파리코뮌, 파리 68세대, '분노'

※ 이 장의 연구는 CSO2014-54513-R SINALECO 프로젝트로 스페인 정부의 지원을 받았다.

와 '점령' 운동에 이르기까지, 각 세대는 운동의 바퀴를 새로 발명했을 테지만, 그들이 움직이는 방식은 각각 다르고 그 결말과 효과도 달랐다.

우리는 상징적 실제 사례인 그리스를 놓고 이러한 질문을 다룬다. 그리스의 경기침체는 선진국들이 직면했던 어떤 것보다 컸다.[1] 실업과 빈곤이 치솟는 동안, 대안적인 공유화 프로젝트가 번성했다. 2008년 이전에는 이러한 프로젝트가 손에 꼽힐 정도였지만, 오늘날에는 600개가 넘는다. 어떻게, 왜 이런 일이 일어나는지가 이 장의 주제다. 이것은 그리스에서 일어난 대안 경제실천의 전체 스펙트럼을 최초로 심층적으로 검토하는 일이자, 이들을 적절한 이론 논의와 연결하려는 첫 번째 시도다.

우리는 대안 경제 분석을 이론적이고 개념적으로 다룰 것이다. 첫째, 우리는 대안 경제를 새로운 공유화의 한 형태로 생각할 것을 제안한다(De Angelis, 2013b). 둘째, 우리는 경계성의 초기 단계가 새로운 공유화가 시작되는 촉매라고 주장한다. 셋째, 우리는 새로운 공유화 활동이 드문드문 진화하는 모습이 리좀rhizome 패턴을 따르고 있다고 본다. 우리의 핵심 주장은 분노운동의 광장 점거 시기에는 정체성이 고정되지 않은 경계 상태가 지배적이었고 그리스의 공유화 운동이 그 덕을 보았으며, 이것이 리좀형으로 피어났다는 것이다. 이 운동은 이제 대내외 관계 면에서 성숙이라는 도전 과제에 직면해 있다.

1절은 이 장에서 사용된 핵심 개념과 이론 용어인 공유지와 공유화, 경계성, 리좀운동을 설명한다. 2절은 그리스 위기의 맥락을 정리하고 현장조사 방법을 개관한다. 3절은 광장 점거와 그리스 분노운동에서 새로운 공유지의 기원을 추적하고, 4절은 보건 및 먹거리 공급, 교육, 협동생산의 리좀형 확산을 구체적으로 다룬다. 5절은 어떻게 이 운동이 내부 갈등과 민주성을

---

[1] 그리스의 GDP가 최고점에서 최저점까지 33% 떨어진 것은(그리고 여전히 떨어지는 중이다) 대공황이 가장 격심했던 시기 미국의 27%보다도 나쁜 수치다.

다루고, 더 큰 규모의 조직화를 시도하면서 국가와 시장과 관계를 맺는지를 논의한다.

1절: 개념틀로서 공유자원, 경계성, 리좀

엘리너 오스트롬Elinor Ostrom이 2009년 노벨경제학상을 수상하면서 공유 자원 연구에 대한 사람들의 관심이 높아졌다. 오스트롬(Ostrom, 1990)은 집합적 자원 관리 형태가 작동할 수 있는 조건을 조사했다. 그는 공동체가 공유자원의 접근과 사용을 자율적으로 조직하고 관리하는 경우가 그렇지 않은 경우보다 더 많음을 입증했고, 누구나 접근할 수 있게 열어두면 공유지가 파괴된다는 '공유지의 비극'(Hardin, 1968)이 실증적 예외임을 보여주었다.

오스트롬은 공유자원을 대체로 숲, 지하수, 공공 인프라 시설 같은 물적 개체로서, 관리되어야 할 '사물'로 취급했다. 오스트롬의 연구에서 공유실천 이면에 존재하는 주요 동력은 '혜택'으로, 이는 공동체의 생존과 직접적으로 연결되는 경제적 이유와 항상 묶여 있다. 하지만 오스트롬은 혜택이라는 개념 자체가 문화적이고 역사적으로 결정된다는 것을 잊었다. 하비(Harvey, 2012)[2]가 주장하듯, 공유자원은 "특정 종류의 사물"이 아니라 "자발적으로 모인 특정 사회집단, 그리고 생명과 생활에 필수적이라고 여겨지며 실제 존재하거나 아직 만들어지지 않은 사회적·물리적 환경 사이의 불안정하고 가변적인 사회관계"다. 마시모 데 안젤리스(De Angelis, 2010)는 공유자원을 **공동자원**common-pool resources, 즉 공통의 천연·인적·지적 자원, 이러한 자원을 창출하거나 관리하는 **공동체**community, 오랫동안 함께 모여 자원을 모으고

---

2 해당 내용은 Stavrides(2015)에도 인용되었다.

관리하는 제도화 과정인 **공유화**commoning 과정을 포함하는 세 요소로 정의한다(D'Alisa, 2013도 참조할 것).

오스트롬의 연구에 뒤이은 1세대 연구에서는 여전히 존재하는 인클로저 이전의 공유자원 관리를 연구했다. 최근 연구에서는 도시정원, 사회센터, 위키피디아, 리눅스, 시간은행, 생산자·소비자 협동조합 등 새로운 물리적 공유자산이나 디지털 공유자산의 형성을 조사한다(Bollier, 2014). 이것이 이 책에서 말하는 **대안 경제실천**, 또는 다른 사람들이 말하는 '대안 공간'(Gibson-Graham, 2008; Gritzas and Kavoulakos, 2015를 참조할 것), 또는 '연대경제'다(Vathakou, 2015; Kioupkiolis and Karyotis, 2013). 우리는 대안 경제와 실천을 '**공유화 프로젝트**'로 바라보면서 새로운 경제 형태뿐 아니라 함께 살아가는 새로운 형태를 만드는 협동과 나눔의 과정을 강조하면서도, 이들을 하향식이거나 자선에 기반한 정부, 민간 또는 교회의 연대 방안과는 구분한다.

우리는 이렇게 새로운 공유자원들이 우리가 정의하는 **경계적 상황**liminal conditions에 있거나, 이를 넘어섰거나, 또는 이를 통해 생성되어 좀 더 안정된 구조로 진화한다는, 이 분야의 연구에서는 새로운 주장을 진전시킬 것이다. 이러한 영감은 한 주체가 정해진 정체성을 버리고 새로운 정체성을 얻기 전의 애매모호하고 양가적인 과정인 '통과의례'에 관한 인류학 연구들[Van Gennep, 1960(1908)]에서 얻었다.[3] 빅터 터너(Turner, 1977)가 말했듯, "경계적 존재들은 이쪽과 저쪽 어디에도 존재하지 않는다. 다시 말해, 그들은 법

---

3 이 글이 인류학 밖에서 '경계성'을 처음으로 쓴 것은 아니다. 여러 학자들은 경계성을 사회학, 지리학, 철학 연구와 연결해 왔다(Szakolczai, 2009; Thomassen, 2009; Stavrides, 2013b). 이 개념의 잠재성은 아직 충분히 실현되지 않았다(Szakolczai, 2009; Thomassen, 2009). 인류학자들은 경계적 시기와 경계적 주체를 수평성과 평등성, 그리고 현재 위기와 비슷한 상황인 지배적 사회구조의 부분적이거나 완전한 붕괴와 연결 지으면서, 경계성이 사회의 이행적 시기와 혁명의 형성적 측면을 보여줄 수 있다고 주장한다(Turner, 1977; Olaveson, 2001; Szakolczai, 2009; Thomassen, 2009; 2014).

과 관습, 인습, 의례로 부여되어 배열된 위치 사이에서 이도저도 아니다."
이러한 '사이in-betweenness'라는 조건은 최소한 일시적으로 그들의 고정된 정
체성을 넘어 공유화 프로젝트에 참여하는 개인과 이 프로젝트를 관리하는
제도 모두의 특징이다.

경계성 개념은 공유자원을 이해하는 데 어떤 보탬이 되는가? 오스트롬의
이론에 따르면, 공유자원은 고정된 공동체가 관리한다(Wade, 1988; Ostrom,
1990; Steins and Edwards, 1999). "집단의 명확한 경계를 정하라"는 것은 오
스트롬이 공유자원을 성공적으로 관리하기 위해 제안하는 첫 번째 원리다.
그러나 최근 연구는 이러한 고정성에 의문을 던지며 공동체를 반드시 동질
적이라고 인식하지 않는다(Agrawal and Gibson, 1999; De Angelis, 2010;
Stavrides, 2015). 경계적 공유지에서는 오히려 공유를 실천하는 사람들, 즉
공유인들commoners의 공동체가 없어야 빛을 발한다. 물론 공유자원을 만들
려면 일종의 공동체가 일시적으로 나타난다. 하지만 이 공동체는 늘 불안정
하고 많은 경우에는 사라진다. 경계적 공동체의 경계선은 흐릿하기만 한 것
이 아니다. 경계선이라는 것이 실제로 존재하지 않는다. 경계적 공유지는
달리 말해, 배제를 통해 정의되지 않는다. 이 때문에 그것들은 공공광장처
럼, 배제가 거의 일어나지 않거나 바람직하지 않은 공간에서 발생하기 쉽
다.

경계적 공유지에서 행위자를 한데 묶는 접착제는 공통의 것the common의
실천적 생산이다. 집합적 정체성은 이 과정의 전제조건도 아니고 목적도 아
니며 공통의 것을 생산하는 길목에 장애물이 될 때는 꺾이기도 한다. 여기
서는 나눔, 연대, 수평성을 반론의 여지 없는 선험적인 정체성 가치로 소개
하지 않는다. 그것들은 현실 문제를 해결하거나 집단행동을 조직하는 과정
에서 사람들이 실제로 그 가치를 경험하면서 부각된다. 주체들의 지배적인
사회적 분류나 정체성들이 경합하는 경계적 상황에 놓이게 되면, '집단 독
창성collective inventiveness'(Stavrides, 2015)이 꽃핀다. 경계적 주체들은 경계적

시기와 연관된 불확실성으로부터 빠져나갈 수 있는 길을 제공하는 사회적 행위와 실천을 모방하는 데 더 열려 있고 그만큼 상처받기도 쉽다.

이러한 공유화 실천에서 수행되면서 무엇을 어떻게 나눌지 결정하는 제도의 특징도 경계성이다. 경계적 제도는 고정되지 않은 채 불안정하고 유동적이며, '헤쳐 모이기decentralization-recentralization'의 역동 속에서 나타났다가 사라진다. 그것은 다양한 잠재적 공유인을 배제하지 않고 통합하며, 다양한 인식의 비대립적 공존을 장려한다. 오스트롬의 접근에서 공유자원은 민간과 공공 사이에 '내포nested'되어 있어서 보통 높은 수준의 제도로부터 도움을 받아 작동해야 하는 제도로 여겨졌던 것과 달리(Ostrom, 1990; Steins and Edwards, 1999), 경계적 공유지는 불확실성 속에서 사회적 분류와 질서를 뒤집는 가운데 나타나고, '상위' 제도와 연결 없이 숙의 과정으로 운영된다.

우리가 말하는 경계적 공유지 이론은 차이를 찬양하면서 오늘날 집단행동이 '자기정치politics of selves'의 문화 자본을 따라 펼쳐진다고 주장하는 집단행동 이론들과는 완전히 다르다(Lichterman, 1996; McDonald, 2002). 이들 이론도 집단 정체성 개념을 비판하면서, 오늘날 운동에서는 개인화된 '자아의 공적 표현'이 이를 대체한다고 주장한다(Lichterman, 1996). 이는 오늘날의 일부 운동, 특히 '중산층 문화'의 지배를 받는 운동을 묘사하는 데 가치가 있을 수도 있겠지만, 여기에서 제시하는 경계적 공유지는 자아실현 과정을 밀고 나가는 개인주의의 결과가 아니다. 정립되어 있던 정체성을 상실한 결과로서 불안정하고 유동적인 '우리'가 나타날 공간이 생겨난다. 사람들은 공개적으로 자신을 표현하기만 하는 것이 아니다. 그들은 비록 매우 불완전하고 모순적인 방식일지라도 대안 사회조직을 제안한다.

끝으로, 우리는 새로운 (경계적) 공유지가 '리좀운동'으로 펼쳐지고 확장한다고 주장한다(Castells, 2012). 리좀운동은 중심이나 주변이 없는 운동으로, 특정 지점에서 시작하거나 끝나지 않는다. 개별 운동들은 연결되어 있지 않거나 헤쳐 모이는 과정을 따라 대체로 뜻밖의 만남을 통해 연결된다

(Zibechi, 2010). 리좀을 구성하는 개별 운동들은 안정적이지 않고 매우 가속화된 나선 안에서 나타났다 사라진다. 전체 연결망과 호환되는지 미리 통제하지 않고서도 운동에 여러 개별 운동이 더해질 수 있다.

연결되어 나타나는 모든 운동이 리좀형태는 아니다. 예를 들어 전환마을 운동transition town movement[4]은 중심이나 주변이 없는 네트워크 운동이지만, 리좀과는 달리 개별 운동의 안정성이 크다. 각각의 운동은 예측할 수 없는 것이 아니라 계획된 접촉의 결과로 연결되고, 연결의 목적은 유기적 협력을 심화하는 것이지 리좀에서처럼 일시적으로 경험을 교환하는 것이 아니다. 네트워크에는 보통 새로운 개별 운동이 기존 구조와 잘 맞는지를 보장하는 확인 기제가 있으며, 확장이 일어나려면 최소한의 계약이 필수로 여겨진다.

그리스의 새로운 공유지들의 리좀적 기원과 진화에 관한 설명으로 넘어가기 전에 정치적·경제적 맥락을 알아보자.

2절: 그리스의 대공황

2013년 기준 140만 명의 그리스인이 실업 상태였는데, 이는 전체 노동력의 27.5%로 2007년 7.2%보다 훨씬 높아진 것이었다(Matsaganis, 2013). 18~25세의 실업률은 이미 높았던 2009년 36.6%에서 2013년에는 65.0%로 늘었다(EL.STAT, 2009; 2013). 약 45만 가구는 일하는 구성원이 없다(Insurgenta Iskra, 2014). 일을 하는 사람도 상황은 그다지 낫지 않다. 중위 월 총급여는

---

4 전환 네트워크 운동은 주로 석유생산 정점, 기후 파괴와 경제 불안정성에 대응하여 회복력을 높이려고 하는 공동체 프로젝트를 기반으로 하는 풀뿌리 운동이다(Hopkins, 2008). 이 운동은 주로 '12 요소' 같은 구체적인 규칙들을 포함하는 이론과 실천 틀로 정의된 가치들을 유지하는 지역 공동체 유대를 만드는 것을 목표로 한다. 이 운동은 또한 새로운 프로젝트와 이미 등록된 프로젝트들을 등록하고 점검하는 다양한 방식들을 발전시켜 왔다.

2009년 1997유로에서 2015년 1048유로로 떨어졌다. 최하위 월 급여는 2009년 751.5유로에서 2013년에는 586.1유로로 떨어졌다(Vaiou, 2014). 부가가치세는 9%에서 13%를 거쳐 23%까지 올랐고, 소규모 재산을 포함한 재산에 부과된 세금은 2010년에서 2014년 사이에 514% 올랐다(EL.STAT, 2014). 결과적으로, 임금소득자의 구매력은 37.2% 곤두박질쳤다(Vaiou, 2014).

숫자로 암울한 일상의 현실을 포착하지는 못하겠지만, 2007년에서 2011년 사이 자살이 62.3% 증가했다는 점은 암울한 현실을 암시적으로 보여준다(EL.STAT, 2012). 2012년에 자살한 사람 중 거의 절반은 경제활동을 하지 않고 있었다(Insurgenta Iskra, 2014). 주요 임상 우울증 사례는 2009년에서 2011년 사이에 248% 증가했다(Economou et al., 2013). 14만 5000명의 아이들이 식량 불안정과 굶주림에 직면해 있다(PROLEPSIS, 2013; Insurgenta Iskra, 2014).

그리스의 대공황은 GDP 하락의 직접적인 영향이라기보다 공공부채에 대응하기 위해 시행된 긴축정책의 결과라 할 수 있다. 공공부채는 2000년 1410억 유로에서 2008년 2630억 유로로 늘었는데도 국제기구들은 2008년까지 그리스의 경제 성과를 칭찬하고 있었다. 성장은 빚으로 굴러갔다(Lapavitsas, 2012). 2008년부터 반복적 불황기가 시작되었고, 대출 비용이 오르면서 그리스는 더 이상 돈을 빌릴 수도 없게 되었다. 민간 채권시장에서 돈을 빌릴 수 없게 된 그리스 정부는 국제기구 '트로이카'(EU, IMF, 유럽중앙은행)와 연달아 협정('각서')을 맺었고, 이는 긴축과 공공 서비스 감축으로 이어졌다(예를 들어, 교육 분야는 36% 감축되었다). 연금은 평균적으로 30% 줄었고, 공공 부문의 월급은 20~35% 줄었다(Hadjimichalis, 2013). 공공지출은 줄었지만 긴축으로 경제활동이 감소하면서 부채는 계속해서 늘었는데, 새로운 빚은 단순히 예전 빚과 이자를 감당하려고 진 것이었다.

사회위기는 부채위기보다 앞서 나타났다. 2000년대 초반 성장의 혜택은 균등하게 분배되지 않았다(Kaplanis, 2011; Dalakoglou, 2013). 2008년 이전부터, 괜찮은 임금을 받는 일자리를 얻지 못하는 젊은 대학생을 가리켜 '700 유로 세대'라는 용어가 등장했다(Dalakoglou, 2013). 미등록 이민자 수가 급증하면서 불평등의 새로운 원천이 되었다(Dalakoglou, 2013; Hadjimichalis, 2013). 2000년대의 경제 기적이라고 여겨졌던 것들은 2004년 올림픽과 관련된(Stathakis and Hadjimichalis, 2004; Hadjimichalis, 2013) 신용거래 확장과 싼 이주노동, 공공근로성 공사, 부동산 거품을 기반으로 삼고 있었다(Kaplanis, 2011). 아테네와 테살로니키의 도시 중심부에서는 사회 공간의 불평등이 처음으로 강하게 나타났다(Dalakoglou, 2013). 2008년 12월, 경찰이 고등학생 한 명을 죽이면서 학생들과 무정부주의자들이 살던 아테네 엑사르키아Exarchia 지역에서 사회위기는 끓는점에 다다랐다(Vradis and Dalakoglou, 2011). 아테네와 그리스 전역 60개 도시에서 봉기가 일어났고, 경찰과 무력 충돌의 나날이 이어졌다(Hadjimichalis, 2013). 갈수록 더 불평등해지는 도시 공간은 갈등의 장에 쐐기를 박았다(Stavrides, 2013a).

2008년 12월 봉기는 대치 국면의 긴축반대운동으로 번졌다. 보수 정부는 경찰을 앞세운 새롭고 더 폭력적인 강력 탄압과 감시 강화로 대응했다(Fillipidis, 2011; Dalakoglou, 2013). 새로운 공유화 운동은 이러한 위기의 맥락과 언론과 정치인들이 다져놓은 공포, 그에 대항하는 저항과 봉기 속에서 탄생했다(Douzinas, 2013). 2008년 12월은 파열의 순간이었다. 고등학생이 사망한 주차장을 공원으로 바꾸는 것, 도시 다른 지역의 도시정원과 공원, 이미토스산의 사유지화에 대한 저항, 도시 주변부에 새로운 수도권 매립지 개설에 반대하는 충돌을 비롯해, 사람들은 도시 공간을 되돌려 달라고 요구했다(Dalakoglou and Vradis, 2011; Dalakoglou, 2013; Hadjimichalis, 2013). 다음 절은 이러한 싸움이 리좀 방식으로 진화하면서 새로운 공유화 운동이 되어가는 과정을 면밀히 추적한다. 아테네 및 다른 대도시의 중앙광장을 점거했던 분노 운동이 촉매 역할을 했다.

분노 광장에 대한 분석은(3절) 출간된 자료들과 제1저자의 참여관찰, 공유화 프로젝트 참여자들에게 이 시기를 회상해 달라고 요청하여 나눈 대화들을 기반으로 한다. 공유화 프로젝트의 수와 성장을 평가하기 위해(4절) 우리는 온라인 데이터베이스를 사용하고, 필요시 전화면담으로 자료를 검증했다.[5] 여기에 덧붙여 우리는 프로젝트를 이끌어 가는 참여자 18명과 반구조화된 심층면담을 실시했고(남자 10명, 여자 8명), 두 건의 집단면담을 했다. 면담에서 얻은 정보는 제1저자가 6개월 동안 총회, 행사, 집단행동을 관찰하고 참여하며 기록했던 여섯 개 공유화 프로젝트의 공식 현장조사와 참여관찰로 맥락화했다.

3절: 분노한 광장의 경계 공유자산

우리가 면담한 사람 대부분은 광장 점거운동, '아가낙티스메노이 Aganaktis-menoi(분노)' 운동이 공유화 프로젝트의 출현에 촉매 역할을 했다는 공감대를 가지고 있었다(Hadjimichalis, 2013; Kaika and Karaliotas, 2014; Kioupkiolis, 2014도 참조할 것). 점거운동 기간에 설립된 신타그마광장 시간은행 Time Bank of Syntagma Square은 첫날 새 회원이 2000명에 달했고 오늘날 회원이 3000명이

---

5 사용된 데이터베이스(Solidarity4all.gr, Enallaktikos.gr, Omikronproject.gr, www.enasalloskosmos-community.net and kolektives.org)에는 몇 가지 한계가 있다. 첫째, 프로젝트들은 광장에서 운동이 발생한 이후에만 시스템상에 기록되기 때문에, 우리 자신 또는 대화자의 가늠치를 통하지 않고서는 프로젝트 진화 전후를 계량화하기가 매우 어렵다. 둘째, 이 데이터베이스들은 최근 6개월 동안 수립된 프로젝트들을 반영하지 못하고 있으며 한풀 꺾였을 수 있는 프로젝트들을 제외하는 업데이트가 되어 있지 않다. 셋째, 이들은 우리가 정의하는 공유화 프로젝트에 속하지 않는 국가, 민간, 또는 교회 연대 프로젝트를 포함한다. '모두를 위한 연대(solidarity4all)' 데이터베이스는 그러한 프로젝트를 포함하지 않기 때문에 좀 더 정확할 수 있지만, 이 데이터베이스는 시리자 정당과 연계되어 있어서, 더 진보적인 프로젝트들이 여기에 보고를 꺼린다는 단점이 있다. 그러므로 프로젝트 수에 대해 우리가 보고하는 내용은 정확하지 않은 근사치일 뿐이다.

넘는다(Interview 1; Interview 5). 점거광장에서 자주적으로 관리하던 의료센터는 공공의료에 접근하지 못하는 사람들을 위한 영속적인 광역 연대병원과 약국을 탄생시켰다(Interview 16; Enallaktikos.gr, 2013). 점거 이전에 그리스에는 자율조직 병원이 단 한 개 있었다. 오늘날에는 47개에 이른다. 협동조합 실험을 하는 사람들이 신타그마에서 안내 행사를 열고 나서, 여러 노동자 협동조합이 세워졌다(Interview 1; Interview 9). 아테네 외곽의 '스피타리 삶 깨우기Spithari waking life' 프로젝트 같은 새로운 생태마을과 '땅으로 돌아가기' 계획들이 이 광장에서 시작되었다. 광장과 유기적으로 연결된 공유화 프로젝트들은 빠른 성장률을 보였지만, 점거와 별개로 발전했던 프로젝트들의 운명은 알 수 없다(Interview 16; Interview 1). 일부 면담자는 이러한 프로젝트들을 '블랙홀'이라고 부르기도 했다. 역시 신타그마 점거 때 처음 시도한 대중집회 모형은 여러 지역으로 옮겨가서 공유화 프로젝트의 조직 양식이 되었다(Interview 1; Interview 3; Interview 6; Interview 7; Interview 16).

광장운동은 리좀 형태를 띠었다. 주로 소셜 미디어를 통해 조직되었고 장소, 시간, 시위 형태를 정하는 이렇다 할 뼈대 조직이 없었다(Douzinas, 2013; Hadjimichalis, 2013). 첫 번째 대규모 행진은 "왜 그리스인들은 자고 있는가"라고 묻는 스페인 분노운동의 페이스북 게시글에 대한 응답으로 소셜 미디어를 통해 자발적으로 조직되어, 신타그마광장에서 5월 25일에 열렸다. "우리는 깨어 있다"는 것이 그 답이었다(Tsaliki, 2012). 어떠한 중앙 조직 없이도 20만 명 정도가 참여했다(Hadjimichalis, 2013). 시민이 광장을 점거한 세 달 동안 300만 명이 넘는 사람들이 광장을 거쳐갔다. 처음 시위는 소셜 미디어에서 익명 소통을 통해 조직되었다. 나중에는 동네마다 독립적으로 모인 다음에 점거광장에서의 총회에서 자신들의 대화와 결과를 나누는 동네의회들을 통해 헤쳐 모이기식의 모형으로 진화했다. 총회의 결과는 거기에 머무르지 않고 다음 동네의회에서 다시 다루어졌다. 점거가 계속되자 더 많은 사람과 소집단이 광장으로 모여들면서 구성원이 더 늘어났다. 동네마다,

그리고 경제 부문별로 파생된 새로운 프로젝트가 생겨나면서 리좀에 개별 운동들이 더해졌다.

경계성은 이 리좀을 촉진하는 중심이었다. 공공광장의 열린 접근성이라는 특징은 참여의 경계를 개방하는 조건이 되었다. 2008년 12월 봉기도 리좀형이었고 거기서도 도시 공간을 되찾기 위한 캠페인을 벌였지만, 초기 충돌 이후, 이 봉기는 열린 도시 공간이나 디지털 공간을 버렸다. 활동가들은 점거한 세 개의 대학 문 뒤에 단단히 자리를 잡았다. 교문은 말 그대로 또한 상징적으로 누가 이 운동에 들어올 수 있는지를 보여주는 검문소 역할을 하면서, 경찰에 맞서 건물을 사수했던 무력 좌파와 무정부주의자들의 정체성을 가두는 역할을 했다. 이에 비해 아테네의 중앙광장인 신타그마는 실제로 구멍이 숭숭 뚫려 있어서 누구나 접근할 수 있는 공간이었다. 어느 집단도 그곳을 사유화할 수 없었다. 다양하고 이질적인 집단과 사람들은 있을 수 있는 정도가 아니라, 운동을 지속하는 데 필수적이었다.

경계성은 공간 때문에만 나타난 것이 아니었다. 위기는 정체성을 파열시켰고, 많은 그리스인들이 "아직 지나가지 않은 현재와 오지 않은 미래 사이"에 살았다(Vradis and Dalakoglou, 2011). 긴축과 경제적 결핍은 확실성과 정규성을 해체했다. 국제기구의 통치대로 움직이는 국가라는 굴욕을 인지하고, 국민들을 '게으르다'거나 '부패한' 것으로 그리면서 소비주의의 꿈을 둘러싸고 형성되었던 과거의 정체성은 급격히 무너졌다(Douzinas, 2013). 정체성 경계의 이러한 붕괴는 "우리는 아무도 아니다"라거나 "어디로 가는지는 모르지만 우리는 돌아가지 않는다"고 선언하는 신타그마광장에서의 플래카드에 나타났다. 신타그마의 사람들은, 익명으로 남겠다거나 "정체를 드러내지 않겠다"는 의지를 선언하는 하얀 가면을 상징적으로 썼다. 비운다는 것은 가능성도 의미하며(Brighenti, 2013), 고정된 정체성의 경계가 열리자 대다수가 시위에 처음 참여해 보는 다양한 배경을 지닌 각기 다른 사람들이 공통으로 행동할 수 있게 되었다(Stavrides, 2013b).

이 운동은 도시 공간을 펼쳐놓기만 한 것이 아니라, 새로운 공유 공간을 만들었다. 신타그마 점거자들은 국회를 향해 시위도 했지만, 시위자들이 자는 텐트 도시를 지었고, 매일 밤 9시에 직접민주주의 회의를 열었으며, 기술 지원 공간과, 통역, 행정, 의료, 먹거리, 예술 및 자유 표현 센터, 운송과 우편 서비스도 마련했다. 그들은 청소 및 돌봄 팀을 꾸렸고, 서비스를 교환하기 위한 시간은행, 연대 바자회, 시민 부채 감사 캠페인을 벌였으며, 6만 명이 넘는 사람이 여기에 참여했다(Tsaliki, 2012; Interview 1; Interview 2; Interview 5; Interview 11). 이들은 매일 오후 6시에 누구에게나 공개된 회의를 열었다. 이러한 형태의 협동에 들어간 노동은 무엇을 어떻게 나눌지를 결정하면서, 광장을 공공 공간에서 임시 공유지로 바꾸었다. 1960년대의 운동이나 반세계화운동 같은 이전의 정치운동이나 저항운동과 비교했을 때, 분노운동에 구체적인 '실체성'을 준 것은 그러한 공유화 과정이었다(De Angelis, 2013a). 대다수 사회운동이 도시 공간에서 펼쳐지고 일련의 요구들을 중심으로 조직되는 반면에, 분노운동은 도시 공간을 재발명하면서 대안 생산과 재생산의 형태가 무엇인지를 앞장서 보여주었다.

공유화 프로젝트가 집중되었던 신타그마광장 '아래'쪽과 국가주의자나 외국인혐오자들도 등장하는 시위가 열렸던 국회 앞 위쪽 사이에는 차이가 있었지만(Hadjimichalis, 2013; Kaika and Karaliotas, 2014), 두 공간은 동떨어져 있거나 나뉘어 있지 않고 드나들 틈이 많았다(Stavrides, 2013b). '두 광장' 사이를 가르는 것은 참가자의 정체성(공유인은 아래, 국가주의자는 위)이 아니라, 각 구역의 다른 기능이었다. 국회 앞 포장도로와 이면도로로 구성된 위쪽은 정부에 '반대해' 시위하고 국회를 지키는 경찰에 맞서는 기능을 맡았다. 벤치, 나무, 작은 공원이 있는 아래쪽은 주거, 논의, 창조 공간의 기능을 했다. 이전의 정체성은 사람들이 대치나 공유화 중 어느 쪽을 더 선택하느냐에 영향을 미쳤다. 하지만 신타그마의 혁신은 바로 많은 사람들이 이전에 굳어진 정체성을 초월했다는 점에 있었다(Douzinas, 2013; Stavrides, 2013b). 광장 아래쪽 사람들은 위쪽으로 올라와 소리를 지르고 자신들의 분노를 표출했으며, 광장 위쪽의 외국인혐오주의자나 보수주의자들도 아래쪽에서 토론에 참가해 자신들의 의견을 표현했다(Interview 3; Interview 7).

이 새로운 공유지의 경계적 특성은 주체들이 대규모로 기존의 정체성을 벗어났다는 점뿐 아니라 경계적인 제도 실행에서도 나타났다. 첫째, 집회와 집단에는 안정적인 회원제도가 없었다. 사람들은 오가면서 누구나 어느 순간에든 참여할 권리가 있었다(Tsaliki, 2012; Stavrides, 2013b). 집회와 집합적으로 조직되는 행사는 날마다 똑같지 않고, 개인이나 소집단이 표출하는 생각에 따라 매일 달라졌다. "당신의 주장을 하라! 신타그마광장에서 당신의 공간을 찾아 당신을 표현하라"(한 예술가 팀의 구호)는 상징적 문구는 그저 '공적 자기표현'을 장려하는 말이 아니었다. 그것은 예상치 못하게 나타나는 모든 미시활동에 참여하고 이러한 활동들을 집합적이고 자발적으로 조직하겠다는 개방성과 의지를 나타내는 것이었다. 신타그마에서는 집합적 발명이 활발하게 이루어지면서 직접민주주의, 예술행사, 공유화 프로젝트라는 혁신적 실천을 낳았다. 그중 일부는 신타그마광장에서 처음으로 나타났지만, 그 밖의 것들은 다른 점거광장, 특히 스페인의 점거광장에서 나타났던 실천을 모방한 것이었다.

둘째, 사람들이 집회에서 특정 단체의 구성원임을 밝히지 못하게 하는 분명한 억제 요소가 존재했다. 정당 대표들은 합류가 금지되었다. 정치집단이나 정당 구성원이 아예 없었다거나 이미 고정된 정치적 정체성을 지닌 사람들이 없었다는 말이 아니다. 하지만 그들은 점차 한발 물러서서 자신의 의견이나 실천을 협상하는 법을 배워야만 했는데, 이는 그리스의 사회운동 발생에서 유례가 없는 일이었다. 이를 특징적으로 보여주는 일례로 집회 동안 일부 마르크스주의자들은 초기에 자신들의 역할을 분명한 의제를 가진 '전위병'으로 인식했으나, 이를 거부하는 반응을 직면하고 물러서야만 했다(Stavrides, 2013b). 기존의 정체성을 대규모로 벗어난 덕에 공통의 이데올로기나 정체성으로 연결되지 않은 개인들 사이에 공통분모를 만드는 협상을 할 수 있었다. 운동 내에서 단일 진영에 힘이 몰리는 것을 막기 위해, 불안정한 제도와 기제 속에도 특정 정치 집단이 그 과정을 독식하지 못하도록 하는 요소가 포함되었다. 이는 기존에 정립되어 있던 정치 진영이나 이데올로기 진영과 동일시하지 않는 사람들이 의견을 드러내고 참여할 공간을 열었다. 스페인의 분노운동처럼 "시민들은 점거지에 합류함으로써, 어떠한 이데올로기나 조직을 고수하지 않고서도 자기 나름의 이유로 그곳에 있는 것만으로 운동의 일부가 될 수 있었다"(Castells, 2012: 10). '진짜 민주주의'에 관한 요구나 트로이카 각서의 거부처럼 통합된 구호와 요구도 있었다. 하지만 구호와 요구는 대체로 '빈 기표' 역할을 하면서(Laclau, 1996a; 1996b) 사람들마다 서로 다른 의미를 가지고 동질화하지 않고도 공통의 적에 대응하는 수준의 통합을 할 수 있게 만들었다.

셋째, 집회에서 나온 결의안의 목표는 통합된 제안을 만드는 것이 아니라(Papadopoulos et al., 2012) 합의할 수 있는 한계를 확인하는 것이었다(Stavrides, 2013b). 다양한 의견의 공존이 허용되었다. 당국이나 언론이 운동의 대표, 대변인이나 일관된 정치 프로그램을 요구할 때, 집회에서는 무엇도 제공하지 않았다(Papadopoulos et al., 2012). 멜버른의 S11 시위에서도 대변인이 없었는데, 이는 주로 개인의 책임을 강조하는 인격화가 일반화되어 있었기 때문이었다(McDonald, 2002). 이에 비해 우리가 했던 면담, 그리고 운동가들이 광장집회에서 낸 결의문에서 종종 "우리는 누구도 우리 운동에 자기 모자를 씌우게 두지 않을 것"이라고 강조한 데서 모두 분명하게 드러나듯, 신타그마에서는 이것이 권력 축적을 막으려는 의식적 기제였다.

경계성은 리좀운동이 퍼지는 촉매였다. 첫째, 광장이 열려 있기 때문에 다른 방식으로는 할 수 없었을 공유화 실천의 대중화가 가능했다. 전체 그리스인의 28%가 시위와 점거 기간에 광장을 거쳐갔다(Solidarity4all). 이전에는 '대안적'이고 주변적이며 이데올로기로 무장된 것으로 여겨졌던 실천들이 이제는 그리스 사회의 더 넓은 부분과 소통했다. 새로 오는 사람들은 예전에 경험해 보지 못했던 행동과 정체성을 함께 수행할 수 있었다. 그저 함께 요리하는 것처럼 단순한 집단행동을 과거의 관행과 비교해 보면서 많은 사람들이 해방감을 느꼈고 이것이 공유화 프로젝트의 뒤이은 팽창으로 이어졌다고 할 수 있다.

둘째, 이들 프로젝트의 다수가 정치적 동기를 가진 개인이나 집단의 의제를 가지고 시작되기는 했지만, 그러한 집단도 프로젝트에 참여하고 새로 온 사람들과 상호작용하면서 자신들이 정치화하려는 내용을 재정의하며 정치적 정체성을 새로운 경험에 열어두고 자신의 습관과 정치하던 방식을 바꾸는 등 변화했다. 카탈루냐(Conill et al., 2012)와 달리, 그리스에서는 광장 점거운동 전까지 공유화 운동은 주변적이었고, "옛것의 균열 안에서 새로운 세상을 만드는" 것보다 직접 대치를 더 좋아하는 무정부주의나 자율주의 집단을 포함한 정당에서는 이 운동을 의심의 눈초리로 바라보았다. 광장운동 이후, 현재 그리스의 여당이자 좌파 정당인 시리자는 이런 시각 대신 공유화 프로젝트의 증진에 전념하는 네트워크인 모두를 위한 연대Solidarity4all를 창설하고 재정을 지원했다. 무정부주의자들을 이끄는 '권위주의 반대운동Antieksousiastiki Kinisi'과 극좌파 정당인 '안타르시아Antarsya'도 공유화 프로젝트에 깊이 들어와 있다(Interview 14; Interview 15; Interview 16).

셋째, 신타그마의 공유화 경험은 빈곤을 해체하고 낙인을 지우는 데 도움을 주었다. 그동안 자신의 소득 감소와 일자리를 찾지 못하는 것, 부양가족을 먹여 살리지 못하는 것을 개인 책임으로 여겼던 사람들은 자신의 절망을 나누고 탈바꿈할 공간을 찾았다. 공유 주방에서 먹고 바자회에서 옷을 무료로 얻으며 무료 약국에서 약을 타는 것은 더 이상 부끄러운 일이 아니었다. 신타그마에서 시작된 프로젝트들이 상징적이기만 하지 않다는 점은 중요하다. 많은 사람이 그 프로젝트에 참여한 것은 바로 광장의 플래카드에 써 있는 대로 '우리 삶을 우리 손으로 꾸리게' 하면서도 음식, 건강, 주택, 실업과 관련한 구체적인 필요를 해결해 주었기 때문이다(Interview 1; Interview 2; Interview 3).

4절: 공유화의 리좀 확산

참여가 가라앉자 광장을 점거하던 사람들은 2011년 8월 폭력적으로 쫓겨 났고, 이후 몇 달 동안 점거자들이 들어오지 못하게 기동경찰이 광장을 지 켰다(Hadjimichalis, 2013). 어떤 이들은 이 운동이 긴축을 멈추지 못했기 때 문에 실패라고 보았다(Kaika and Karaliotas, 2014). 그러나 권력 구조의 탈영 토화(Kioupkiolis, 2014)와 유로존 내에서 그리스 부채 문제의 복합적인 정치 경제학을 생각하면 이러한 정치적 반론을 하기는 매우 어렵다. 분노운동은 협상과 무시에 관한 것만이 아니라, 해방 프로젝트로서 공유화를 낳는 일이 기도 했다. 스페인에서와 마찬가지로 "이 운동은 사라지지 않았다. 오히려 동네의회들은 … 소비자 협동조합, 윤리은행, 교환 네트워크, 그 밖의 여러 형태로 의미 있으면서도 다르게 사는 대안 경제실천을 퍼뜨리면서 … 사회 직조 안으로 퍼져나갔다"(Castells, 2012: 1). 우리와 면담한 누군가는 이렇게 주장했다. "신타그마 이후 사람들은 수백 개의 작은 광장을 만들어서 동네 에 점거운동을 전파했어요." 대부분의 경우에 이것은 리좀형으로, 구조화되지 않고 눈에 띄지 않는 방식으로 일어났지만(Insurgenta Iskra, 2014; Vathakou, 2015), 다른 경우에는 사회병원이나 생산자·소비자 직거래 네트워크처럼, 처음부터 더욱 안정적이고 응집력 있는 연결망 형태를 취하기도 했다. 오늘 날 활발한 공유화 프로젝트로는 사회병원 및 사회약국, 노동자 협동조합, 도시 공간 점거, 시간은행과 대안화폐, 동네의회와 연대 교환 네트워크, 도 시정원, 농부 협동조합 또는 소비자 협동조합, 농산물 직거래시장, 예술가 및 출판 단체, 1인 공장 등이 있다. 하나씩 더 자세히 살펴보자.

광역 연대병원은 신타그마에서 구상되어 2011년 12월 운영을 시작했다. 오늘날 여기에는 250명이 넘는 자원봉사자들이 있고, 개원 후 3년 동안 3만 3000명이 넘는 환자들을 치료했다(Interview 15; Interview 16). 이 병원은 재정 후원을 받지 않고 약, 물품, 서비스 기부만 받는다. 자원봉사자들은 병원을 수평적이고 민주적으로 관리한다. 환자에게는 직접 서비스를 제공하는 방식으로 참여하도록 독려하고(Interview 15; Interview 16; Solidarity4all), 의사, 간호사, 환자 사이의 업무는 시간은행을 통해 교환된다. 아테네의 광역 병원은 전국 시범사례 역할을 해왔다. 2012년 9월 당시 이 프로젝트는 세 개에 불과했지만, 2015년 3월 현재 그리스에서는 50개가 넘는 사회병원이 운영 중이다(Interview 15; Interview 16; Solidarity4all). 모두 무료로 진료를 제공하고, 현물 기부만 받으며 의사, 간호사, 자원봉사자가 운영한다. 그중 다수는 의료가 누구도 배제되어서는 안 되는 공유자원이라는 원칙을 운영 원리로 삼고 있다. 이 병원들은 리좀형으로 확산하면서 의료 서비스의 지역적 위기에 대응하지만, 운영을 시작한 첫 몇 달 사이에 '연대진료소와 약국을 위한 전국협의체Nationwide Cooperation of Solidary Dispensaries and Pharmacies'를 통해 연결되어 상대적으로 안정된 조직을 형성했다. 이들 조직은 더 이상 리좀형이라고 볼 수 없다. 이에 관해서는 이 장 뒷부분에서 다시 다룬다.

도시 공간 공유화 계획으로는 '플라톤 아카데미' 프로젝트가 있다. 플라톤이 유명한 철학 아카데미를 세웠던 곳 옆에 있는 아테네의 한 지역에서 이루어진 이 프로젝트에서는 지역 시민들이 광장운동 이후 의회를 조직하여 13헥타르의 버려진 공공 부지를 바꾸려는 노력으로 종종 파티, 공동주방, 물물교환 바자회, 공개강연, 무료교육 사업과 연대축제를 조직했다. 이러한 행사들은 이 고고학적 장소 근처에 (완곡하게 '아카데미 가든스Academy Gardens'라고 이름 붙인) 쇼핑몰을 지으려는 데 반대하는 시위와 시민불복종의 일환이었다. 주민들은 또한 공원 옆에 두 개의 협동사회센터를 지어, 회의와 조직의 거점으로 삼았다(Interview 2).

아테네에서 눈에 띄는 점거로는 폐쇄되었던 곳에 예술가들이 자리를 잡고 무료 공연과 콘서트, 파티, 정치 행사들을 벌였던 민간 극장 '엠프로스Empros'와, 예전에는 북카페이자 영화관이었던 '복스Vox'의 사회점거센터, 플라톤 아카데미와 비슷한 테살로니키의 무료사회센터 '숄레이오Sholeio'가 있다. 이러한 사회센터는 구심점 역할을 하면서, 연대병원과 연대약국, 도시정원, 정치 집회, 연대교육 프로그램 같은 다양한 공유화 활동을 조직하고 주최한다.

또 다른 상징적 점거는 옛 아테네 헬레니콘Hellenikon 공항 한쪽 작은 귀퉁이의 도시정원 점거로, 가까운 해변에 자율조직 캠프를 두고 있다. 이곳은 약 30억 유로의 가치가 있는 것으로 추정된 620헥타르의 공항을 민영화하려는 데 맞서 벌어진 운동의 조정센터 역할을 한다. 시위자들은 이 공간을 공유지로 되찾아 도시공원으로 바꾸기를 원한다. 그리스 전역에는 이러한 도시정원 및 농업 프로젝트의 수가 23개가 넘고, 아테네에만 13개가 있다 (Solidarity4all; Enallaktikos.gr; Omikron Project).[6]

동네의회들은 도시 공유화의 중추 역할을 한다. 그들은 신타그마 점거 동안 탈중앙화·재집중화 과정의 원동력이었다. 대화와 행동들이 동네로 흩어졌다가 광장에 다시 모였다. 그중 일부는 여전히 대중적이고 활발하다. 예를 들어 '쿠카키·티시오·페트랄로나Koukaki-Thisio-Petralona'의 대중회의는 과거 의료 서비스를 제공했던 버려진 공공건물을 점거해 사회병원과 유치원으로 변모시켰다. 또 다른 계획은 테살로니키시의 상수도 민영화에 반대했다. 50명의 시민이 상수도공사 노동조합과 함께 모여 공공투표를 조직했다. 투표한 21만 8002명 중 98%가 물 사유화에 반대했다. 다음으로 이니셔티브

---

6 이 프로젝트들은 다양한 도시들의 버려지거나 점거된 공간에서 이루어진다. 이에 보태어, 주로 지방정부에서 조직한 다른 도시정원 프로젝트도 많이 있지만, 그것들은 공유화 프로젝트를 구성하지 않기 때문에 언급하지 않겠다.

136은 상수도를 사서 지방자치위원회의 통제를 받는 협동조합으로 전환하려는 시민 계획이다. '136'은 이 회사를 사려면 필요한 가구당 예상비용을 뜻하며, 전해 들은 바에 따르면 이 계획은 테살로니키에서의 광장 점거 동안 지나가는 말로 나왔다고 한다.[7]

광장운동과 2011년 '사회적경제법'으로 더 손쉬워진 이후 2014년 3월까지 415개의 새로운 노동자 협동조합이 운영을 시작했다(Koinsep.org, 2014). 그리스에서는 과거에 농업 협동조합 운동이 있었지만, 정치 후원, 부채, 부패의 결과로 쇠퇴했다. 협동조합 출판사, 공학 및 건설 협동조합, 협동조합 신문, 식료품 및 협동조합 시장(하루 400가구 이상의 필요를 충당하는 테살로니키의 바이오스쿱Bioscoop 등; Interview 18), 재생에너지 협동조합, 협동조합 택배, 제조업 협동조합도 있기는 하지만, 지금의 새로운 협동조합 대부분은 작은 서비스, 특히 카페와 식당에 전념하고 있다. 이러한 협동조합 중 최소 150개는 이 글을 쓸 당시 제 기능을 하면서 운영 중이었고, 우리의 자체 추산에 따르면 그중 최소 100개는 (협동조합의 사회보장세 세제 혜택을 이용하려는 기회주의적 기업들과는 구분되는) 순수한 사회적 협동조합이었다. 이들은 그리스에서 떠오르고 있지만 여전히 작고, 민주적 자주관리, 연합, 결사의 가치를 지지하는 협동조합 운동의 일부다(PASEGES, 2011; Kioupkiolis and Karyotis, 2013). 협동조합들은 리좀형으로 확산하면서, 이제 좀 더 안정적인 네트워크 구조를 추구하고 아테네 중심에 공동 소유 건물을 지어 활동, 재정, 법률 지원을 조율하려고 한다.

돈을 거치지 않고 필요를 직접 겨냥하는 시간은행, 무료 나눔바자, 직접 교환 네트워크, 지역 대안화폐 같은 여러 프로젝트도 있다. 2011년 이전에는 세 개의 시간은행과 대안화폐만이 존재했지만, 이 글을 쓰는 시점에는 37개(혹은 다른 추산에 따르면 110개; Solidarity4all)의 프로젝트가 있다. 주로

---

7 이 정보는 마리아 카이카(Maria Kaika)로부터 들었다.

일상의 물질적 필요를 충족하는 데 관심이 있는 곳이 있는가 하면, 아테네의 홀라르고스-파파구Holargos-Papagou 인근 시간은행처럼 정치 및 연대 캠페인, 연극이나 음악 공연, 대중집회 등을 여는 곳도 있다(Interview 7).

농업과 식품 분야에서는 북부 그리스 지역의 감자 생산자들이 중개인을 건너뛰고 자신의 생산물을 소비자들에게 낮은 가격에 직접 유통한 2012년 2월 이후 생산자·소비자 직거래 네트워크가 시작되었다. 중개상을 거치지 않는 이러한 실천은 전국으로 퍼져나갔고, 감자 이외의 다른 품목으로 확대되었다. 회원과 대중을 조직하고 이들에게 직접 유통 일정 정보를 제공하기 위한 단체들이 만들어졌다. 2012년 9월 12개였던 초기 단체에서, 2014년 12월에는 47개의 활발한 네트워크가 2169가구를 지원하며 아테네 대도시 권역에만 5000톤이 넘는 먹거리를 유통한다(Solidarity4all). 연대병원과 마찬가지로, 대안 먹거리 네트워크는 곧 활동 조율을 위한 공식 네트워크를 형성했다.

연대주방은 위기 전에도 존재했지만 2011년 이전에는 세 개의 초기 모형만 알려졌다가, 이제는 그리스 전역에 21개가 넘는다. 공유 주방에서는 돈을 내지 않거나 싼 돈으로 식사를 할 수 있고 원하는 경우에는 요리 과정에 참여할 수도 있다(Vathakou, 2015). 대부분은 일주일 단위로 운영된다. 일부는 같은 장소에서 영구적으로 조직된다. 다른 곳들은 '유목식'으로, 동네에서 동네 또는 심지어 도시마다 옮겨 다니면서 이 실천을 전파한다. 여기에는 전문적인 요리사가 없고 식재료는 기부를 받거나 여유 있는 참여자들이 제공한다. 구매자나 생산자로부터 기부받은 식품을 모아 필요한 곳에 배분하는 '연대 먹거리 꾸러미'를 준비하는 지역 결사체도 여럿 있다. 2013년 2월에는 총 1987개의 꾸러미가 배송되었고, 2014년 9월에는 그리스 전역에 4318개가 넘게 배송되었다(Solidarity4all). 처음에는 부차적인 영양 보충을 할 정도의 식품이 담겼으나, 체계가 발전하면서 여기에 신선한 야채와 고기 공급자들과의 계약이 포함되어, 꾸러미를 받는 사람들의 영양상 필요를 완전히 충족할 수 있게 되었다(Interview 16). 이러한 프로젝트는 대개 자신이 직접적으로 필요한 상황에 있지는 않은 사람들이 조직하기는 하지만, 많은 경우에 수혜자들이 꾸러미 준비와 배분에 참여하거나(Solidarity4all에 따르면 전체 수혜자의 30%), 지역 결사체에서 조직하는 다른 프로젝트에 참여한다. 이것이 이러한 '공유화' 계획이 자선과 다른 부분이다.

교육 사업들은 공공체계에서 소외된 사람들이나 교육을 계속 받고 싶지만 그럴 여력이 안 되는 사람들의 필요를 충족한다. 설립된 지 1년이 채 안된 테살로니키의 사회연대경제 시민대학People's University of Social Solidarity Economy: UnivSSE은 방문객 수천 명에게 온라인 강의를 제공한다(Vathakou, 2015). 아테네 모스차토Moschato 인근의 시간은행으로부터 시작된 지식연대 네트워크 '메소포타미아Mesopotamia'는 고등학생들을 대상으로 하는 수업과 모든 연령의 사람들을 위한 세미나를 제공하며, 운영자들이 말하는 '지식 공동체'를 설립하려고 노력 중이다. '연대학교'는 사설 과외를 받을 형편이 안 되는 학생들에게 무료 수업을 제공한다(그리스 학생의 90%는 전국 대학입학시험을 위해 돈을 내고 사설 과외를 받는다). '대안학교'에서는 가족들이 모여 자율운영 유치원을 설립했다(Vathakou, 2015). 사회병원의 사례에서처럼 그들도 더 효과적인 내부 협력을 위해 전국 네트워크를 설립했다.

다양한 프로젝트들은 자기 영역 안에서만 운영되지 않는다. 많은 경우 하나의 단체가 각기 다른 규모로 각기 다른 기능을 하는 다양한 프로젝트들을 발전시킨다. 공유화 프로젝트가 리좀형으로 성장하면서, 다른 영역이나 지역에서 운영되는 프로젝트들 사이에는 더 강한 연결이 생겨났다. 예를 들어, 헬레니콘의 옛 공항은 이제 도시정원과 사회센터만 운영하는 것이 아니라 공항 근처에서 운영되는 광역 사회병원 및 사회약국과 긴밀하게 연결되어 있다. 병원의 환자들은 의사들과 서비스를 교환하는 지역 시간은행을 개발했다. 이 글을 쓰는 시점을 기준으로, 그들은 노동자 협동조합도 시작하려고 생각 중이다(Interview 16). 이와 비슷하게 갈라시Galatsi 지역에서 자주

관리하고 있는 사회 공간 '아바리자Abariza'는 중개상 없이 지역 먹거리 네트워크와 협력해 소비자 협동조합을 시작했다(Interview 16).

이러한 프로젝트는 '성공적'인가? 이를 알려면 성공을 정의해야 한다. 대부분의 프로젝트는 실제로 지속하며 재생산된다. 하지만 이들은 여전히 주변적으로, 그리스 사회의 필요 중 아주 작은 부분만을 충족한다. 이런 의미에서 이들은 체계 변화 실현과는 거리가 꽤 멀다. 하지만 데 안젤리스(De Angelis, 2013b)에 따르면, 중요한 질문은 비틀거리는 자본주의를 대체할 준비가 된 대안적이고 실현할 수 있는 모형이 있느냐가 아니라, 어떻게 지금 존재하는 사회적 실험들이 해방을 추구하는 끝없는 과정에 기여하느냐다. 새로운 삶의 형태를 둘러싼 실험은 코르넬리우스 카스토리아디스(Castoriadis, 1975)와 세르주 라투슈(Latouche, 2009)가 '상상의 탈식민화'라고 부른, 올 수 있는 대안 미래의 새로운 스펙트럼을 여는 데 꼭 필요한 행동들로 이어진다.

이와 관련해 중요한 질문은 참여자들이 프로젝트 참여의 결과로 어떻게 변화하는가다. 첫째, 참여자들은 자신의 필요를 재정의한다. 우리가 면담한 많은 사람들은 이전과 같은 방식으로 같은 욕구를 채우기를 원하는 사람들은 변화하거나 프로젝트를 떠나야 한다고 주장했다(Interview 2; Interview 3). 경쟁이나 개인주의적인 물질적 풍요보다는 평등, 나눔, 기쁨, 의미 있는 관계와 같은 가치들이 이 프로젝트들을 지배한다(Interview 2; Interview 3; Interview 4; Interview 6; Interview 16; Interview 17). 참여는 공유화 프로젝트를 넘어 확장되는 완전히 다른 아비투스habitus를 만들어 낸다. 예를 들어 일부 참여자들은 궁극적으로 공동체 주택에 살거나 타인과 일을 나누었다. 참여자들이 공유화 경험을 한 영역에서 다른 영역으로 이동시키면서, 프로젝트들이 리좀 방식으로 확장된 이유다.

둘째, 우리의 면담과 관찰에서는 '리더'(원문 그대로 인용)의 자리에 익숙한 사람들이 점차 한발 물러서서 다른 사람들이 자신을 표현할 공간을 주는 법을 배우는 모습이 드러난다. '따르는' 데 익숙한 사람이나 대중 앞에서 자신을 표현하는 것이 불편한 사람은 점차 적극적으로 의견을 말하는 방법을 찾았다(Interview 2; Interview 3). 참여자들 사이에 시간을 평등하게 배분하는 회의 지향형 의사 결정 과정과 그 밖의 제도는 '전위병'을 자처하는 사람들을 억누르면서 권력 축적을 막는다.

셋째, 면담자 대다수는 프로젝트 이전에도 생태에 대한 인식이 있었지만, 이윤 감소를 프로젝트를 이끄는 가치로 삼으면서 어떻게 생태에 대한 고려를 더 강하게 하게 되었는지도 강조했다. 도시정원, 씨앗 나눔, 민영화와 사유화에 맞선 싸움, 생태마을 및 전부는 아니더라도 많은 대안 먹거리 네트워크 같은 프로젝트들은 환경적 요소가 강하다.

이러한 변화가 영구적이거나 지속가능할지, 아니면 경제가 회복되고 사람들의 필요가 다시 시장을 통해 충족되면 이 프로젝트들이 망할지는 미리 알 수 없다. 우리의 현장연구는 과거 상태로 돌아가는 일이 참여자들로서 간단하지 않다는 점을 보여준다. 우리와 면담한 사람들은 프로젝트에 헌신하다가 기존 직업이나 주류 생활양식으로 돌아간 사람을 거의 알지 못했다. 비록 참여의 정도와 유형에 달려 있기는 하지만, 이들은 쉽사리 저버릴 수 없는 대안가치와 동화된다. 의지가 부족한 주변 참여자들은 원래 하던 대로 되돌아가기도 쉽다.

5절: 한계와 도전

경계성 다루기

신타그마의 개방성은 후속 공유화 프로젝트들의 특징이기도 하다. 기원, 기존 정치체와의 관계, 지속 기간에 따라 다양한 시도들 사이에 이데올로기 다양성의 정도는 다르다. 우리의 연구에 따르면, 좌파적이거나 넓게 정의된 대안 지향을 지닌 사람들이 대다수 프로젝트의 중추를 구성하지만, 많은 프로젝트에는 자신이 정치적이지 않다고 주장하거나 심지어 자신을 보수라고 정의하는 사람도 들어가 있다(Vathakou, 2015; all 17 interviews). 참여의 유일한 전제조건은 연대와 수평성에 대한 의지다. 이는 '인간관계 구축'을 구호로 하는 플라톤 아카데미나 구성원들이 스스로를 '물뿌리개'라고 부르는 엑사르키아의 나바리누 공원Navarinou Park 되찾기 프로젝트처럼, 많은 프로젝트가 이름과 구호에 특정 이데올로기나 정치적 소속을 내세우지 않고 지역이나 행동을 나타내는 데서 알 수 있다. 그러한 프로젝트는 대중과 새로운 사람들 그리고 암암리에 계속되는 논쟁과 변형에 열려 있다. 배제는 할수도 없지만 바람직하지도 않다.

다른 한편으로 직장 협동조합이나 시간은행처럼 등록 구성원이 있는 프로젝트도 있다. 이들은 여전히 새로운 구성원에게 열려 있지만, 집단기억과 정체성을 만들려는 노력도 하며, 변화에 열려 있지만 과거의 노력과 활동을 존중하는 선을 지킨다. 여기서의 경계성은 통과의례의 끝에 다다라 점차 사라지고, 그 자리를 영속적인 구조로 채워가는 것으로 보인다.

하지만 처음에는 동질적이었던 사람들이 확장을 위해 일관된 정체성을 희생하는 반대 상황도 있다. 예를 들어, 홀라르고스-파파구의 시간은행은 시리자에 소속된 사람들이 시작했다. 이 프로젝트는 다양한 새로운 사람들을 끌어당겼고, 기존 구성원과 새로운 구성원 사이의 몇 차례 회의와 협상 끝에, 정당으로부터 독립하기로 결정했다(Interview 3).

그렇다면 비동질적인 집단은 피할 수 없는 내부 차이를 어떻게 협상해 나가는가? 정치집단과 달리, 공유화 프로젝트들은 의견 공동체가 아닌 실천 공동체, 다시 말해 공통의 것을 생산하는 공동체를 구성한다. 이것은 그저 선호의 문제가 아니다. 대부분의 참여자에게, 공유자원을 만드는 일은 자신들의 생활에 꼭 필요한 일이다. 의견 공동체와 달리, 실천 공동체에서는 차이를 강조하는 대신에 차이를 연결하려는 경향이 있다.

갈등은 여전히 나타난다. 위기와 광장운동 전에 그리스 사회는 공유화의 경험이 거의 없었고, 일반적으로 말해서 협력문화가 약하다(Kioupkiolis and Karyotis, 2013; Vathakou, 2015). 처음에는 장점이었던 경계성은 정체성이 맞지 않기도 하지만 서로를 적대하는 환경에 문화적으로 동화된 사람들이 공통 기반을 만들어 이어나가지 못하기 때문에 일부 경우에서 한계에 마주치고 있다(Interview 2; Interview 6; Interview 7; Panagoulis, 2013). 우리가 면담한 사람들은 사람들 사이에 효과적으로 소통할 도구가 부족하다고 강조했다(Vathakou, 2015; Interview 1; Interview 2; Interview 3; Interview 7; Interview 17). 모든 '나그네'가 의견을 낼 수 있고 결정 과정을 막을 수 있는 상황이라면, 필수적인 개방성이 약점이 된다(Panagoulis, 2013). 회의의 결정 사항을 지켜야 할 의무가 없다는 특징은 소수의 지배와 피로감, 중도 하차를 가져온다. 활동에 가장 헌신해 온 면담자들로서는 더 활동적이고 덜 활동적인 구성원 사이에 업무 분담이 불균등하다는, 개방성의 또 다른 부작용이 문제였다. 새로운 구성원은 흔히 시간을 덜 들이고, 가장 활동적인 사람은 자기 착취로 '소진'된다.

이러한 문제를 인정하면서도, 이들에게는 개방성을 유지해야 한다는 근본적인 의지가 있다. 우리는 관찰했던 프로젝트들에서 폐쇄를 고착화하려는 어떠한 경향도 보지 못했다. 다양한 면담자들은 우리에게 자신들의 프로젝트가 엄격한 회원 규칙을 만들기보다는, 비폭력 대화, 월드카페, '오픈스페이스 활동' 또는 '감정회의'처럼 사람들 사이의 새로운 소통 방식을 실험하고 있다고 말했다. 세계 각지의 경험을 교육하고 연결하는 행사도 흔하다. 의견 차이가 지속되면, 집단은 두 갈래로 나뉘어 새로운 프로젝트를 시작한다.

통과의례 이후는?

광장의 경계적이고 리좀에 가까운 정신은 아직도 강하다. 광장 점거가 질문을 던졌다면, 실제 존재하는 공유화 운동은 열려 있는 불안정한 답이다.

우리가 면담한 사람들은 모두 공유화 프로젝트를 광장운동의 연장으로 보았다. 전국연대경제축제Festival of the Solidarity Economy의 조직자인 인수르젠타이스크라(Insurgenta Iskra, 2014)는 "광장의 시간은 연대 네트워크의 변형 과정을 정의하는, 집합적 상상의 준거점으로 남아 있다"라고 말한다. 하지만 리좀 속성에서는 아니지만, 운동의 리좀 구성에는 변화가 있다. 오랜 의지를 가진 핵심 참여자들은 이제 자신들의 프로젝트에 **전략적** 특성을 부여한다. 우리는, 네트워크 구조를 공식화하고 강화하지 않으면 프로젝트와 운동이 정체될 위험에 처한다는 말을 들었다(Insurgenta Iskra, 2014; Interview 7; Interview 16). 많은 면담자에 따르면, 사회병원처럼 연합에 성공한 프로젝트가 가시성을 높이고 성공의 조건을 보장받았다.

전국 '연대병원 및 연대약국 협의체Coordination of Solidary Clinics and Pharmacies'는 2013년 11월 설립되었다. 아티카Attika 지부에서는 격주마다 회의를 열어서(Interview 16; Solidarity4all), 프로젝트 간 약품과 물자 교환을 촉진하고, 약품 모집을 위한 집단 홍보 캠페인을 조직하며, 지구적 연대운동으로부터의 지원을 조율하고, 정치투쟁이나 국가보건체계개혁 공공 자문 같은 정책 과정에 집단으로 개입한다(Interview 15; Interview 16).[8] 또 다른 결사체로는, 활동 분야를 확대하고 연결의 구심점이 되는 공통의 다목적 공간, 공통재정, 공통인쇄소를 만들기를 원하는, 아테네에서 활동 중인 15개 협동조합의 네트워크(Interview 14; Interview 13; Kolektives.org; Interview 7; Interview 17), 2014년 3월에 설립된 24개 전국 단위 쓰레기처리단체 네트워크, 2014년 7월 설립된 북부 마케도니아의 사회적 협동조합 기업 네트워크가 있다(Vathakou, 2015).

---

8 이 결사체는 자신의 역할이 공공의료체계에 보완적이며 적대적이지 않다고 보고 국가나 지방자치단체의 지원을 환영한다. 이는 좀 더 무정부주의적·자율주의적 지향을 가지고 '자율조직 의료구조'를 조직해 온 일부 프로젝트와의 차이로 이어졌다. 이들은 비국가적 자율조직 의료체계를 구상하고 있으며, 정부 단위로부터의 어떠한 원조도 거부한다(Interview 15; Interview 16; Interview 17).

부문 간 연결과 관련해, '커먼스 축제Commons Fest'는 커먼스를 위한 축제로, 2013년부터 조직되어 첫해에는 크레타섬에서 열렸고 다음에는 아테네에서 열렸다. 이 운동은 크게 보면 2012년부터 열린 연대경제축제#Festival4sce의 연장선상에 있으며, 연대경제축제에서는 그리스 전역의 200개가 넘는 공유화 프로젝트들이 체험 워크숍, 토론, 발표, 집단 행사를 준비한다(Insurgenta Iskra, 2014). 이들 단체는 정당으로부터의 독립, 민간 또는 공공 단위의 재정 지원 전면 거부, 자주관리, 직접민주주의, 수평성, 개방형 과정, 사회를 향한 개방성이라는 최소한의 원리를 고수한다(Insurgenta Iskra, 2014). 1회 축제에서는 화폐 교환이 허용되지 않았지만, 이후 행사들에서는 상품 판매가 허용되면서 더 폭넓은 '사회적 경제' 기업이 참가할 수 있었다(Interview 7; Interview 1). 2014년 3회 축제는 연결과 통합에 초점을 맞추었고, 카탈루냐 통합협동조합Cooperativa Integral Catalana: CIC의 활동가들을 초청했다.[9] CIC 협동조합은 조합의 보호 안에서 조합원들의 필요를 모두 해결하겠다는 포부를 품고 통합 구조를 가지고 있는데, 이는 공유화 운동을 위한 구조로서 그리스의 협동조합에 영감을 주는 모형이다. 2015년 4회 축제에서는 그리스의 현실에 맞는 통합협동조합 설립을 구체적인 의제로 발전시키고자 했다.

평행적이면서도 다른 연결 방식을 추구하는 '모두를 위한 연대Solidarity4all'는 2012년 설립되었으며 시리자 소속 국회의원들의 월급 중 20%의 기부금을 재정으로 하는 단체다. '모두를 위한 연대' 구성원들은 시리자의 당원이 대다수이지만, 집단면담에서 그들이 직접 한 말에 따르면, 이들은 필요한 사람들에게 정당으로서 '연대를 제공'하려는 것이 아니라, 프로젝트의 자율

---

9 CIC는 활동 조합원이 수천 명에 이르는, 카탈루냐의 잘 알려진 협동조합이다. 그들이 발의에서 선언하듯, "이것은 우리 사회를 (모든 분야에서 통합적인 방식으로) 상향식으로 재건하고 신뢰를 기반으로 가까운 곳에서 애정 어린 인간관계를 회복하기 위해 불복종과 자주관리를 확산하려는 건설적 제안이다." 그들의 목적은 생산, 재생산, 금융, 화폐, 주거, 의료, 교육 등 사회생활의 다양한 요소를 한데 모으고, 평등하고 지속가능한 방식으로 재구성하는 것이다.

성을 존중하면서 연결을 촉진하려고 한다. 이러한 연합은 부문에 따라 나뉜다. 이 단체는 전국 프로젝트 데이터베이스를 만들고 개인 관계, 캠페인, 직접 지원을 통해 단체와 프로젝트, 또한 프로젝트 사이의 영속적 유대를 장려한다. 2014년 '모두를 위한 연대'는 먹거리 단체들의 전국 회의를 추진했다(Solidarity4all; Interview 16). '모두를 위한 연대' 회원들은 풀뿌리 운동을 대체하거나 그들을 정치적으로 대변하려는 것이 아니라고 주장한다(Interview 16). 프로젝트에 참여하고 있는 여러 면담자들은 이런 주장에 회의적이었고, 그들 중 다수가 표를 던진 좌파 정당이라 하더라도 정당과는 연결되고 싶지 않다는 마음을 드러냈다. 하지만 그들은 시리자가 공유화를 지원하는 조직을 설립했다는 사실을 긍정적으로 보고 '모두를 위한 연대'가 조직하는 행사에 참여하는 것을 개의치 않았다.

국가와 시장 사이

공유화 프로젝트와 국가의 관계는 복잡하고, 어떤 힘이 국가와 그 정책들을 차지하고 있는지에 달려 있다. 2015년까지 통치했던 보수주의자들과 사회민주주의자들의 연정은 처음에는 공유화 운동에 무관심했다. 운동이 성장하면서(예를 들어, 수익성이 있는 옛 공항을 점거함으로써) 자본가들의 이해관계를 위협하자, 국가는 2013년 10월 24일 불법 마약 밀매를 핑계로 헬레니콘의 광역 사회병원에 경찰을 진입시키고(Left.gr, 10/24/2013), 지방 '의사단체'를 공표해 지역 사회병원에 맞섰으며(ixotisartas.gr, 4/29/2015), 결정적으로 2014년 법(syn-kinisis.gr, 11/17/2014)을 통해 생산자·소비자 직거래를 금지하는 등 힘으로 개입했다. 경찰은 민영화와 공공 부지 사유화에 반대하는 시위나 점거사회센터를 폭력으로 진압했다.

시리자 좌파 정부는 '사회연대'를 위한 부처를 제도화하고 고위 간부들이 연대경제를 지원하겠다는 의지를 표명하는 등 최소한 초기에는 좀 더 우호적인 환경을 제공했다. 공유화 프로젝트들은 경계적 시기에 해왔던 대로

'옛것 안에서 새로운 세계'를 만들려고 하면서 완전히 자율적인 형태로 남으려고 애써야 할 것인가, 아니면 진보 국가의 조정 국면 안에 협동의 형태들을 포함시키는 방향으로 돌아서야 할 것인가 하는 질문에 직면했다.

우리의 면담에서는 양가성이 드러난다(Petridis and Varvarousis, 2015도 참조할 것). 많은 공유인들은 좌파 정부가 법적 틀을 개선하고, 많은 직종에서 협동조합 결성을 금지하거나 채무 상태의 노동자 점유 공장에 대한 공제 부족 같은 장애물을 없애주기를 바랐다(Interview 1; Interview 8; Interview 15; Interview 16). 하지만 공식화된 네트워크가 없는 상황에서 이 운동은 새 정부에 어떤 제도 개선을 요구할지 분명한 의제가 없었다.[10] 일부 참여자들은 보수 정부가 사회적경제기금Social Economy Fund 을 지원하도록 EU로부터 받는 1억 5000만 유로의 보조금을 다른 공공지출로 돌렸다는 사실을 근거로, 국가로부터 금융 지원을 요구하기를 망설였다(Dikaiologitika.gr, 10/20/2014). 일부는 좌파 정부가 제도와 자원을 지원해 주기를 바랐던 반면, 다른 사람들은 충분히 맞서지 않으면 풀뿌리를 약화시켜 국가에 모든 것을 '위임'하는 상황이 되지 않을까 우려했다.

경계성과 관련해서 우리는 여기에서 좌파 정부를 성숙과 졸업 과정을 촉진하는 격식의 달인으로서 '사기꾼'으로 바라보는 비유를 끌어와야 할 것 같다(Thomassen, 2014). 운동이 경계에 있던 시기에 핵심 구호는 정치체제 총거부를 수반한 '삶을 우리 손으로'였다. 경계를 넘어선 시기에 좌파 정당이 정권을 잡은 상황에서, 운동의 많은 부분들은 국가에 구체적인 제안들을 설명하고 자신들의 미래를 국가와 협상하려고 한다. 이것은 운동을 더 영속적인 구조를 찾는 쪽으로 치닫게 한다.

양가성은 공유화 프로젝트가 긴축 반대 및 민영화 반대 운동과 맺는 관

---

10 일련의 제안들을 공식화하려는 첫 시도는 2015년 2월 말 아테네에서 열린 '성장 없는 번영'에 관한 3일짜리 전국 포럼이었다.

계의 특징이기도 하다. 일부 면담자들은 옛것이 무너진 잔해 위에 새로운 세계를 만들려는 비전을 밀어붙이면서, 자신들의 프로젝트가 절대적으로 자율적이며 이런 연합과 무관하게 남아야 한다고 주장했다. 다른 사람들은 공유화 운동이 발전하려면 정치 변화를 가져오기를 원하는 다른 사람들과 힘을 합쳐야 한다고 주장한다. 사회운동과 적극적으로 협력한 사례로는 의사와 간호사들의 총파업 시기 동안 연대병원 및 연대약국의 전국캠페인 (Solidarity4all)이나, 협동조합 인쇄소와 인쇄 부문 노동조합 사이의 협력, 권위주의에 반대하는 점거와 사회센터들 사이의 협력 등이 있다(Interview 14).

반자본주의 정체성과 의제가 부족하고 일부 계획이 시장경제에 참여하거나 국가와 협상한다고 해서 반드시 정치에 무관심하고 어느 한쪽으로 끌려갈 수 있다거나 덜 전향적인 것은 아니다. 정당에 반감을 가지고 있지만 이 운동은 정치를 지향한다(Insurgenta Iskra, 2014; Vathakou, 2015). 실제로 일부에서는 프로젝트들이 비정치화한 것이 아니라 과잉정치화되었다고 주장하기도 한다(Sotiropoulos and Bourikos, 2014). 200개 공유화 이니셔티브를 대상으로 한 디지털 데이터베이스 조사에서, 우리는 4분의 3 이상이 먹거리, 의료 등의 공급 같은 실질 목적을 초월해 정치적 목표, 연대와 평등(혹은 우리가 면담한 사람들이 모두 변화를 향한 자신의 비전을 말하면서 언급한 핵심어였던 '탈성장') 사회로의 이행을 언급하는 담론을 채택하고 있음을 발견했다. 면담에서 우리는 전반적으로, 우리가 대화하는 사람들이 생각하는 정치 행동은 무력 작전이나 "무엇이 이루어져야 하는가" 하는 유형의 분석과 다르다는 느낌을 받았다. 다시 말해, 사회 변화는 창의적 행동의 결과로 그려진다. 그중 한 사람의 말처럼, "민주주의를 향하려면 직접민주주의를 통해야만 갈 수 있고, 자급도 자급을 통해야만 할 수 있습니다." 평등, 연대, 민주주의 같은 추상 개념들은 공유자원의 실제 생산을 기반으로 하며, 이것은 다시 이들 가치의 타당성을 확인한다.

운동이 진화하면서, 여러 핵심 활동가들은 최소한 부분적으로라도 시장을 위한 생산을 하는 노동자 협동조합으로 노력의 방향을 바꾸었다. 2011년 유럽의 사회적 경제에 관한 법률에서는 사회적 돌봄을 제공하고 취약계층을 돌보는 협동조합과 제한된 범위의 기타 활동에 법적 지위를 부여했다. 여기에는 부분적 국가 지원, 세금 및 사회보장비 감면이 포함된다(Nakou, 2013). 많은 면담자들은 초기에는 자신의 프로젝트를 시장경제와는 거리를 두겠다는 포부로 시작했지만 시간이 지나면서 이를 통해서는 필요를 모두 충족할 수 없고 기존 사업체 안에서 일을 해야 남는 시간에 자발적 공유화 활동을 할 재정을 조달할 수 있다는 사실을 깨달았다고 말했다. 이러한 '2교대제'는 자기착취, '소진'과 어떤 사람들에게는 중도 하차로 이어졌다. 협동조합은 활동과 생계를 합칠 대안을 제공한다. 협동조합의 면담자들은 만일 사람들이 공유화 프로젝트에 참여하면서도 기본적인 생계비의 최소한 일부분이라도 감당할 수 있다는 것을 알게 되면 더 많은 사람들이 공유화 프로젝트에 참여하려고 할 것이라고 말했다. 우리가 면담한 사람들은 자본주의에 동화되었다기보다는 공유화가 자본주의의 안팎에서 덤벼볼 수 있는 실행 가능한 대안임을 상징적으로 보여줄 기회가 '현실주의' 속에 있다고 보았다. 그들은 공유화가 주변적일 뿐이고, 다른 소득 원천으로 기본적인 필요를 보장받는 부르주아들이 이데올로기적으로 또는 생활양식상의 전략으로 실천할 뿐이라는 일반적인 시각을 바꾸고 싶어 했다.

성공적인 공유화의 시도들은 자본 축적의 새로운 돌파구를 만드는 데 이용당할, 다시 말해 데 안젤리스(De Angelis, 2012)가 말하는 '공유적 보완책 commons fix'이 될 위험이 있다(Bauwens, 2014도 참조할 것). 하지만 우리가 연구한 직장 협동조합들은, 심지어 시장을 위해 생산하는 경우에도 자신들의 핵심 연대 기능을 유지한다. 그들은 내부적으로 평등을 지향할 뿐 아니라, 조합원들의 아주 기본적인 필요를 충족한 뒤에는 잉여를 다른 공유화 프로젝트들과 나누거나 사회에 환원한다. 우리가 여러 차례 관찰했던 어느 식당과 인쇄소는 자신들이 남는다고 여기는 것들을 다른 협동조합에 주었다. 인쇄소 '공동편집인쇄Ekdoseis ton Sinadelfon'는 인쇄업 부문의 노동조합, 자전거 이용자 연합회, 자율조직 유치원을 시작한 부모들의 결사체, 선정된 무단 점유 건물, 사파티스타 연대운동에 재정을 지원했다.

이러한 나눔은 공식 조직 없이 자발적으로 일어난다. 앞서 언급했듯 공통 기금을 마련한 15개 노동자 협동조합 네트워크에서 이끄는 연결과 결사에 관한 대화들은 이러한 협동조합 간 연대를 공식화하는 것을 목표로 한다. 다른 공유화 프로젝트들과 사회 나머지 부분에 연대를 보냄으로써, 이 새로운 공유지는 자본이 아닌 '공통의 부를 축적'하기 위한 새로운 순환을 연다 (Bauwens and Kostakis, 2014).

결론

이 장은 어떻게, 그리고 왜 새로운 공유자원들이 계속해서 만들어지며 어떻게 연결되고 확장되는지를 보여줌으로써 공유자원 연구, 좀 더 일반적으로는 사회 전환 연구에 기여하고자 했다. 우리는 경계성이 촉매 역할을 하는 리좀의 역동성을 알아냈다. 우리는 공유지 네트워크가 확장되면서 리좀의 구성은 포기하더라도 내부 결속과 국가 및 시장과의 혁신적 외부 상호작용 전략을 둘 다 누리면서, 이런 식으로 공유지를 위해 공유자원 축적을 촉진하면서도 그 리좀 특성을 유지하려는 경향이 있다고 주장했다.

공유화와 민주주의라는 계획은 긴축에 대한 대안이자 성장 없는 미래에 맞설 자극으로 제시되어 왔다(De Angelis, 2013a). 여기에서 우리는 어떻게, 그리고 왜 새로운 공유지들이 생겨나는지 설명했다. 그리스의 새로운 공유화에 관한 문화기술지에 힘입어, 우리는 그 기하급수적 성장의 시작을 광장 점거의 열린 접근성이라는 특성과 이미 굳어진 정체성의 파열을 가져온 위기의 충격에서부터 추적할 수 있다고 주장했다. 이것은 미리 굳어진 집단이나 개인의 정체성이 없는 나눔 프로젝트를 뜻하는 '경계적 공유지'의 출현에 우호적이었다. 우리는 이 경계성과 뒤이어 나타난 새로운 공유화 실천들의 성장 사이에 직접적이고 촉매적인 관계가 있다고 본다. 과거 주변적이었던 실천들은 새로운 구성원들을 충원하면서 대중화되었고, 정체성을 획득하려는 정치적 구성체들은 새로운 가능성의 이득을 취하는 데 열려 있었다. 공유화와 민주주의는 이런 이유로 함께 갔다. 광장에서 처음 시도되었던 민주적 회의 과정은 이 경계성의 중요한 요소가 되었고, 공유화가 확장될 수 있게 했다. 새로운 공유화 활동들은 호혜적으로, 광장의 새로운 민주정신의 실질적 구현으로서 삶의 다른 영역들로도 옮겨갔다.

점거광장같이 누구나 접근할 수 있는 공간에서의 프로젝트는 태생적으로 공공 공간을 사유화할 수 없었기 때문에 계속해서 경계적이었다. 과거에 좀 더 폐쇄적인 정치적 목표를 가지고 있었던 프로젝트들은 새로운 사람들이 참여하기를 원했기 때문에 필요에 따라 문을 열었다. 그리고 여전히, 광장에서 형성되어 경계성의 시기를 통과한 많은 다른 프로젝트들은 이제 안정화할 방법을 찾는다. 중요한 것은 대부분의 프로젝트들이 고정된 정체성과 회원 자격을 중심으로 닫아두거나 조직의 위계 구조를 세우기보다, 새로운 형태의 숙의 및 갈등 해결 과정과 새로운 사람들을 훈련하고 결합하는 새로운 방식을 실험한다는 점이다.

이 프로젝트들은 지속적으로 규모를 키우면서도 1960년대 말 학생운동이나 대항문화운동을 비롯해 과거에 반짝하고 사라졌거나 비슷한 운동들처럼 가는 길을 피할 수 있을까? 우리는 새로운 공유자원들이 도약하는 동학을 이해하는 데 더 관심이 있었기 때문에 이러한 질문을 직접적으로 다루지는 않았다. 하지만 실증자료를 기반으로 이 질문을 되돌아볼 수 있다.

첫째, 운동은 전임자들로부터 배워서 자신들의 맥락에 맞춰나가는 것이기 때문에 운동의 발생과 다른 사회운동들과의 시기별 차이를 아는 것이 중요하다. 분노·점령 운동 발생의 구별되는 특징은 공간을 현세대의 관심에 맞추어 변형하는 데 관심을 가졌다는 점, 그리고 다르게 생산하고 소비하며 결정하는 실제 방식을 두고 직접 실험했다는 점이다. 예를 들어, 그리스에서 1972년 일어났던 학생운동은 독재정권을 무너뜨리고 정치체제를 민주화하는 데 초점을 맞추고, 새로운 형태의 협동생산, 교육, 의료를 정립하는 일에는 주변적인 관심만을 두었다.

둘째, 우리가 걱정해야 할 것은 이 프로젝트들의 직접적인 효과와 규모화가 아니라 이들의 '다음'과 유산이다(Ross, 2002를 참조할 것). 우리가 보여주었듯, 우리의 연구는 새로운 공유화에 참여하는 사람들의 상상이 근본적으로 달라졌음을 시사한다. 그들에게는 예전 방식으로 돌아갈 길이 없다. 새로운 공유화의 실천들이 그리스 사회 전반에 미친 영향을 평가하려면 더 많은 연구가 필요하다.

셋째, 우리는 프로젝트와 참여자들이 주류 자본주의 경제 또는 정당체계에 동화될 가능성을 배제할 수 없다. 그렇게 되더라도 처음도 아닐 것이다. 하지만 우리 연구에서도 드러난 것처럼 운동 참여자들은 이를 매우 잘 알고 있으며, 국가 및 시장과의 관계를 놓고 조심스럽게 협상하려고 한다. 자본주의의 '공유적 보완책'이 될 위험을 알고 있기에, 그들은 공유자산을 축적할 수 있는 구조를 개발하려고 한다. 그들은 공유화를 확산하기에 유리한 제도를 만들기 위해 전략적이고 선택적으로 정부와 결합한다. 유로존의 정치경제와 신자유주의 규범에서 갈라져 나온 국가정책의 매우 제한적인 범위를 고려했을 때 이는 매우 어려운 일이다.

이 장을 쓰는 시점에, 그리스의 공유화 프로젝트들은 어떻게 지역 또는 국가 수준에서 부문 간 연합을 결성하고 연결할지 고민하고 있다. 이렇게 되면 첫째, 돈 없이도 그들의 공간 안에서 구성원들의 필요를 더욱 완전하게 충족하고, 둘째, 개별 프로젝트의 잉여를 모아 다른 프로젝트의 확장에 투자하면서 재분배 기제 역할을 하며('공유자원의 축적'), 셋째, 정부와 상호작용하고 제도 변화를 협상하기 위한 공통의 목소리를 낼 수 있다.

현상적으로 성장하기는 했지만, 그리스 경제나 인구의 전체적인 필요의 맥락에서 보자면 새로운 공유화 실천의 규모는 의심의 여지 없이 여전히 작다. 이것들이 시간이 지나도 계속 작은 채로 남아 있고 어쩌면 사라지게 되지는 않을까? 누구도 미래를 예측할 수는 없다. 장기침체와 빈번한 경제위기가 새로운 규범이 될 수도 있고(Kallis, 이 책의 2장), 그렇게 되면 과거 운동이나 다른 대안 경제의 운명에서 얻은 경험이 미래를 위한 지침이 될 수 없을 것이다. 그래서 어쩌면, 정말 어쩌면, 그리스의 새로운 공유화가 갖는 중요성은 그저 여기에서 자리 잡고 성장하는 것일 수 있다.

참고문헌

Abramovich, A. and Vázquez, G. 2007. "Experiencias de la economía social y solidaria en la Argentina." *Estudios Fronterizos*, Vol.8, No.15, pp.121~45.

Agrawal, A. and Gibson, C. 1999. "Enchantment and disenchantment: The role of community in natural resource conservation." *World Development*, Vol.27, No.4, pp.629~49.

Bauwens, M. and Kostakis, V. 2014. "From the communism of capital to capital for the commons: Towards an open cooperativism." *TripleC*, Vol.12, No.1, pp.356~61.

Bollier, D. 2014. "The commons as a template for-transformation." Available at: http://www.greattransition.org/publication/the-commons-as-a-template-for-transformation

Brighenti, A. 2013. *Urban Interstices: The Aesthetics and the Politics of the In-between*. Farnham: Ashgate.

Castells, M. 2012. *Networks of Outrage and Hope*. Cambridge: Polity.

Castoriadis, C. 1975. *The Imaginary Institution of the Society*. Athens: Kedros.

Conill, J., Castells, M., Cardenas, A. and Servon, L. 2012. "Beyond the crisis: The emergence of alternative economic practices." In: Castells, M., Caraça, J. and Cardoso, G. (eds.). *Aftermath: The Cultures of Economic Crisis*. Oxford: Oxford University Press, pp. 210~51.

D'Alisa, G. 2013. "Bienes comunes: las estructura que connectan." *Ecología Política*, Vol.45, pp.30~41.

Dalakoglou, D. 2013. "The crisis before "the crisis": violence and urban neoliberalization in Athens." *Social Justice*, Vol.39, No.1, pp.24~42.

De Angelis, M. 2010. "The production of commons and the "explosion" of the middle class." *Antipode*, Vol.42, No.4, pp.954~77.

De Angelis, M. 2012. "Crisis, capital and cooptation." In: Bollier, D. and Helfrich, S. (eds.). *The Wealth of the Commons: A World Beyond Market and State*. Amherst, NY: Levellers Press.

De Angelis, M. 2013a. "Crises, commons and social movements: Problematizing the diffusion of alternatives." Paper presented at ISA-San Francisco.

De Angelis, M. 2013b. "Commoning and radical transformation." *Occupy Wall Street*. Available at: http://occupywallstreet.net/story/commoning-and-radical-transformation

Douzinas, C. 2013. "Athens rising." *European Urban and Regional Studies*, Vol.20, No.1, pp.134~8.

Economou, M., Madianos, M., Peppou, L., Theleritis, C., Patelakis, A. and Stefanis, C. 2013. "Major depression in the era of economic crisis: A replication of a cross-sectional study across Greece." *Journal of Affective Disorders*, Vol.145, No.3, pp.308~14.

EL.STAT. 2009. Labour Force Survey, 4th quarter. Available at: www.statistics.gr

EL.STAT. 2012. Report on suicide rates 2012. Available at: www.statistics.gr

EL.STAT. 2013. Labour Force Survey, 3rd quarter. Available at: www.statistics.gr

EL.STAT. 2014. Hellas in Numbers-2014. Available at: www.statistics.gr

EL.STAT. 2015. Hellas in Numbers-2015. Available at: www.statistics.gr

Fillipidis, C. 2011. "The polis-jungle, magical densities, and the survival guide of the enemy within." In: Vradis, A. and Dalakoglou, D. (eds.). *Revolt and Crisis in Greece: Between a Present Yet to Pass and a Future Still to Come*. Oakland, CA and London: AK Press and Occupied London, pp.59~77.

Gibson-Graham, J.K. 2008. "Diverse economies: Performative practices for "other worlds."" *Progress in Human Geography*, Vol.32, No.5, pp.613~32.

Gritzas, G. and Kavoulakos, K. 2015. "Diverse economies and alternative spaces: An overview of approaches and practices." *European Urban and Regional Studies*, doi: 10.1177/0969776415573778

Hadjimichalis, C. 2013. "From streets and squares to radical political emancipation? Resistance and lessons from Athens during the crisis." *Human Geography*, Vol.6, No.2, pp.116~36.

Hardin, G. 1968. "The tragedy of the commons." *Science*, Vol.162, No.3859, pp.1243~8.

Harvey, D. 2000. *Spaces of Hope*. Edinburgh: Edinburgh University Press.

Harvey, D. 2012. *Rebel Cities: From the Right to the City to the Urban Revolution*. London: Verso.

Hopkins, R. 2008. *The Transition Handbook: From Oil Dependency to Local Resilience*. Dartington: Green Books.

Insurgenta Iskra. 2014. "Transforming crisis to krisis. The #Festival4sce: A hub of networks towards the Alternative Route in Greece." *Revolution News*.

Jackson, T. 2009. *Prosperity Without Growth? Economics for a Finite Planet*. London: Earthscan/Sustainable Development Commission.

Kaika, M. and Karaliotas, L. 2014. "The spatialization of democratic politics: insights from indignant squares." *European Urban and Regional Studies*, doi: 10.1177/0969776414528928.

Kaplanis, Y. 2011. "An economy that excludes the many and an "accidental" revolt." In: Vradis, A. and Dalakoglou, D. (eds.). *Revolt and Crisis in Greece: Between a Present Yet to Pass and a Future Still to Come*. Oakland, CA and London: AK Press and Occupied London, pp.215~29.

Kioupkiolis, A. 2014. *The Commons of Freedom*. Athens: Exarcheia(in Greek).

Kioupkiolis, A. and Karyotis, T. 2013. "The commons in theory and practice: Self-management in contemporary Greece." Economics and the Commons Conference, May.

Laclau, E. 1996a. *Emancipation(s)*. London: Verso.

Laclau, E. 1996b. "The death and resurrection of the theory of ideology." *Journal of Political Ideologies*, Vol.1, No.3, pp.201~20.

Lapavitsas, C. 2012. *Crisis in the Eurozone*. London: Verso.

Latouche, S. 2009. *Farewell to Growth.* Cambridge: Polity.

Lichterman, P. 1996. *The Search for Political Community.* Cambridge: Cambridge University Press.

Matsaganis, M. 2013. *The Greek Crisis: Social Impact and Policy Responses.* Berlin: Friedrich Ebert Stiftung.

McDonald, K. 2002. "From solidarity to fluidarity: Social movements beyond "collective identity" — the case of globalization conflicts." *Social Movement Studies,* Vol.1, No.2, pp.109~28.

Nakou, V. 2013. "Forest cooperatives in new roles — A green proposal in forestry." Speech at public event about Social Economy and Cooperativism, Grevena, April 23.

Olaveson, T. 2001. "Collective effervescence and communitas: Processual models of ritual and society." *Dialectical Anthropology,* Vol.26, No.2, pp.89~124.

Ostrom, E. 1990. *Governing the Commons: The Evolution of Institutions for Collective Action.* Cambridge: Cambridge University Press.

Panagoulis, H. 2013. "Seeds have grown, experiences from the collective venture of "Sporos."" Available at: Solidarity4all.gr

Papadopoulos, D., Tsianos, V. and Tsomou, M. 2012. "Athens: Metropolitan blockade — real democracy." *Journal of the European Institute for Progressive Cultural Studies.* Available at: http://eipcp.net/transversal/1011/ptt/en

PASEGES. 2011. "Theses of the Pan-Hellenic Confederation of Unions of Agricultural Co-operatives on the framework for the reconstruction of agricultural co-operatives." Available at: paseges.gr

Petridis, P. and Varvarousis, A. 2015. "Transformation or replication? On the aftermath of the Greek government shift." Available at Degrowth.de

PROLEPSIS. 2013. "Results from the survey on "Dietary Habits"". Available at http://diatrofi.prolepsis.gr/en/what-we-do/the-need/food-insecurity/

Ross, K. 2002. *May '68 and its Afterlives.* Chicago, IL: University of Chicago Press.

Ross, K. 2015. *Communal Luxury: The Political Imaginary of the Paris Commune.* London: Verso.

Sotiropoulos, A. and Bourikos, D. 2014. *Economic Crisis, Social Solidarity and the Voluntary Sector in Greece.* Athens: Crisis Observatory.

Stathakis, G. and Hadjimichalis, C. 2004. "Athens international city: From the desire of the few to the reality of the many." *Geographies,* Vol.7, pp.26~47.

Stavrides, S. 2013a. *The City of Thresholds.* Trento: Professional Dreamers.

Stavrides, S. 2013b. "Re-inventing spaces of commoning: Occupied squares in movement." *QUADERNS-E,* Vol.18, No.2, pp.40~52.

Stavrides, S. 2015. "Common space as threshold space: Urban commoning in struggles to re-appropriate public space." *Footprint,* Vol.9, No.1, pp.9~21.

Steins, N. and Edwards, V. 1999. "Platforms for collective action in multiple-use common-pool resources." *Agriculture and Human Values,* Vol.16, pp.241~55.

Szakolczai, A. 2009. "Liminality and experience: Structuring transitory situations and transformative events." *International Political Anthropology,* Vol.2, No.1, pp.141~72.

Thomassen, B. 2009. "The uses and meanings of liminality." *International Political Anthropology,* Vol.2, No.1, pp.5~28.

Thomassen, B. 2014. *Liminality and the Modern Living through the In-Between.* Farnham: Ashgate.

Tsaliki, L. 2012. "The Greek "Indignados": The Aganaktismenoi as a case study of the "new repertoire of collective action.""" Speech at the "In/compatible publics: Publics in Crisis-Production, Regulation and Control of Publics" panel, Transmediale Media Art Festival, Berlin.

Turner, V. 1977. *The Ritual Process.* Ithaca, NY: Cornell University Press.

Vaiou, D. 2014. "Tracing aspects of the Greek crisis in Athens: Putting women in the picture." *European Urban and Regional Studies*, Vol. 23, No. 3, pp. 220~30.

Van Gennep, A. 1960[1908]. *The Rites of Passage.* London: Routledge and Kegan Paul.

Vathakou, E. 2015. "Citizens' solidarity initiatives in Greece during the financial crisis." In: Huliaras, A. and Clark, J. (eds.). *Austerity and the Third Sector in Greece: Civil Society at the European Front Line.* Farnham: Ashgate.

Vradis, A. and Dalakoglou, D. 2011. *Revolt and Crisis in Greece: Between a Present Yet to Pass and a Future Still to Come.* Oakland, CA and London: AK Press and Occupied London.

Wade, R. 1988. *Village Republics: Economic Conditions for Collective Action in South India.* Cambridge: Cambridge University Press.

Zibechi, R. 2010. *Dispersing Power: Social Movements as Anti-State Forces.* Oakland, CA: AK Press.

정보 검색 출처 웹사이트/블로그/페이스북 페이지/데이터베이스

Eurostat, http://ec.europa.eu/eurostat

Hellenic Statistical Authority, http://www.statistics.gr/portal/page/portal/ESYE

Koinsep, http://koinsep.org/

Kolektives, http://kolektives.org/

Left, http://left.gr

Networking Platform-Another World, http://www.enasalloskosmos-community.net/

Newspaper Vima, 10/04/2015. Roads and security, the victims of crisis in public infrastructure. By Avgenakis Lefteris (in Greek), http://www.tovima.gr/

NGO Klimaka, http://www.klimaka.org.gr/newsite/

NGO Prolepsis http://diatrofi.prolepsis.gr/en/what-we-do/the-need/food-insecurity/

Omikron Project, http://omikronproject.gr/

Solidarity4all, http://www.solidarity4all.gr

7장
바르셀로나의 대안 경제실천

위기에서 살아남고 삶을 재발명하기

마누엘 카스텔, 스비아틀라나 흘레비크
Manuel Castells and Sviatlana Hlebik

서론

2008년에서 2013년 유럽연합과 미국의 경제와 사회를 뒤흔들었던 경제위기는 기관과 기업의 다양한 대응을 마주했다. 정부가 긴축정책과 복지국가 축소를 강행하며 높은 사회적 비용을 들여 체계를 고치려고 노력하는 사이, 많은 사람들은 금융자본주의가 해답이 아니라 문제라는 생각을 굳혔다. 수만 명의 사람들은 자본주의의 규칙을 따르지 않고 삶의 의미 탐색을 강조하는 새로운 형태의 생산, 소비 및 교환 실천에 참여했다. 이 장은 우리가 연구할 당시(2010~2011년) 널리 퍼져 있던 실업의 맥락에서, 세계에서 가장 혁신적인 도시 중 하나인 바르셀로나에서의 대안 경제문화의 역동성을 평가하고 설명하는 경험 연구의 결과를 제시한다.

첫째, 면담과 초점집단 분석을 토대로, 의식적으로 생활양식을 바꾸려는 개인들의 연결망에서 비자본주의 경제실천들이 나타남을 보여준다. 둘째, 우리는 더 많은 사람들에게 이러한 실천이 확산되고 있는지를 조사하기 위해 바르셀로나 인구를 통계적으로 대표하는 표본을 대상으로 한 설문조사 결과를 분석한다. 다음으로는 통계 분석을 통해 경제 악화에 대한 반응으로서 필요의 문화, 새로운 사회관계 발전을 통한 삶의 의미의 문화라는 두 경제문화가 얽혀서 존재함을 보여줄 것이다. 우리는 이 두 문화와 그 상호 관계를 구현하는 실천의 빈도와 강도를 설명하는 요인을 알아낸다. 끝으로, 바르셀로나와 그 외 지역에서 이러한 실천이 확장성과 지속가능성이 있을지 생각해 본다.

금융자본주의의 위기와 새로운 경제문화의 부상

2008~2013년의 금융위기는 시민들이 전 세계 금융제도 및 정치제도에

가지고 있던 신뢰를 무너뜨렸다(Castells, 2015; Mason, 2015). 심각한 경제 전망을 직면하고 일상생활에서도 위기의 결과로 고통을 받게 되면서, 점점 많은 사람들이 대안 경제실천에 참여해 왔다. 이런 상황에서, 우리는 자본주의 시장의 일반적인 규칙을 따르지 않는 생산, 소비, 교환, 결제 및 신용거래를 대안 경제실천으로 이해한다. 즉, 대안 경제실천은 이윤을 추구하는 경제 기제로부터 나오지 않는다. 이러한 실천 중 상당수는 자본주의가 일상 속에 작동하는 가운데 이미 존재했음에도 타당성과 파급력 면에서 보통 무시되었지만, 위기와 함께 다시 수면 위로 떠올랐다. 실제 이들은 여러 다양한 인구층과 전 세계 여러 나라로 퍼져나갔다. 이러한 실천 중 일부는 위기에 대처하는 데 생존 전략으로 사용되었다. 그러나 다른 많은 실천들은 의식적으로 일상생활의 상품화에 도전하려는 대안 가치들에 뿌리를 둔다. 최근 여러 해 동안 점차 많은 연구들이 이러한 실천의 부상을 보여주었고 이 현상의 원인과 결과를 탐구하면서 화폐 거래의 보편적 경제 합리성이라는 이데올로기 가정에 기댄 전통적인 경제행위 이론에 도전하고 있다(Nolan, 2009; Akerlof and Shiller, 2010; Schor, 2011; Zelizer, 2011).

2008년 위기가 여러 해 동안 이어지면서, 실업, 정리해고, 사회서비스 축소, 주택담보대출 압류 및 신용 말소로 고통받는 수백만 명에게 전통적인 경제정책의 실패는 분명해졌다(Engelen et al., 2011; Castells et al., 2012). 그러자 선진 자본주의 맥락에서 사회의 주변부에 국한되어 있던 여러 실천이 일상생활에서의 문제를 해결할 실현 가능한 대안이자 세계 금융자본주의를 떠받치는 가치와는 다른 가치에 기초한 새로운 경제 계획으로서 확산되었다. 이것은 한동안 '연대경제학solidarity economics'으로 알려져 왔다. 밀러(Miller, 2006)는 이를 개인 이익의 극대화가 아닌 "다양한 동기와 열망을 가진 개인, 공동체, 조직이 여러 다양한 수단을 통해 살림살이를 꾸려가는 복합 공간으로 경제를 바라보는 시각"이라고 정의한 바 있다.

최근 몇 년 동안 우리는 결제와 신용거래에서 대안 수단들의 등장을 목격

했다(Swartz, 2015). 지역화폐 통용 네트워크가 만들어졌다(North, 2005; Swartz, 2015). 윤리금융ethical finance은 금융업의 관행을 재정의하고 있다. 시간은행은 교환 네트워크에 새로운 의미들을 부여했다. 다양한 형태의 교환이 사회 유대를 새로운 서비스 경제로 바꾸고 있다(Benkler, 2004). 자조self-help는 재화와 서비스의 생산을 탈상품화decommodifying하는 중이다. 도시텃밭과 생태 농업 생산은 소비자 협동조합과 함께 생태 가치에 중점을 둔 새로운 형태로 농산물을 자급자족한다(Conill et al., 2012). 이러한 실천과 이를 보고하고 분석한 연구는 이러한 경제실천이 유지되고 성장하며 확산되는 이유가 무엇인지, 경제생활의 다양한 영역에서 이러한 실천이 얼마나 다양하게 나타나는지, 또 자본주의 시장제도가 구조적으로 널리 퍼져 있는데도 사람들이 이러한 경제행위에 참여하게 하는 요인이 무엇인지 등의 근본적인 질문을 제기한다(Thompson, 1998; Marks, 2011). 이 장에서 우리는 문화기술지 관찰을 기반으로 이러한 다양한 차원의 경제실천 유형을 제시하고, 이러한 다양한 실천을 유발하는 사회인구학 및 문화 요인 분석을 보여줄 것이다.

우리의 연구 현장은 바르셀로나로, 세계에서 가장 혁신적인 도시 환경을 갖춘 곳 중 하나다. 이곳에서는 역사적으로나 최근 금융위기를 겪은 몇 년 동안 대안 문화가 존재해 왔다. 우리의 연구 기간인 2008년에서 2011년 사이에 이 도시는 20%의 실업률과 45%의 청년 실업률을 기록할 만큼 경제위기의 타격을 심각하게 입었다. 우리 조사는 전체 인구 중 가장 일부분에 속하는 사람들 사이의 가장 의식적인 대안 실천을 관찰하는 것에서부터 시작하지만, 이러한 실천이 전체 인구에서 어느 정도로 나타나며 이러한 실천들이 이 도시의 대항문화 네트워크를 넘어서 지금의 빈도와 강도로 나타나게 만드는 요인도 함께 보여줄 것이다.

방법론

우리 연구는 두 종류의 서로 다른 자료에 의지하며, 분석에서는 질적 방법론과 양적 방법론을 모두 사용해 이 두 자료를 통합할 것이다. 한편으로 우리는 자신들이 의미 있다고 생각하는 가치에 따라 최소한 일정 시간 동안이라도 자본주의 경제행위 양식을 벗어나 살아가는 네트워크, 조직, 개인을 관찰했다. 다른 한편으로는 위기를 겪는 동안 이러한 실천이 전체 인구의 행동과 어느 정도 통합되었는지를 조사했다. 우리의 연구 결과는 금융위기로 자본주의 경제에 의문이 제기되던 시기에 의식적 대안 경제문화와 주류문화가 일반적으로 알려진 것보다 더 많이 융합되었음을 보여준다. 이 연구 전략은 여기에 간단히 기술할 우리의 방법론에 반영되어 있으며, 기술적인 세부 사항은 방법론 부록에 실었다.

먼저 우리는 다음의 세 가지 연구 작업을 수행함으로써 바르셀로나의 의식적 대안 경제실천 세계를 연구했다.

① 우리는 이러한 실천에 관여하고 있는 네트워크와 조직을 확인하고 그 중 이 실천에 대해 갖고 있는 전략적 역할과 지식을 토대로 선정한 70명을 면담했다.

② 이러한 면담을 기반으로 우리는 다큐멘터리 영화(www.homenatgeacatalunyaII.org)를 만들어 연구 결과에 관해 소통했다. 우리는 이 영화를 이용해 8개의 초점집단과 이야기를 나누었다. 그렇게 함으로써 다양한 표현 속에서 대안 경제문화의 의식 형성을 이해하고, 이를 이러한 문화를 공유하지 않는 사람들과 대비하는 기회로 삼았다.

③ 우리는 초점집단과 면담에서 얻은 질적 내용 분석을 활용해 바르셀로나 전체 인구 중 일부에서 관찰된 26개 대안 경제실천 목록을 작성했다.

둘째, 우리는 질적 조사 결과를 사용해 설문지를 만들고 바르셀로나 인구의 대표 표본을 대상으로 설문조사를 실시했다(대상 800명). 이 설문조사는 파악된 대안 경제실천들이 인구 전체로 확산되는 정도를 측정하고, 조사에 참여한 사람들의 사회인구학적 특성, 위기 경험과 자본주의를 대하는 태도에 관한 정보를 제공하고자 했다. 이 장은 바르셀로나 인구를 대상으로 한 설문조사 분석에서 얻은 결과를 집중적으로 다룬다.

셋째, 설문조사 자료 클러스터 분석cluster analysis을 수행해 응답자들 사이에서 발견된 대안 경제실천의 분석적 유형화 체계를 만들었다.

넷째, 우리는 조사 자료 대응 분석analysis of correspondence을 통해 사회인구적 변수와 태도 변수, 대안 경제실천 유형 사이의 통계적 관계를 살펴보았다.

끝으로, 우리는 이 통계 분석의 분석적 함의와 이론적 함의를 논의한다.

기술 분석

연구 기간에 카탈루냐에 존재한 조직과 관련된 실천을 확인하는 것으로 이야기를 시작해 보겠다. 우리의 관찰은 2009년에서 2011년 사이의 시기에 초점을 맞추고 있지만, 경제위기 시기 동안에 존재한 이러한 조직 및 관련 실천의 상당수는 위기 이전부터 나타났고 더 의미 있는 삶의 방식 추구와 관련이 있는 것으로 보인다. 수천 명의 사람들이 이러한 탐색에 참여하고 있다. 이들 중 전부는 아니지만 많은 수가 대학을 졸업한 젊은이들로, 평균 연령은 35세다.

명확성을 기하기 위해 우리는 그림 7.1과 표 7.1에 제시한 유형화에서 다양한 조직과 구성원을 묶었다.

대안 경제문화 네트워크 및 조직에 속한 사람들을 대상으로 한 관찰과 면담 및 초점집단에서의 논의를 토대로, 우리는 26개의 구분되는 실천들을 확

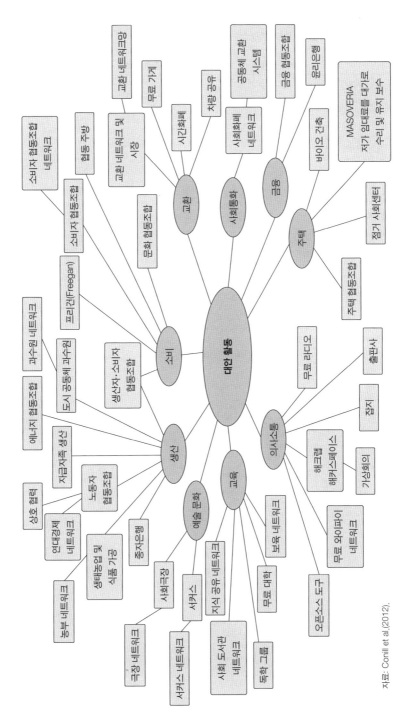

그림 7.1 2010~2011년 카탈루냐에서 가장 보편적으로 나타난 대안 경제실천 구조

대안 협동

교환
- 교환 네트워크와 시장
- 협동 주방
- 교환 네트워크모임
- 무료 가게
- 시간화폐
- 차량 공유

사회통화
- 사회화폐 네트워크
- 공동체 교환 시스템

금융
- 금융 협동조합
- 윤리은행
- 바이오 건축
- MASOVERIA 저가 임대료를 대가로 수리 및 유지 보수

주택
- 점거 사회센터
- 주택 협동조합

소비
- 소비자 협동조합 네트워크
- 소비자 협동조합
- 문화 협동조합
- 프리건(Freegan)
- 과수원 네트워크
- 도시 공동체 과수원
- 생산자·소비자 협동조합

생산
- 에너지 협동조합
- 자급자족 생산
- 노동자 협동조합
- 상호 협력
- 연대경제 네트워크
- 종자은행
- 생태농업 및 식품 가공
- 농부 네트워크

예술 문화
- 사회극장
- 서커스
- 극장 네트워크
- 서커스 네트워크

교육
- 지식 공유 네트워크
- 사회 도서관 네트워크
- 독학 그룹
- 무료 대학
- 보육 네트워크
- 오픈소스 도구
- 무료 와이파이 네트워크
- 가상회의
- 해커랩·해커스페이스
- 무료 라디오
- 잡지
- 출판사

의사소통

자료: Conill et al.(2012).

표 7.1 카탈루냐 대안 경제실천에 가장 적극적으로 참여한 조직 및 네트워크 유형.
(조직 및 참여자는 추정치)

	개수	평균 참여 인원	전체 참여 인원
생태농업 생산 네트워크	12	22가구	264×4=1,056
생태농업 소비자 협동조합	120	30가구	3,600×4=14,400
교환 네트워크	45	120	5,400
사회화폐 네트워크	15	50	750
무료 대학	3	200	600
해크랩	1	150	150
공동육아 협동조합	10	25	250
종자은행 네트워크	4	20	80
공동체 기반 도시 과수원	40	15	600
계[a]	250		23,286
윤리은행[b]	4	71,138	284,554
	254		307,840

a 활동에 참여한 사람은 중복될 수 있음.
b 윤리은행의 인원수는 금융 협동조합의 회원과 고객을 의미함.
자료: Conill et al.(2012).

인했다. 명확성을 위해, 우리는 이 실천들을 자급self-sufficiency, 이타주의altruistic, 교환과 협동exchange and cooperation이라는 세 가지 범주로 묶었다. 자급 실천은 사람들이 시장에 의존해 재화와 서비스에 값을 치르지 않고 직접 하는 일을 뜻한다. 우리는 두 번째 활동 범주를 이타적 실천이라고 부른다. 이는 다른 사람을 위해 시장가치가 있을 만한 서비스를 수행하지만 재정적인 보상은 받지 않는 것이다. 마지막 범주인 교환과 협동 활동은 돈을 교환매개수단으로 사용하지 않는 물물교환이나 비슷한 형태의 재화 또는 서비스 교환을 포함한다.

표 7.2는 바르셀로나 인구 대표 표본 중 금융위기가 시작된 해인 2008년 이래 어느 시점에든 각 실천에 참여해 본 적이 있는 사람들의 백분율을 나타낸 것이다.

표 7.2 2008년 이후 어느 시점에서든 다음의 다양한 실천에 참여하고 있는
바르셀로나 인구 표본 자료

인구 대표 표본 자료

	2008~2011년에 다음과 같은 실천을 해본 사람의 총인구 대비 백분율	실제 응답자 수
자급 실천		
집을 직접 칠하거나 수리해 보았다.	55.6%	445
옷을 직접 수선하거나 만들어 보았다.	39.0%	312
가전제품을 직접 수리해 보았다.	34.6%	277
자신의 자동차, 오토바이, 자전거를 수리해 보았다.	21.5%	172
길거리나 시장에서 먹거리 등 쓸모 있는 물건을 가져온 적이 있다.	16.1%	129
자급을 목적으로 토마토, 채소 등 작물을 심어보았다.	18.8%	150
자급을 목적으로 닭, 토끼 등 동물을 길러보았다.	1.9%	15
이타적 실천		
가족이 아닌 사람에게 책, 영화나 음반을 빌려주거나 빌린 적이 있다.	64.5%	516
가족이 아닌 사람에게 이자 없이 돈을 빌려준 적이 있다.	34.0%	272
돈과 관계없이 다른 사람의 집을 수리해 준 적이 있다.	21.3%	170
돈과 관계없이 아이, 노인, 환자를 돌본 적이 있다.	16.1%	129
돈과 관계없이 다른 사람의 차, 오토바이, 자전거를 수리해 준 적이 있다.	11.1%	89
교환 및 협동 실천		
인터넷에서 합법적으로 소프트웨어를 다운로드받았다.	39.8%	318
생태농업을 하는 농부를 알고 있다.	29.5%	236
무료 소프트웨어를 사용한다.	24.6%	197
돈과 관계없이 누군가를 가르치는 일에 참여했다.	23.8%	190
돈과 관계없이 물품, 옷, 가전제품 등 재화를 교환해 보았다.	21.9%	175
가족이 아닌 사람들과 자동차를 공유해 사용했다.	17.6%	141
돈과 관계없이 서비스 교환에 참여했다.	16.9%	135
먹거리 협동조합의 조합원이거나 조합원이었다.	9.0%	72
공동체 정원에 참여해 보았다.	6.9%	55
가족이나 직원이 아닌 어른 두 명 이상과 함께 살고 있다.	6.0%	48
자신의 아이를 돌봐주는 대가로 다른 사람의 아이를 돌봐주었다.	5.3%	42
사회화폐를 사용해 보았다.	2.3%	18
윤리은행 신용협동조합에 참여해 보았다.	2.0%	16

	2008년 이전 마지막으로 다음과 같은 활동을 해본 사람의 총인구 대비 백분율	실제 응답자 수
자급 실천		
집을 직접 칠하거나 수리해 보았다.	8.4%	67
자급을 목적으로 토마토, 채소 등 작물을 심어보았다.	4.5%	36
자급을 목적으로 닭, 토끼 등 동물을 길러보았다.	2.6%	21
길거리나 시장에서 먹거리 등 쓸모 있는 물건을 가져온 적이 있다.	2.4%	19
자신의 자동차, 오토바이, 자전거 등을 수리해 보았다.	2.3%	18
옷을 직접 수선하거나 만들어 보았다.	2.1%	17
가전제품을 직접 수리해 보았다.	0.5%	4
이타적 실천		
가족이 아닌 사람에게 이자 없이 돈을 빌려준 적이 있다.	6.1%	49
돈과 관계없이 다른 사람의 집을 수리해 준 적이 있다.	3.0%	24
돈과 관계없이 아이, 노인, 환자를 돌본 적이 있다.	2.4%	19
가족이 아닌 사람에게 책, 영화나 음반을 빌려주거나 빌린 적이 있다.	1.5%	12
돈과 관계없이 다른 사람의 차, 오토바이, 자전거를 수리해 준 적이 있다.	0.6%	5
가족이 아닌 사람과 비디오카메라, 연장, 가전제품이나 비슷한 물건을 나눠 쓴 적이 있다.	0.3%	2
교환 및 협동 실천		
생태농업을 하는 농부를 알고 있다.	29.5%	236
가족이나 직원이 아닌 어른 두 명 이상과 함께 살고 있다.	6.0%	48
먹거리 협동조합의 조합원이거나 조합원이었다.	3.1%	25
돈과 관계없이 누군가를 가르치는 일에 참여했다.	2.1%	17

  몇 가지 중요한 결과에 대해서는 주의를 환기시키고 싶다. 응답자의 약 20%는 매우 밀집된 도시 지역에 살면서도 자신이 소비할 야채를 길렀다. 50%가 넘는 사람들이 자기 집을 직접 수리했고, 3분의 1은 가전제품을 직접 수리한 적이 있으며, 나머지 3분의 1은 자기 옷을 직접 만들거나 수선해 본 적이 있었다. 다른 사람들도 차, 오토바이, 또는 자전거를 직접 고쳐보았다(21.5%). 이들과 별개로 16%는 길거리에서 쓸 만한 물건이나 먹거리를

가져온 적이 있다. 게다가 응답자의 21%는 돈을 받지 않고 다른 사람의 집을 고쳐준 적이 있고, 11%는 무상으로 다른 사람의 차, 오토바이, 또는 자전거를 고쳐주었다. 이에 보태어 응답자의 16%는 아이, 노인, 환자를 돌보았고, 3분의 1이 넘는 사람들이 경제위기 시기에 가족이 아닌 사람에게 이자 없이 돈을 빌려주었다. 응답자의 65%는 가족이 아닌 사람에게 책, 영화나 음반을 빌리거나 빌려준 적이 있다. 22%는 돈 거래 없이 옷, 가전제품 및 기타 물품을 교환했다. 24%는 돈을 받지 않고 누군가를 가르친 적이 있다. 17%는 가족이 아닌 사람과 차를 공유하여 사용해 보았다. 34%는 가족이 아닌 사람과 비디오카메라나 공구, 가전제품을 나누어 썼다. 응답자의 97%는 최소 한 가지 활동에 참여했고, 83%는 세 가지 이상의 활동에 참여했다. 설문에 참여한 사람들은 평균 여섯 개의 활동에 참여했다. 이 표본은 바르셀로나 전체 인구를 대표하기 때문에, 비자본주의 활동과 연대경제가 바르셀로나 주민 상당수에게 일상생활의 한 부분이라고 결론지어도 될 것이다. 실제 조사에 참여한 800명 중 2008년 이래 이러한 활동 중 어느 것에도 참여한 적이 없는 사람은 22명뿐이었고, 그중 77%는 64세가 넘었다. 많은 응답자들이 나이와 관련된 건강 문제 때문에 많은 활동을 하지 못했다고 응답했다.

우리는 또한 사람들에게 경제위기로부터 영향을 받았는지, 받았다면 얼마나 받았는지 물었다. 설문 응답자의 대다수인 62%는 경제위기로 부정적인 영향을 받았다고 답했다. 절반이 넘는 사람들이 경제위기가 지출과 소득에 악영향을 미쳤고, 경제위기로 자신과 가족의 미래를 걱정하게 되었다고 응답했다. 거의 3분의 1에 가까운 응답자들이 자신들의 고용 상태에 악영향을 받았다고 답했고, 29%가 넘는 사람들은 위기의 결과로 건강이 나빠졌다고 말했다.

우리는 또한 설문 응답자들로부터 자본주의와 사회 변화를 바라보는 태도에 관한 자료도 모았다. 설문 결과는 자본주의 체계에 대한 불만이 크다는 점을 보여준다. 응답자의 절반 이상이 "자본주의에 대해 어떻게 생각하십니까?"라는 질문에 '나쁘다' 또는 '매우 나쁘다'고 답했다. 단 2.5%만이 '매우 좋다'고 답했다. 자본주의를 바라보는 이러한 부정적인 태도에도 불구하고, 77.4%에 해당하는 대다수 응답자들은 사회가 더 나은 쪽으로 변화할 수 있다고 믿었고, 67.8%는 자신들이 개인적으로 이런 변화에 기여할 수 있다고 믿고 있었다.

응답자의 거의 60%는 선택할 수 있다면 덜 일하고 돈을 덜 벌고 싶다고 답했다. 이 결과는 인구의 많은 부분이 비자본주의 실천에 참여한다는 사실과 더불어, 자본주의 체제에 대한 불만과 일하는 삶을 다른 방식으로 조직하면서 시간에 대한 통제력을 늘리고 싶다는 열망을 나타낸다. 일을 덜 하고 싶다고 말한 사람들은 시간이 더 생긴다면 새롭게 쓸 수 있게 된 시간을 친구나 가족과 더 많이 보내고 자신들이 즐거운 활동을 하는 데 쓰고 싶다고 말했다.

우리 설문에 참여한 응답자들 사이에 다양한 종류의 대안 경제실천들이 퍼져 있다는 것을 관찰했으니, 이제 이러한 실천들의 결정요인 분석으로 넘어가자. 그러려면 먼저 26개의 각기 다른 실천들의 목록으로부터 도출된 관계의 미로를 넘어서 이 실천계universe of practices가 왜 종합적으로 나타나는지 이유를 댈 수 있도록 통계에 근거한 대안 경제실천들의 유형을 만들어야 한다.

대안 경제실천의 실증적 유형화

자료에서 얻은 실천들을 유형화하기 위해 설문 응답에 대한 군집 분석을 수행했다. 자료 중 다섯 개 실천은 일부 질문에 응답 수가 충분하지 않기 때문에 자료에서 제외했다.

그림 7.2 **계층형 변수 군집**

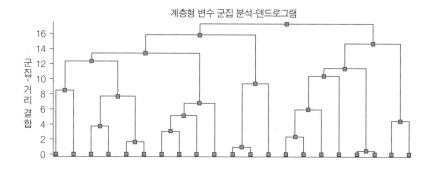

나머지 21개 실천들 사이의 관계는 다음과 같이 변수 군집 분석을 통해 알아냈다.

- 변수 군집을 결정함으로써, 기초 대안 실천 사이의 유사성(같은 집단에 속하는 변수)과 차이(다른 집단에 속하는 변수)를 찾는다
- 한 집단에 속하는 일련의 실천에 의미 있는 해석을 부여함으로써 다양한 논리로 움직이는 실천의 일반적인 '유형'을 발견한다
- 전체 실천들을 들여다보는 대신에 제한된 수의 유의미한 집단을 사용함으로써 활동과 사회인구 변수 및 태도 변수 사이의 관계에 대한 추가 분석을 단순화한다

그림 7.2는 타나그라Tanagra라는 무료 통계 소프트웨어의 도움을 받아 계층화된 군집을 표현한 것이다. 이 기법은 설명된 분산을 최적화해 세 개의 군집을 찾아냈지만(이 기법에 대한 설명은 부록의 방법론에 나오는 출처를 참조할 것), 그중 둘은 각 군집의 중요한 특성에 따라 다시 두 개의 하위 군집으로 나뉜다. 최종적으로 우리 분석에서는 다섯 개의 군집을 다루게 되며 이에 관해서는 다음 항에서 설명하겠다.

1a '상품경제'와 1b '농업경제'

이 두 집단은 원래 VARCHA 기법에 따라 하나의 군집으로 묶였지만, 두 가지가 다른 의미를 갖기 때문에 두 개의 하위 집단으로 나누는 것이 좋겠다.

'상품경제Goods Economy'군은 여섯 개 실천으로 구성된 하위 군집이다. 표 7.3은 이 군집의 요소가 되는 실천들을 보여준다. 하위 군집 전체를 보면 긍정적인 응답자는 27%다(즉, 이 군집의 여섯 가지 실천 각각을 해보았다고 응답한 응답자의 평균 비율은 27%다). 이 하위 군집에 속하는 실천들의 특징은 다음과 같다.

- 가내 서비스를 직접 함으로써 돈을 '아끼려는' 목적
- 가내 생필품에 관심이 있음
- 가족 이외의 사람들과는 강한 관계나 개입이 없음

이 하위 군집은 돈을 아끼고 가내 자유 시간을 최적화하는 데 초점을 맞추고 있지만, 사람들이 딱히 강한 사회관계에 참여하지는 않아도 되는 실천들로 정의할 수 있다. 이 클러스터에서 그나마 관계적인 실천은 필요할 때 유사한 서비스를 받기로 하고 가족이 아닌 아기를 돌봐주는 일인데, 이것도 사회관계를 맺는 것보다는 서비스를 받는 데 더 중점을 두고 있다.

'농업경제Agriculture Economy'는 두 가지 활동만으로 이루어진 잔여 군집이다. 표 7.4는 이 군집의 요소가 되는 실천들을 보여준다. 하위 군집 전체를 관찰한 결과, 긍정적으로 응답한 사람은 14%였다(즉, 이 클러스터에 속하는 두 실천 각각을 해보았다고 응답한 사람들의 평균 백분율은 14%다). 이 군집에 속하는 두 가지 실천은 자율적 지속auto-sustainment 실천을 회복함으로써 일종의 '먹거리 자급'을 이루려는 노력을 나타낸다.

표 7.3	상품경제
군집 이름	실천
상품경제	가전제품을 직접 수리해 보았다.
	집을 직접 칠하거나 수리해 보았다.
	돈과 관계없이 다른 사람의 집을 수리해 준 적이 있다.
	자신의 자동차, 오토바이, 자전거를 수리해 보았다
	돈과 관계없이 다른 사람의 차, 오토바이, 자전거를 수리해 준 적이 있다.
	자신의 아이를 돌봐주는 대가로 다른 사람의 아이를 돌봐주었다.

표 7.4	농업경제
군집 이름	실천
농업경제	자급을 목적으로 토마토, 채소 등 작물을 심어보았다.
	자급을 목적으로 닭, 토끼 등 동물을 길러보았다.

2a '사회관계형'과 2b '관계형 교환'

이 경우도 마찬가지로, VARCHA 기법에 따라서는 두 개의 하위 군집이 하나로 묶였지만, 이들이 다른 의미를 갖기 때문에 우리는 이를 두 개의 하위 군집으로 나누기로 했다. '사회관계형Social Relational'은 여섯 가지 실천으로 이루어진 군집이다. 전체 하위 군집을 관찰했을 때 긍정적으로 응답한 비율은 18%다. 이 군집의 실천은 다음과 같은 특징을 나타낸다.

- (특히 '사회_화폐'와 '식품_수집'의 경우) 실천을 활성화하려면 큰 관계망에 참여할 필요가 있음
- 실천이 '가족 밖의 맥락'에서 이루어짐
- 돈을 아낄 기회보다 사회적 측면에 관심이 더 많음
- 개인 이익보다 사회 이익에 더 초점을 맞춤
- 직접적인 '신용'을 얻는 것과 이렇다 할 관련은 없는 '교환 논리exchange-logic'

표 7.5	사회관계형
군집 이름	실천
사회관계형	돈과 관계없이 아이, 노인, 환자를 돌본 적이 있다.
	사회화폐를 사용해 보았다.
	길거리나 시장에서 먹거리 등 쓸모 있는 물건을 가져온 적이 있다.
	돈과 관계없이 물품, 옷, 가전제품 등 재화를 교환해 보았다.
	돈과 관계없이 누군가를 가르치는 일에 참여했다.
	돈과 관계없이 서비스 교환에 참여했다.

표 7.5는 이 군집의 요소를 이루는 실천들을 보여준다. 이 하위 군집은 사회적인 면에 초점을 맞추며 큰 관계를 수반하는 실천들로 정의할 수 있다. 이러한 실천이 활성화되었을 때의 이익은 당장 개인적으로 나타나기보다는 먼발치에서 사회적으로 나타나는 것으로 보인다.

'관계형 교환Relational Exchange'군은 네 가지 실천으로 이루어져 있다. 하위 군집을 봤을 때, 실천을 해봤다고 긍정적으로 답한 응답자의 비율은 40%로 가장 높다. 이 군집에 속한 실천의 특징은 다음과 같다.

- 가족 이외에 물건 교환이 활발하게 이루어지는 관계망이 존재함
- 실천이 사회적 맥락에서 일어난다 하더라도, 실천의 목적은 최종적으로 '물건'(카메라, 비디오, 책, 돈, 차 등)을 교환하는 데 고정됨
- 물건을 얻는 데 관심이 있지만, 그 목적을 달성하는 상호작용은 사회적 맥락 안에서 이루어짐

표 7.6은 이 군집의 요소가 되는 실천들을 보여준다. 이 하위 군집은 커다란 관계 안에서 이루어지는 재화의 공유에 초점을 맞춘 실천이라고도 정의할 수 있다. 그 이득은 사회관계망 속에서 얻더라도 즉각적이고 개인적이다.

표 7.6	관계형 교환군
군집 이름	**실천**
관계형 교환	가족이 아닌 사람과 비디오카메라, 연장, 가전제품이나 비슷한 물건을 나눠 쓴 적이 있다.
	가족이 아닌 사람에게 이자 없이 돈을 빌려준 적이 있다.
	가족이 아닌 사람에게 책, 영화나 음반을 빌려주거나 빌린 적이 있다.
	가족이 아닌 사람들과 자동차를 공유하여 사용해 보았다.

'무관계형군'

'무관계형No Relational'은 세 가지 실천으로 이루어진 집단이다. 전체 하위 군집을 관찰했을 때 긍정적으로 응답한 사람의 비율은 36%다. 이 군집에 속하는 실천의 특징은 다음과 같다.

- 사회관계망이나 사람들과의 직접적인 관계를 요하지 않는 실천
- 지적이고 기술적인 요소를 포함하지만 여전히 '혼자서 하는' 실천

표 7.7은 이 군집의 요소가 되는 실천들을 보여준다. 이 군집은 사회적이고 '물리적'인 관계망 구성을 촉진하지는 않는 실천들로 정의할 수 있다.

요약하면, 변수 군집 분석으로 이들 실천이 두 가지 매우 다른 유형으로 구별될 수 있음을 알게 되었다. 한편에는 강한 사회적 동기(사회관계형)가 있거나 사회적 맥락 속에서만 구체적인 목적이 실현될 수 있는(관계형 교환) 실천이 있다. 다른 한편에는 직접적이고 개인적이며 익숙한 목적을 가지고

표 7.7	무관계형
군집 이름	**실천**
무관계형	무료 소프트웨어를 이용한다.
	인터넷에서 합법적으로 소프트웨어를 다운로드받았다.

경제적 문제를 해결하려는 실천이 있는데, 이는 가구 안에서의 맥락(상품경제, 농업경제)이나 혼자서도(무관계형) 할 수 있다. 일반적으로 문제를 해결하려는 구체적인 목적을 가진 실천들이 더 자주 채택된다. 그러나 의미 있는 것은 다양한 사람이 다른 유형의 실천에 참여한다는 점이다. 이어서 우리는 각 유형의 실천에 도움이 되는 요인을 연구할 것이다.

누가 무엇을 실천하는가: 대안 실천 활성화에 영향을 주는 사회인구학, 태도 및 문화적 요인들

우리는 이제 사회경제적 특성이나 태도에 따라 정의되는 어떤 범주의 주체들이 앞서 군집 분석에서 확인한 실천들 중 하나 또는 그 이상의 군집에 참여하는지를 조사할 것이다. 사회경제적 조건, 태도 및 실천이 범주 변수로 표현되기 때문에, 이들 변수의 상관관계를 탐색하기에 유용한 기법은 대응 분석이다. 이것은 기본적으로 각 사회경제 또는 태도 범주와 각 실천군에 동시에 속하는 관찰 사례를 보여주는 교차표에 기반한 요인 분석이다.

이어지는 단락에서 우리는 주요 사회인구학 요인, 태도 및 실천군 사이의 대응 분석 결과를 요약한다. 독자의 편의를 위해 우리가 발견한 내용은 이 장의 본문 내용에 요약하되 대응 분석 결과는 방법론 부록 부분에 배치했다.

1. 다섯 가지 실천군과 사회인구학 변수들 사이의 대응 분석: '교육', '소득', '결혼 상태'(그림 7.3)

'사회형' 및 '관계형' 요소가 강한 실천('사회관계형' 및 '관계형 교환')은 결혼한 사람보다 '미혼'인 사람에게서 더 빈번하게 나타난다. 결혼한 사람들은 강한 사회적 의무를 요구하지 않고 주로 절약을 지향하는 '실천'('무관계형' 및 '상품경제')에 더 많이 참여한다.

'결혼 상태'는 참여하는 실천 유형의 가장 강한 '예측 인자'다. 결혼하지 않은 사람은 관계형 실천에 참여할 공산이 더 큰 반면에, 결혼한 사람은 경제재를 얻기 위한 실천이나 농업 실천, 또는 관계형 요소가 없는 실천에의 참여가 더 두드러질 것이다. 그렇지만 교육과 소득도 여기에 인과 효과를 보태어, 사람들이 관계성이 덜하거나 없는 실천에 비해 관계형 실천에 초점을 맞출 가능성을 높인다.

2. 다섯 가지 실천군과 태도 사이의 대응 분석: '자본주의에 대한 의견' 및 '위기의 영향'(그림 7.4)

자본주의를 부정적으로 보는 사람(cap_bad)은 '관계형 실천' 영역, 즉 '사회관계형' 및 '관계형 교환' 실천군과 겹친다. 이들은 실천을 수행하는 데 다른 사람과의 강한 협력을 요구하기 때문에 '사회 및 관계형'으로 정의했다. 자본주의를 긍정적으로 보는 사람들(cap_good)과 겹치는 영역에 속하는 실천은 '경제형'이나 '무관계형'이다. 사회관계 변화를 지향하는 실천을 하려는 경향이 자본주의에 대한 부정적 태도의 영향을 받는 반면, 자본주의에 더 우호적인 태도를 가진 사람은 돈을 모으려는 목적의 실천에 참여하는 경향이 있다고도 할 수 있겠다. 흥미롭게도, 주로 '관계형 내용'을 포함하는 사회형 실천과 같이 더욱 '앞서가는' 실천('사회관계형')은 자본주의에 부정적인 의견을 가졌을 뿐 아니라 위기로 부정적인 영향을 받았다고 답한 사람들이 주로 만들어 가고 있었다.

3. 다섯 가지 실천군과 태도 사이의 대응 분석: '자본주의에 대한 의견' 과 '실천 수행 동기'(그림 7.5)

우리의 연구 결과는 '관계형' 실천과 '사회적 이유'를 위해 행동하려는 동기(mot_soc) 사이의 매우 강한 상관관계를 보여준다. 사회에서의 연대 추구와 사회에 도움이 되는 무언가를 하겠다는 목표에 따라 정해진 태도는, 자본주의를 좋다고 생각하든 나쁘다고 생각하든 관계없이 관계형 실천을 유도하는 것으로 보인다. 이와 달리 저축(mot_money)이나 개인적 즐거움(mot_like)과 같은 당장의 현실적이고 개인적인 이유를 가진 실천은 관계형 경제실천 지향성이 적고 관계형 요소가 적거나 없는 방식으로 경제적 문제를 해결하려는 경향이 더 크다.

4. 다섯 가지 실천군과 태도 사이의 대응 분석: '위기의 영향'과 '실천 수행 동기'(그림 7.6)

이 분석은 활동 내용을 결정하는 데 동기의 중요성과 관련된 이전의 관찰을 확인해 준다. 위기가 응답자에게 미친 영향보다 그것이 작동하는 이유(mot_soc)가 훨씬 더 강력한 요인이다. 이는 위기 이전부터 '사회형'이고 '관계형'인 함의를 지닌 대안 실천들이 사회 변화라는 목적을 향해 행동하려는 강력한 동기에 따라 발전해 왔음을 나타내는 것일 수 있다.

5. 사회인구학 요인 '소득'과 '교육'의 조합, 그리고 태도 요인 '위기의 영향' 및 '자본주의에 대한 의견' 조합 사이의 대응 분석(그림 7.7)

자본주의에 대한 부정적인 의견과 위기로 타격을 입었다는 느낌은 평균 소득이 낮고 평균 교육수준이 낮은 사람들 사이에서 가장 우세하다. 한편 자신이 위기로 타격을 입었다고 생각하면서도 여전히 자본주의를 긍정적으로 바라보는 사람은 가구소득이 더 높고 교육을 많이 받았다.

6. 사회인구학 요인 '소득'과 '교육'의 조합, 그리고 태도 요인 '실천하게 된 동기'와 '자본주의에 대한 의견' 조합 사이의 대응 분석(그림 7.8)

교육수준과 소득수준이 중간 이하인 응답자는 자본주의를 부정적으로 바라본다. 흥미롭게도, 행동하려는 다양한 동기, 특히 사회적 동기(most_soc)는 다양한 소득과 교육 범주에 모두 걸쳐서 분포되어 있다. 결과적으로, 행동하고 특정 종류의 실천을 수행하려는 동기는 특정 경제 수준 범주에 한정되지 않는다(그리고 실제로 우리는 교육 및 소득과 실천 유형 사이의 강한 연관성을 발견하지 못했다). 결론적으로, 사회에 도움이 되는 사회적 목표에 기반한 활동을 하려는 동기가 있다면 누구나 잠재적으로 실천을 할 수 있고, 특히 강한 '관계형' 함의를 가진 실천을 할 잠재성이 있다. 한편, 본질적으로 현실적이거나 개인적인 이유로 동기부여가 된 사람들은 앞선 결과만큼 통계적으로 상관관계가 강하지는 않지만, 순수하게 경제적인 실천을 좀 더 지향한다. 사회경제적 지위는 자본주의에 대한 태도에 영향을 주지만, 관계형 혹은 비관계형 실천에 대한 태도에는 그다지 큰 영향을 미치지 않는다. 관계형 또는 비관계형 실천에 참여를 이끌어 내는 핵심 요소는 사회 변화를 추구하는 동기부여 요소다. 그리고 이러한 동기부여는 사회경제적 지위나 자본주의에 대한 의견으로 결정되지 않는다. 위기의 고통이나 사회구조상의 위치보다 사회 변화를 향한 열망이 관계형 실천에 참여하는 보다 강력한 원인으로 보인다. 그렇지만 다음에 제시될 분석에 따르면, 사회 변화에 대한 동기부여의 강도를 강화하는 특정한 사회인구학적 조건이 있다.

7. 객관적 요소 '소득'과 '교육'의 조합과 '실천하게 된 동기' 태도 사이의 대응 분석(그림 7.9)

우리 분석에 따르면, 교육수준이 높으면서 소득이 중간보다 낮은 수준인 사람들(그래프의 아래 오른쪽 부분), 즉 지배적 사회경제체계에 도전할 수 있고 새로이 생겨나는 비판적 사회집단을 형성하기에 알맞은 조건을 가진 것으로 보이는 사람들이 행동하려는 사회적 동기가 더욱 강하다. 이 분석은 다음과 같은 세 가지 관찰에 기반한다.

① '관계형 실천'은 사회적 동기가 강한 사람이 실천한다.
② 사회적 동기가 강한 사람은 주로 교육수준이 높고 소득수준이 중간 이

하다. 이 집단을 지적 역량이 높지만 경제적 기대가 '좌절된' 사람들로 형성된다고 정의할 수도 있다. 사회적이거나 관계적인 실천에 더욱 열성적인 사람은 교육수준이 높지만 소득수준은 높지 않다.

③ 자신의 즐거움을 위해 실천하는 사람들은 개인적 선택에 따라 특정 종류의 실천은 선호하지 않는 것으로 보인다.

두 가지 대안 경제문화: 생존과 삶의 의미

우리 자료는 2008년부터 2010년까지의 경제위기 도중 바르셀로나에서 관찰한 대안 경제실천들이 다양하지만 두 가지 큰 범주로 나뉠 수 있음을 보여준다. 한편에는 자원이 희소한 때에 저비용 혹은 완전 무상으로 필요한 재화와 서비스를 얻음으로써 경제적 고통을 치유하는 것을 주목적으로 하는 실천이 있다. 다른 한편에는, 연대와 상호 지지에 기반해 새로운 사회관계를 만드는 것을 목표로 하거나, 아니면 커다란 연대사회 네트워크를 구축해야만 재화와 서비스를 전달할 수 있는 실천이 있다. 앞의 범주는 경제적 생존을 위한 전략을 나타내며, 후자는 사회 변화를 위한 프로젝트다.

중요한 점은 두 실천이 동시에 일어나며 중대한 경제위기의 맥락 안에 서로 얽혀 있다는 것이다. 역사를 관통하는 사례들이 흔히 그렇듯, 사회 변화의 주요 과정은 생존의 욕구와 더 의미 있는 삶을 향한 열망이 연결되는 가운데 일어난다.

누가 이런 과정의 행위자가 될 수 있을까? 이와 관련해 우리 연구는 여러 가지 중요한 답을 제공한다. 행동하려는 동기가 되는 태도는 관계형·사회형 실천을 향한 두드러진 지향을 설명하는 데 사회인구학 변수보다 더 중요하다. 사회에 도움이 되고 자신의 삶에 의미를 찾기를 원하는 사람들은 관계형 내용이 강한 대안 실천을 건설하는 데 가장 적극적이다. 이것은 모든 사회인구학 범주에 해당한다. 그런데 이러한 종류의 태도를 낳는 일정한 조건이 있다. 높은 교육수준과 중간 이하 소득수준이 그것이다. 경제적 박탈과 문화 역량이 함께 나타나는 경우가 관계형 내용을 가진 대안 경제실천 형태의 사회 변화 운동 발생에 우호적이다. 우리 조사의 통계 결과는 경제위기에 대응해 2011년 많은 나라에서 일어났던 네트워크 사회운동에서 가장 적극적인 행위자 집단에 관한 관찰과 일치한다(Castells, 2015).

또 다른 실증적 관찰도 해석이 이루어져야 한다. 우리는 결혼하지 않고 같이 사는 사람들이 결혼한 사람보다 관계형 실천에 더 참여하려고 한다는 것을 발견했다. 이것은 특정 유형의 실천을 유발할 잠재성이 가장 큰 사회인구학 변수이며, 그 영향력은 교육, 소득, 연령을 통제해도 유지된다. 우리는 이 결과를 문화 자율성의 지표로 해석한다. 이는 결혼이라는 제도와 관련해서 사회의 압력에 굽히지 않고, 따라서 자신의 행위 규범에 따라 삶을 만들어 가는 사람들을 보여준다. 다시 말하지만, 사람들이 어떤 유형의 대안 실천에 참여할지 결정하는 것은 사회인구학적 지위가 아니라 문화 가치다.

자본주의에 대한 태도와 위기의 타격을 받았다는 느낌도 관계형이나 사회형 실천에 대한 참여를 결정하는 요소다. 이러한 요인들은 겹쳐졌을 때 특히 영향력이 강하다. 이 결과가 뚜렷하게 나타나지는 않는다. 비록 사회경제적 지위가 높은 사람이 자본주의에 대해 덜 비판적이기는 하지만, 사회경제적 지위가 낮다고 해서 사람들이 다 관계형 실천이 아닌 생존 실천을 하지는 않는다. 달리 말하자면, 사람들이 자본주의에 비판적이고 위기의 타격을 입었다고 느낀다면 사회경제적 지위와 무관하게 관계형 실천에 우호적이게 된다. 자본주의에 비판적이라고 해서 사람들이 사회 변화를 이루려고 하는 것은 아니지만, 사람들이 자본주의에 얼마나 비판적이 되는지와 사회 변화를 이루려는 성향이 얼마나 있다고 느끼는지는 구별해야 한다.

결론: 대안 실천은 지속가능한가

이러한 결과들의 의미는 있는 그대로 봐야 할 것이다. 우리 연구는 유럽이 거대 경제위기의 영향 아래 있었지만, 이에 대응하는 사회운동은 없던 2010년 초에 실시되었다. 하지만 인구 대부분의 일상 실천에서는 개인 수준에서 새로운 경제실천이 나타나고 있었고 종종 대안 생존 네트워크를 형성했다. 그러한 실천은 제대로 기능하지 않는 자본주의를 대체할 필요로부터 나왔지만, 또한 의미 있는 삶을 추구하려는 동기에서 나온, 새로운 경제의 배아를 보여주었다. 그 의미는 후에 새로운 민주주의를 찾는 사회운동으로 생겨난 대안 경제실천에 뿌리를 내렸다(Castells et al., 2012; Castells, 2015).

하지만 이러한 실천의 지속가능성에 대해서는 의문이 생긴다. 금융 안정화 기제가 자본주의 시장을 예전처럼 돌려놓으면 이러한 실천은 사라질까? 아니면 여전히 사람들의 일상생활에 남아 있을까? 이 실천들은 전체 시민들이 위기에서 살아남는 것을 넘어 삶을 재발명할 수 있도록 사회의식의 수준을 높였을까?

첫째, 우리 연구는 (위기가 있든 없든) 경제활동의 상당 부분이 이윤 추구와 소비자주의 이데올로기의 지배를 받는 시장 규칙을 따르지 않는다는 것을 보여준다. 주류 경제학자들과 정책입안자들은 두뇌 순환보다 자본 순환에 더 관심이 있기 때문에 그것들을 간단히 무시한다.

둘째, 이 글을 쓰는 시점인 2016년 봄 인구 대부분의 삶의 조건을 관찰해보니 바르셀로나와 유럽의 많은 지역에서 경제위기를 극복했다는 생각은 거짓임이 드러났다. 2008년에는 정보금융자본주의 모형을 거의 붕괴에 가깝게 본질적으로 흔드는 대변혁이 있었다. 위기가 생산자와 소비자에게 가져온 결과는 사회계급의 꼭대기에 있는 사람들과 나머지 인구에게 서로 완전히 다르게 나타났다. 따라서 우리가 2010년에서 2011년 사이에 관찰했던 생존의 실천은 계속해서 많은 사람들이 매우 심각한 경제 상황을 살아나가는 일상적인 방법이 되고 있다. 그리고 전체 인구에게 영향을 미친 위기와 연대 네트워크의 경험은 2015년 5월 29일 지방자치선거에서 바르셀로나의 정치 지형을 근본적으로 변형시킨 강력한 사회운동의 원천이 되었다. 긴축정책에 맞선 사회운동의 핵심 요소였던 거주지 퇴거 반대 운동의 지도자 아다 콜라우-Ada Colau가 무소속으로 바르셀로나 시장에 선출되었다. 그녀는 즉시 점거자들과 대안 공동체들을 괴롭혀 온 특별진압경찰을 해체하는 한편, 빈곤에 맞서 싸우고 협동조합운동과 점거 건물의 사회 실험을 돕는 데 중점을 두는 방향으로 지방자치정책을 바꾸었다. 새로운 지방자치단체 법제의 보호 아래에서 물물교환 네트워크와 소비자 협동조합 및 주택 협동조합을 포함한 여러 가지 지역 공유경제 계획이 꽃피었고, 일부는 그러한 계획의 자가 개선 프로젝트 지원에 재정을 집중적으로 쏟았다. 더 나아가 바르셀로나시를 둘러싼 특별 권역과 시내 각 지역에서, 사회운동 활동가 출신인 사람들이 넓은 시민 참여 프로그램을 고안했다. 사람들은 경험을 공유하고 제안을 논의하며 투표에 붙였고, 다수의 계획이 억압받을 두려움 없이 시행되면서 위기 동안 바르셀로나에서 성장해 온 대안 경제의 사회적 기반을 확장했다. 사실 카탈루냐 국가주의 정당 출신이었던 이전 바르셀로나 시장은 바르셀로나에서 가장 오래된 점거 건물 중 하나이자 대안 경제의 상징이었던 칸 비에스-Can Vies의 폭력적 퇴거를 명령한 이후 상당수 유권자(청년)의 신임을 잃은 상태였다.

이렇게 볼 때 대안 실천을 지속할 수 있는 조건은 거버넌스 제도의 정치 변화라고 할 수 있다. 현실에서 이것은 변증법적 과정으로 보는 것이 더 적합하다. 대안 실천의 창조와 확장은 사람들의 의식을 변형시키고 이들이 정치 영역에서 움직이면서 새로운 정치적 조건의 출현으로 이어지며, 이러한 정치적 조건이 대안 경제실천을 강화하고 새로운 관점을 열어 연대경제가 도입된다. 게다가 바르셀로나가 예외적 사례가 아니다. 마드리드시와 발렌시아시에서도 사회운동에서 영감을 얻은 비슷한 정치적 승리가 전시효과를 가중시키며 사회 전체에 다른 경제가 가능하다는 것을 보여주었다.

방법론 부록

바르셀로나 인구의 대안 경제실천 조사 특징

우리는 바르셀로나 인구를 통계적으로 대표하는 표본에 43개의 질문을 포함한 설문지를 배포했다. 2011년 2월 9일에서 2월 10일 사이에 총 800건의 전화 조사가 이루어졌다. 질문은 26개 대안 경제실천과 자본주의 및 사회 변화에 대한 태도, 응답자의 사회인구학적 특성에 초점을 맞추었다. 설문지는 연구 팀에서 만들었다.[1] 표본설계, 문항 사전 검증 및 조사는 스페인의 선도적 조사연구업체인 인스티투토 오피나Instituto Opina의 기술 팀이 수행했다(www.opina.es).

군집 분석과 대응 분석의 변수 정의, 코드화 및 자료 처리

간결성을 위해, 우리는 이 장에서 제시된 분석의 기초가 되는 변수 선정, 자료 코딩, 통계 처리를 구체적으로 제시하지 않았다. 전체 기술적 세부 사항은 코닐 외(Conill et al., 2012)에서 찾을 수 있다.

이 장의 본문에 나온 대로 우리는 그림 7.3~7.9에서 대응 분석 결과를 제시했다. 각 그림은 이 장의 본문 글과 대응한다.

---

[1] 우리는 경제위기에 뒤따르는 시기에 초점을 맞추기 위해 2008년부터 비자본주의 경제실천에 참여해 온 사람들을 따로 분석했다. 이 집단은 조사의 대표성을 유지하며, 조사된 전체 인구의 88%를 구성한다.

그림 7.3
다섯 개 실천 군집과 사회인구학 변수 사이의 대응 분석: '교육', '소득', '결혼 상태'

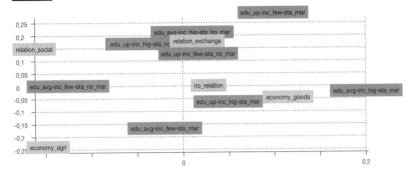

그림 7.4
다섯 개 실천 군집과 태도 사이의 대응 분석: '자본주의에 관한 의견' 및 '위기의 영향'

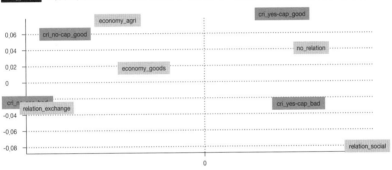

그림 7.5
다섯 개 실천 군집과 태도 사이의 대응 분석: '자본주의에 관한 의견' 및 '실천하게 된 동기'

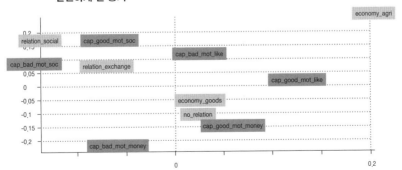

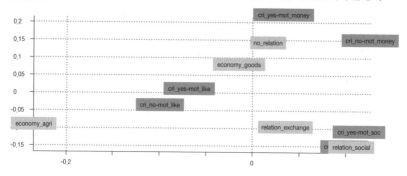

그림 7.6 다섯 개 실천 군집과 태도 사이의 대응 분석: '위기의 영향'과 '실천하게 된 동기'

그림 7.7 사회인구학 요인 '소득' 및 '교육'의 조합과 '위기의 영향' 및 '자본주의에 관한 의견' 태도 조합의 대응 분석

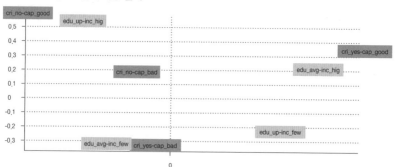

그림 7.8 사회인구학 요인 '소득' 및 '교육'과 '실천하게 된 동기' 및 '자본주의에 관한 의견' 태도 조합의 대응 분석

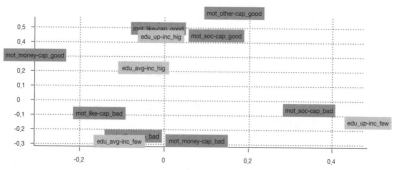

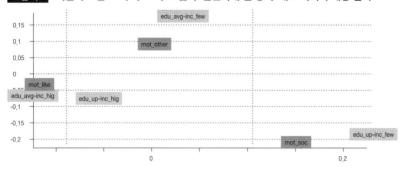

그림 7.9 객관적 요인 '소득'과 '교육' 조합과 '실천하게 된 동기' 태도 사이의 대응 분석

참고문헌

Akerlof, G.A. and Shiller, R.J. 2010. *Animal Spirits: How Human Psychology Drives the Economy and Why It Matters for Global Capitalism.* Princeton, NJ: Princeton University Press.

Benkler, Y. 2004. "Sharing nicely: On shareable goods and the emergence of sharing as a modality of economic production." *Yale Law Journal*, Vol.114, No.2, pp.273~358.

Castells, M. 2015. *Networks of Outrage and Hope*, 2nd edn. Cambridge: Polity.

Castells, M., Caraça, J. and Cardoso, G. (eds.). 2012. *Aftermath: The Cultures of the Economic Crisis.* Oxford: Oxford University Press.

Conill, J., Cardenas, A., Castells, M. and Servon, L. 2012. *Otra vida es posible: prácticas alternativas durante la crisis.* Barcelona: UOC Press.

Engelen, E., Ertürk, I., Froud, J., Johal, S., Leaver, A., Moran, M., Nilsson, A. and Williams, K. 2011. *After the Great Complacency: Financial Crisis and the Politics of Reform.* Oxford: Oxford University Press.

Marks, N. 2011. *The Happiness Manifesto: How Nations and People Can Nurture Well-being.* New York: TED Books.

Mason, P. 2015. *Postcapitalism: A Guide Tour to Our Future.* London: Allen Lane/Penguin.

Miller, E. 2006. "Other economies are possible! Organizing toward an economy of cooperation and solidarity." *Dollars & Sense*, Vol.266, July-August.

Nolan, P. 2009. *Crossroads: The End of Wild Capitalism and the Future of Humanity.* London: Marshall Cavendish.

North, P. 2005. "Scaling alternative economic practices? Some lessons from alternative currencies." *Transactions of the Institute of British Geographers*, Vol.30, pp.221~33.

Schor, J.B. 2011. *True Wealth: How and Why Millions of Americans Are Creating a Time-rich, Ecologically Light, Small-scale, High-satisfaction Economy.* New York: Penguin.

Swartz, L. 2015. "Money as communication: culture, means of payments, and new currencies." PhD Dissertation, University of Southern California, Annenberg School of Communication and Journalism, Los Angeles.

Thompson, G. 1998. "On networks and trust." Paper presented at the European Association of

Evolutionary Economics Conference, Technical University of Lisbon, Portugal.

Zelizer, V.A. 2011. *Economic Lives: How Culture Shapes the Economy*. Princeton, NJ: Princeton University Press.

8장
대안 미래를 상상하고 만들기
기대와 신뢰의 장소로서 느린 도시

세라 핑크, 커스틴 실
Sarah Pink and Kirsten Seale

서론

'미래'는 이견이 많은 개념이다. 학계에서도 그렇고, 현실 상황에 따라 다양한 이해관계자들이 어떻게 미래에 투자하는가를 봐도 그렇다. 이 장에서 우리는 위기나 외부 위협이라는 맥락 속에서 활동가 집단이 대안을 어떻게 구성하는지를 분석하는 중심에 미래 만들기future-making라는 개념을 둔다. 우리는 미래가 위기의 맥락 속에서 어떻게 개념화되고 자리매김하는지를 질문함으로써 어떻게 미래지향 형태의 회복력이 구성되는지에 관해 새로운 통찰을 얻을 수 있다고 제안한다.

회복력이라는 개념은 최근 국방과 정책 및 계획의 위험 회피를 기대하는 제도 논리 안에서 사용되어 왔다(Anderson, 2015). 여기에서 우리는 어떻게 지역 공동체가 자연재해의 위기나 세계적인 자본주의 기업의 위협과 공생하고 그로부터 회복될 수 있을지를 이해하는 데 이 개념을 다시 끌어들인다. 이는, "정책과 계획의 범주이자 목표로서 회복력은 … 과정이자, 각기 다른 현실이 만나는 곳에서 일어나고, 사람들이 타인과 환경에 개입하는 감각적이고 정서적인 방식의 일부라는 특질에 초점을 맞추는 방식으로 … 다시 고려될 필요가 있다"는 점에서 회복력이 미래지향적 개념으로 유익하게 작용할 수 있다는 핑크와 루이스의 이전 제안을 진전시킨 것이다(Pink and Lewis, 2014: 707). 여기에서 우리는 위기나 외부 위협의 맥락을 사람들이 회복력 있는 미래를 만들거나 만들려고 하는 평범하면서도 세상에 알릴 만한 방식들을 탐구하는 시작점으로 삼는다. 우리는 사람들이 자신이 경쟁하고

※ 이 장에서 논의된 연구는 세라 핑크와 커스틴 실이 진행한 것으로, RMIT 대학교의 디자인연구소(Design Research Institute) 및 미디어 커뮤니케이션 학부(School of Media and Communication)의 지원을 받았다. 우리는 이 연구의 초기 단계에 기여해 준 RMIT의 테이니아 루이스(Tania Lewis)에게 감사한다. 이 연구에 너그러이 참여해 준 느린 도시 지도자들에게 가장 큰 감사를 돌린다.

있는 것에 맞서는 것이 아니라 함께 살 수 있는 대안적 지역의 미래를 어떻게 상상하고 형성하며 만드는지 검토한다.

우리는 세계적으로 이루어지고 있는 느린 도시Slow City 운동의 사례를 통해 이를 탐구한다. 느린 도시 운동은 지역에 뿌리를 둔 지속가능한 발전을 옹호하고 이를 위한 모형을 퍼뜨리는 운동이다. 우리는 느린 도시 운동이 실천하는 '간접 활동주의'(Pink, 2012)가 지역에 기반을 두면서도 전 세계로 연결된 형태의 회복력을 생성할 수 있다고 주장한다. 이 운동의 호주 네트워크에 관한 우리의 연구와 영국과 스페인의 느린 도시에 관해 예전에 국제적으로 이루어졌던 비교할 만한 연구 사례를 기반으로, 우리는 시간성, 기대, 신뢰의 개념을 통해 회복적·저항적·자본주의적 성장에 기반한 미래 만들기 양식들의 논리를 비교한다. 우리는 이제 일련의 개념쌍들을 통해 이러한 개념을 간략하게 소개할 것이다. 우리가 강조하는 이 개념은 '반대항'을 만들려는 의도가 아니라 기존에 변화를 다뤄온 지배적인 방식들을 출발점으로 회복력을 개념화하는 방법론 도구로 사용하려는 것이다.

회복력 대 저항의 시간성: 저항과 회복의 시간성은 다르게 작동한다. 저항은 긴 시간 지속될 수 있는 반면에, 실패하거나 성공해야 한다는 점에서 선형의 시간성을 포함한다. 만일 우리가 저항의 시각을 취한다면, 틀림없이 저항을 더 강력한 어떤 것을 반대로 밀어붙이면서 그것을 극복하려고 하는 것으로 보게 될 것이다. 회복력은 그와 달리 이러한 서사 질서에 도전한다. 그것은 계속되고 '늘 그랬던' 것에 관한 강한 향수의 감각에 뿌리를 두고 있으며, 끝날 필요가 없는 시공간을 만든다. 회복력은 '맞서는' 대상을 깜짝 놀라게 하거나 흠을 내기보다는, 반대하는 것 주위로 길을 구부려 뿌리를 내리고 박혀 들어간다.

회복력 대 경제성장의 기대: 회복력을 생성하는 과정은 위기와 미래 회복 및 좋은 삶을 기대하는 서사의 방식과 연결되어 있으며, 이는 경제성장의 예언적 전망과는 다르다. 우리는 운동의 담론과 인증 과정을 통해 기대하는 느린 도시 운동의 미래 시나리오에 어떤 형태의 기대가 들어가 있는지 질문을 던짐으로써, 어떻게 지역에서 진행하는 과정과 관련된 기대 논리가 자본주의 성장을 예언하는 양식과 갈등 속에 존재하고, 잠재적으로 그것을 전복시키는지 탐구한다.

회복력의 한 형태로서 신뢰: 우리가 고려하는 회복력의 유형은 돌봄, 책임, 봉사, 환대, 사회성, 그리고 그것이 만드는 좋은 삶의 양식들을 포함한다. 이러한 양식은 회원 기준에서 드러나는 느린 도시의 핵심 원칙을 나타내며, 특정한 도덕성, 신뢰의 형태와 확실성과 불확실성의 느낌을 특징으로 한다. 그것은 또한 미래 만들기와 기대라는 특정 시간성과 관련된다. 예를 들어, 느린 도시는 탈성장 모형은 아니지만, 칼리스(이 책의 2장)가 탈성장 경제에 필수라고 주장하는 사회적 요소와 공통적인 특징을 지닌다.

이 분석은 느린 도시 활동가들이 맡은 평범한 업무들에 관한 문화기술지에서부터 출발한다. 우리는 이를 현재에 미래를 만들려는 노력으로 해석한다. 기획, 회의, 자료 준비, 이행, 기록 등의 업무는 지역을 중요하게 여기고 지역에서 가능한 미래 존재 양식과 잠재적 회복력을 생성하는 활동을 형성한다. 그들은 기업자본주의와 자본주의의 성장 기반 모형에 맞서는 직접행동의 저항과 대조되는 입장에 서 있다. 따라서 활동가들이 강력한 세계적 또는 환경적 힘에 직접 부딪히는 일의 난관을 뚫고 나갈 대안적인 길을 제공한다. 우리가 보여주듯, 회복력을 만드는 경로는 최소한 부분적으로는 평범한 것을 통해 구성되며, 생성적이고(예를 들어, 점진적으로 엮고 생각하고 배우는 것을 포함하는) 스스로 정의해 나가는 활동을 통해 자리를 잡는다. 느린 도시 활동가들이 미래를 만드는 일에 직접행동 캠페인의 화려함이나 영웅주의는 거의 없다. 그들은 오히려 자신들의 일을 지지해 줄 세계적이면서도 지역적인 틀로서 신뢰와 협력의 네트워크, 그리고 희망과 좋은 삶의 감각을 쌓는 데 관심이 있다.

우리는 먼저 회복력의 개념을 개괄하고 그것을 어떻게 상상과 통합의 협력 과정을 만드는 데 도움이 되는 미래지향적 개념으로 사용할 수 있는지 설명한다. 어떻게 하면 미래에 관한 이론들을 활용하여 대안 만들기를 이해할 수 있는지 논의한다. 다음으로는 회복력을 생성하는 활동들을 통해 느린 도시의 미래들이 어떻게 그려지는지를 비교한다. 이어서 이 장에서 논의된 통찰에 살을 붙여주는 두 가지 문화기술지 사례를 검토해 어떻게 이러한 형태의 미래 만들기가 작동하는지를 보여준다. 이 사례들은 느린 도시 운동이 어떻게 세계 기준을 지역에 맞게 도입했는지, 그리고 도시들이 느린 도시 운동에 합류하면서 거쳐온 평범한 과정들을 보여주는 두 개의 이야기다. 끝으로 우리는 회복력의 개념을 통해 대안 미래 만들기라는 생각을 되짚어 보는 것의 함의를 요약할 것이다.

미래지향적 개념으로서의 회복력

사회과학에서는 미래라는 개념과 명백히 관련된 연구들이 쏟아졌다. 여기에는 희망에 관한 사회학 연구(Castells, 2012), 기대의 지리학(Anderson, 2010), 문화와 사회 안에서 미래가 어떻게 구성되는지를 비판적으로 재검토한 애덤과 그로브스의 연구(Adam and Groves, 2007)가 포함된다. 총체적으로 이 연구들은 우리에게 기업, 활동가, 신자유주의 체제들이 어떻게 미래를 그리고 계획하기 시작하는지 설명할 것을 요청한다.

일부 기존 연구들은 각기 다른 미래지향 논리들의 지도를 체계적으로 그렸다. 애덤과 그로브스(Adam and Groves, 2007)는 현재에 이르기까지 역사적으로 미래를 개념화해 온 다섯 가지 방식을 제시한다. 예언을 통한 방식은 숙명과 운명을 설명하며, 미래는 "발견하고 이야기하도록" 이미 존재하지만 바뀔 수도 있다고 가정한다(Adam and Groves, 2007: 6). 의례, 리듬, 규칙적 일상, 즉 일정한 행동이나 '지식 실천'을 통해 미래를 개념화하는 방식은 미래에 관한 안정성과 확실성의 감각을 만든다. 자본주의와 미래 교역을 통한 방식은 미래를 "한정 없이 계산하고 거래하며 교환하고 할인할 수 있는" 어떤 것으로 상품화하는 방식이라고 그들은 주장한다(Adam and Groves, 2007: 10). 미래를 변형할 수 있다는 생각과 최종적으로는 현재가 과거에 미래를 상상했던 방식들의 결과라는 주장은 우리에게(연구자로서도) 현재가 미래를 어떤 모양으로 만들고 있는지를 의식해야 한다는 책임을 부여한다(Adam and Groves, 2007: 14). 앤더슨(Anderson, 2010)은 미래라는 개념에 개입하는 기대 논리를 이해하기 위한 체계를 개발했다. 그는 "기대 행동이 어떻게 기능하는지에 대한 분석론은 미래의 형태를 드러내고 이와 관련되는 주장들로 구성되는 스타일styles, 구체적인 미래를 현재로 만드는 행동으로 구성되는 실천practices, 그리고 미래를 근거로 하는 지금 이곳에서의 개입으로 구성된 논리logics를 다루어야 한다"고 주장한다(Anderson, 2010: 793). 앤더슨이 보여주듯, 계산, 상상, 수행의 실천과 예방, 선취, 준비의 논리는, "기대 행동은 나쁜 쪽으로 놀랄 일이 일어나지 않도록 보장하려는 것을 목적으로 한다"는 점에서 "완전히 놀라울 수도 있는 매우 다른 미래를 환영하고 실현하여 살아가려는 사회운동"과는 다르다(Anderson, 2010: 782).

애덤과 그로브스, 그리고 앤더슨이 개발한 유형은 사회에서 이미 발견된 특정 활동, 사회구성체, 구조와 결부되어 이미 익숙한 사회학 개념을 통해 미래 만들기를 추상화하는 시각을 제공한다. 그들은 저항, 신자유주의적 긴급 대책, 자본주의 성장에 각기 다른 미래와 기대 논리들이 존재함을 강조하고, 이것들이 어떻게 사회와 거버넌스 형태의 일부로 전달되고 현실화되는지 설명하기 시작한다. 하지만 이들에게도 빈틈이 있다. 일상적 사회와 실험의 현실에서는 논리가 뒤섞이고 일관되지 않을 수도 있으며, 사람들의 열망, 우선순위, 신념, 실제 행동은 언제나 이렇다 할 방향도 없고 특정 맥락 안에 놓여 있으며 우발적으로 나타나는데, 이러한 개념이 언제나 훨씬 더 정신없게 마련인 현실 위에서 또는 현실을 넘어서 어떻게 실제로 나타나는가 하는 질문이 그것이다. 여기에서 우리는 이러한 지도 그리기의 유용성을 인정하면서도 이데올로기, 구조와 형식을 거치고 연관을 맺으면서, 그리고 전 세계에서 사람들이 택하는 즉흥적이고 많은 경우에 구불구불한 경로를 거치면서 대안 미래들이 어떻게 깎여나가는지 검토함으로써 미래 만들기라는 질문을 진전시킨다(Ingold, 2007).

그렇기에 앤더슨이 사회운동의 기대 논리와 신자유주의 정책 의제의 위험회피 기대 논리가 다르다고 보았던 것과 달리, 우리는 이렇게 다양한 사회적이고 정치적인 행동과 상상이 같은 세계의 일부분이며, 정신없이 얽히게 되는지 다룬다. 문화기술지의 관점에서 연구하면 세계는 결코 이론에서 말하는 것만큼 평평하지 않다. 예를 들어, 회복력이라는 개념은 원래 생태 개념에서부터 발전했고, 균형적인 생태계를 '다시' 회복하거나 유지하는 것으로 여겨지지만, 정책, 개발, 기타 제도의 포부에 걸쳐 있는 여러 미래지향 의제에서 이를 차용해 왔다. 회복력은 여러 의제에 걸쳐 다뤄지고 동원되는 만큼 그저 한 가지라고 볼 수 없다. 앤더슨이 지적하듯 "회복력은 실증적으로만 다중적인 것이 아니라 매우 다양한 유형일 수 있고, 그렇다면 우리는 회복력이 삶을 다스리고 조직하는 다양한 방식을 어떻게 시행하고 성찰하며 재생산하는지를 다시 생각해야 한다"(Anderson, 2015: 62). 회복력은 최근 신자유주의 체제에서 계획을 위한 개념으로 전유되기도 했고, 이에 따라 인종과 성이 신자유주의 의제를 통해 차이의 형태로 더욱 깊이 자리 잡게 되는 방식의 일부라는 비판적 해석을 받기도 한다(James, 2015). 하지만 핑크와 루이스(Pink and Lewis, 2014)가 보여주었듯, 회복력을 느린 도시 활동가들이 만드는 대안 미래를 이해하기 위한 개념으로 접근하는 것은 이 개념을 조금 다르게 본다는 뜻이다. 회복력은 반드시 도달할 수 있거나 균형 잡히거나 유지되는 객관적 상태일 필요가 없고, 오히려 과정으로 봐야 한다. 그럼 회복력을 세계를 헤쳐나갈 길을 누벼나가는 과정의 일부분이고, 그렇기에 (앞으로 논의되는 사례에서 환대, 돌봄, 존중, 신뢰의 형태를 통해) 타인에게 저항하기보다는 적응하고 관계를 맺는 대안적 삶의 방식과 관련된 것으로 이해할 수 있다.

사회운동들과 연결되어 '상향적' 형태로 생성되는 회복력과 규제체계와 같은 틀에 의해 개발되어 안전한 미래를 보장하는 '하향적' 방식을 구분함으로써, 우리는 어떻게 공유된 세계에서 다양한 논리가 작동하는지 볼 수 있다. 신자유주의와 회복력 사이의 연결고리를 푸는 것은 중요하다. "이념형으로서의 '회복력'과 달리, 회복력은 언제나 신자유주의라는 명칭을 넘어서는 다양한 경제·정치 논리와 연결된다. 회복력의 다중성은 (신자유주의를 언급하지 않더라도) 회복력과 신자유주의 사이를 단순히 연결 지으려는 시도들을 당혹스럽게 만든다"(Anderson, 2015: 64). 그러므로 우리는 "과정적이고 정서적이며 장소의 일부로서 회복력"을 바라보는 "세계의 흐름 및 지역적 흐름과 얽혀 있는 가운데 발현된 것으로 지역의 회복력 형태를 이해할 수 있다"는 맥락에서, 지역성과 관료 영역을 공유하는 경향이 있는 신자유주의 통치 구조와 관련된 과정의 맥락 속에서 회복력을 바라볼 수 있다(Pink and Lewis, 2014: 696). 이렇게 생각해 보면 회복력은 저항과는 다르며, 사실상 저항에 대한 대안이다. 핑크와 루이스가 주장하듯 "회복력을 발현적이고 만들어지는 것으로 보는 개념을 통해 우리는 저항이론과 관련된 이분법을 넘어서서, 간접행동의 형태가 어떻게 세상에서 '적극적'이게 되는지 다시 생각할 수 있다"(Pink and Lewis, 2014: 696). 이는 편하지 않을 수도 있지만 불가피하게 그리고 파괴할 수 없어 보이는 상태로 존재하는 것들을 엮어가며 함께 살아가는 방식을 포함한다.

느린 도시 운동

이탈리아어로 시타슬로Cittaslow라고 부르는 느린 도시 운동은 느린 먹거리Slow Food 운동의 지도자였던 카를로 페트리니Carlo Petrini와 일부 이탈리아 시장들이 느린 먹거리의 원리를 소도시의 인프라와 공동체에 적용하기로 결정하면서 1999년 이탈리아에서 태어났다. 이탈리아에서 이 운동은 여전히 회원 도시들에 두드러지게 집중하고 있다. 그러나 이 운동은 이제 전 세계 운동으로 단단히 굳어졌다. 이 운동은 시작된 이래로 2014년에는 "세계 28개 나라에 있는 187개 도시"를 포괄할 만큼 확장했다(Cittaslow, 2014). 느린 먹거리와 느린 도시는 분리된 조직이지만, 불가분의 관계로 서로 연결되어 있다. 모든 느린 도시들은 느린 먹거리 단체들과 관계가 있고, 지역 생산물은 여전히 느린 도시 운동의 가치와 인증 기준의 핵심이다. 우리 연구는 이 운동의 국제적 발전에 초점을 맞췄고, 특히 영국(Pink, 2012), 스페인(Pink and Servon, 2013), 호주(Pink and Lewis, 2014)의 느린 도시들에 관해 문화기술지와 면담 기반의 연구를 했다.

느린 도시 운동에서 우수성의 요건은 '에너지와 환경 정책', '인프라 정책', '도시 삶의 질 정책', '농업·관광·공예 정책', '환대·인식·훈련 정책', '사회통합', '협력 관계'의 일곱 가지 범주에 걸친 기준을 포함한다(Cittaslow, 2014). 우리 경험상 자기 도시의 느린 도시 인증 신청을 진행한 사람들은 주로 활동적이고 유능하며 성공한 중산층 전문직이다. 그들은 때로 최근(아주 최근은 아닌 사람들도 포함되어 있다) 은퇴자이고, 영국과 호주에서 연구했던 여러 소도시(비록 스페인에서는 아니었지만)에서는 외지 출신인 경우가 많았다. 일부 학자들이 만든 느림 운동과 중산층 취향 및 열망의 상관관계는 이런 점에서 이해할 수 있지만, 이들은 일부(예를 들어, Tomlinson, 2007)가 주장하는 엘리트주의 운동이 아니다. 느린 도시 지도자들의 성공은 의심의 여지 없이, 복잡한 신청과 인증 절차를 완수하고 지역 조직을 만들어서 운영하는 그들의 리더십, 연결, 실천 기술에 달려 있으며, 이러한 자질은 많은 경우에 기업이나 정부에서 지도자의 자리에 있었던 직업 궤도로부터 나온다. 하지만 느린 도시 지도자 집단은 지역 공동체의 다양한 요소를 활용하고 끌어들이며, 그 과정에서 이 운동은 10대 학생, 노인, 대안 먹거리 단체와 지역 먹거리 단체의 기술 강화 활동에 참여하는 것을 포함해 사회적·경제적으로 다양한 집단과 반드시 연결된다. 이 장에서 우리가 끌어낸 기준과 가치는 이 운동의 담론과 기준, 그리고 활동 사례에서 나타난 것들이다. 하지만 느린 도시 지도자들이 국가정치와 관련해 반드시 정치적으로나 경제적으로 동질한 집단은 아님을 밝혀둔다.

끝으로, 느린 도시 운동과 그 자매운동인 느린 먹거리 운동에서 정의하는 느림의 개념이 단순히 '빠른 세상' 또는 속도 문화에 맞선 대응이 아니라는 점을 아는 것이 중요하다. 문화연구자들이 점차 더 많이 설명하고 있듯이, 속도라는 개념은 샤르마(Sharma, 2014: 8)가 말하는 '더 큰 시간 질서'의 별다른 특징이 되지 못한다. 사실 우리가 속도의 문화 속에서 살고 있다는 생각은 일상 경험에 관한 문화기술지 연구에서 나온 것이라기보다는 어느 정도 문화연구 이론의 구성물이다. 샤르마(Sharma, 2014: 8)에 따르면, "시간성은 통일된 시간을 경험하는 것이 아니라 시간성을 생산하는 노동에 특화된 시간을 경험하는 것이다." 그렇다 하더라도 샤르마는 느린 도시들에서의 느림을 속도와 관련한 시간성의 형태와 관련해 이해하겠지만, 우리가 수행한 문화기술지 연구는 정작 느린 도시 지도자들에게 느림과 빠름의 이분법은 핵심 고려 사항이 아님을 보여준다. 느린 도시 지도자들은 지역 도시의 환경적 지속가능성, 경제, 사회성을 위한 운동 원칙에 자신들이 이미 얼마나 맞춰져 있는지 묻는 데 초점을 맞춘다. 그러므로 이 운동이 지역의 시간성과 어떻게 실제로 연결되는지를 이해하려면, 담론 분석을 넘어 담론이 회원 도시들의 과정이자 실체로서의 현실에서 어떻게 실제로 구현되는지를 물어야 한다. 따라서 시간성에 관해 우리는 속도 그 자체보다는 느린 도시가 왜 다른지를 정의하는 과정에 과거, 현재, 미래가 어떻게 얽혀 있는지에 더 관심을 둔다.

느린 도시 운동은 최근 위기로부터의 회복에 관련된 소도시 기반 서사와 관련이 있다. 이는 이 운동이 어떻게 저항과 성장 모형을 모두 피하면서 위기로부터 회복할 대안 경로를 자세히 설명하는지 드러내고, 느린 도시 회원들이 어떻게 회복력의 형태를 생성할 수 있는지를 보여준다. 우리가 연구했던 이 운동의 호주 네트워크는 이상적인 사례를 제공한다. 위기와 회복은 느린 도시 지도자들이 우리와 나눈 대화와 운동 및 다른 회원들과의 공식 관계 서사의 중심에 있었다. 예를 들어, 2013년 호주 시타슬로Cittaslow Australia: CSA의 부회장이었던 아델 앤더슨Adele Anderson은 그녀의 도시인 예이Yea가 느린 도시 지위를 얻기 위해 들인 노력을 2009년 엄청났던 산불로 물리적으로나 심리적으로 파괴된 도시를 재건하려는 시도였다고 명백하게 이야기했다. 2013년 굴와Goolwa라는 소도시에서 호주 시타슬로의 연례총회가 열리는 동안 다른 회원 도시인 블루마운틴Blue Mountains의 카툼바Katoomba가 심각한 산불 피해를 입었고, 아델은 네트워크가 산불의 여파를 겪고 있는 카툼바에 지원 역할을 하자고 제안했다. 이러한 위기, 트라우마, 회복의 서사는 여러 가지 주제에 걸쳐 언급되었다. 굴와도 여러 해 동안의 가뭄과 머리강Murray River의 인근을 말리고 지역 관광업과 어업을 완전히 망쳐놓은 국가 및 주 차원의 물 관리 정책의 결과로 감정적으로나 경제적으로 집합적인 어려움을 겪었다. 마거릿 가드너Margaret Gardner(알렉산드리나 위원회Alexandrina Council 위원이자 굴와 느린 도시 회원)는 가뭄 동안 도시가 '침체되었다'고 묘사했다. 게다가 굴와는 토착민의 신앙과 재산권에 관련된 논쟁을 지피고 이 도시에 뿌리 깊게 계속되는 사회적·정치적 분열을 일으켰던(Simons, 2003) 하인드마시 사건Hindmarsh Affair의 영향으로부터 회복하는 중이었다. 호주 시타슬로는 느린 도시가 되는 과정이 위기로부터 회복하는 수단이라는 어떠한 공식 언급도 하지 않았지만, 이 조직 안의 많은 사람들은 이것을 대처 전략으로 인식하고 있었다.

이러한 서사는 우리의 현장연구 동안 반복해서 등장했고, 여기에서 회복은 구현된 것이자, 감각적·정서적, 과정 차원으로 나타났다. 활동가들은 회복에 경제적 요소 역시 필요하다는 것 역시 인정하고 있었으며, 굴와에서는 특히 그랬다. 그러나 여기에서 나타나는 회복에 대한 접근은 회복으로서의 경제성장을 넘어 사회적·심리적·감각적이고 체화된 좋은 삶의 개념에 초점을 맞추는 치유 서사와 분명하게 얽혀 있다.

호주의 느린 도시 연구하기

호주는 인구 분산 측면에서 볼 때 대체로 도시화된 나라로(Australian Government, 2015), 대부분의 인구가 동쪽 해안을 따라 집중되어 있다. 대부분의 도시 연구는 이 도시들을 주제로 하여 이루어져 왔고, 소도시는 연구가 많이 되지 않았다(Henry, 2012). 하지만 소도시들은 은퇴자들이 유입되면서 점차 인기가 느는 중이고 일부 지역에서는 도시 먹거리와 창의성의 문화가 여기에 동반되어, 우리의 연구 참여자들에 따르면 소도시들을 더 큰 대도시 중심부에서 돌아오는 사람들을 포함해 가족과 함께 거주하기에 점차 더 흥미로운 곳으로 만든다.

우리가 연구하는 동안 호주에서는 세 개의 소도시가 느린 도시 인증을 받았다. 사우스오스트레일리아의 굴와, 뉴사우스웨일스의 카툼바, 빅토리아의 예이였다. 굴와는 카툼바에서 1300킬로미터, 예이에서는 800킬로미터 떨어져 있다. 이 네트워크는 지리적으로 퍼져 있고 이 도시들은 대도시 중심부에서 최소 두 시간 이상 여행해야 하는 거리에 있다. 우리의 연구는 주요 도시인 시드니와 멜버른에서 더 가까운 도시로의 회의, 행사, 면담을 위한 단기 출장과 당일치기 여행을 포함했다. 우리는 각 지역의 맥락과 우리가 연구 참여자들과 보낼 수 있는 시간, 그리고 그들이 참여하는 활동과 그들의 신청 및 시행 과정의 단계에 맞춰 현장조사 방법을 조정하였다. 이전 연구에서는 신청을 준비하는 집단을 따라다니기도 했다(Pink and Lewis, 2014). 우리는 또한 자기평가 서류와 인증 신청 문자 및 비디오 문서를 포함한 느린 도시의 문서화와 인증 과정을 분석하고, 각각의 느린 도시 단체들과 호주 시타슬로에서 주최하는 회의와 워크숍에 참여했다.

느린 도시 관련 기록, 문서화, 인증, 이행은 도시 지도자들과 세계 운동이 만나는 지점 안에서 정확히 이루어지며, 이 둘이 만나는 지점의 일부다. 그렇기에 도시 지도자들이 자신의 도시를 논의하고 정의하며 기억하고 상상하고 기획하는 동안 과거, 현재, 미래의 시간성이 한데 모이는 순간들이 실재적이면서도 감각적으로 실현되는 과정이다. 다음 절에서는 이 과정을 다룬다.

평범한 미래 만들기

인증 과정 또는 미래를 위한 신청

느린 도시를 만드는 일은 신청 과정을 위해 지어낼 수 없다. 이 이야기는 호주, 영국, 스페인의 연구 참여자들과 대화하는 과정에 반복적으로 나왔다. 도시 지도자들은 계속해서 자신들의 도시가 이미 느린 도시라고 느꼈고, 인증 과정의 목표는 이를 해당 운동으로 인식하게 만드는 형식에 담고 더 중요하게는 느린 도시로서의 지위와 정체성을 세계 무대에서 인정받는 것이었다. 핑크와 루이스는 느린 도시 지도자들이 소도시와 지역에 느린 도시 정체성을 만드는 데 "자신의 '장소 감각sense of place'의 전기적 기억을 철저히 파고들었고 미래를 상상했다. … 그들이 '이미 그렇다'고 여기는 모습과 관련한 서사에 이러한 역사적·환경적·문화적 차원을 넣음으로써 현재가 이 운동의 틀에 맞추어 미래와 연결되었다"고 보여준 바 있다(Pink and Lewis, 2014: 704). 실제로, 느린 도시가 되는 과정은 지역적 요소와 세계적 요소, 과거와 미래 사이의 균형을 상당히 잘 맞춘다. 그것은 세계적으로 인정받은 틀을 통해 지지를 받고 촉진된 미래로 가는 길을 낼 수 있게 만든다. 그러므로 느린 도시가 되는 과정은 느린 도시로서의 **가능성**을 상상하게 만든다. 이 과정은 객관적 의미에서 미래를 만들지 않지만, 미래를 상상하고 미래로 향하는 경로를 만드는 방법을 열어준다.

느린 도시 회원이 되는 데 요구되는 자기평가를 채우려면 지루하고 방대한 정보를 수집하고 문서화를 준비해야 한다. 그럼에도 많은 참여자들은 이를 긍정적이고 유용하며 협력적인 과정으로 기억했다. 호주의 모든 느린 도시 대표가 모였던 굴와에서의 호주 시타슬로 회의에서 이 주제에 관한 논의는 어떻게 하면 이 과정을 호주의 상황에 맞게, 그리고 확장을 통해 새로운 회원 가능성이 있는 도시들이 더 접근할 수 있게 만들 것인가에 집중되었다. 예를 들어, 예이 대표단의 애덤은 인증 과정이 그들이 자신들의 도시에 대해 무엇을 가치 있게 여기는지, 그리고 그 가치를 생산적이고 구체적으로 계량화하게끔 일깨워 주었다고 말했다. 참여자들과의 면담과 대화들은 인증 과정이 왜 그저 상상하는 미래로 가는 중간 과정만이 아닌지를 보여주었다. 느린 도시 회원 자격은 회원 지위를 획득하거나 인증하는 시점에 있다고 해서 활성화되지 않는 '활성화 기술enabling technology'(Pink and Lewis, 2014)이다. 오히려 능력은 회원 자격을 얻는 과정 그 자체에서 얻게 된다. 연구 참여자들은 인증 신청 기간에 마련한 자료 목록과 평가가 이 도시들의 미래를 만드는 데 매우 중요하다고 여겼다. 그들은 자료를 마련하면서 자신의 도시를 이해하고 대표하는 방법을 만들 수 있었고 이 과정이 이후의 활동과 생각에도 은연중에 영향을 주었다고 했다. 이렇게 생성된 문서는 그저 관료적인 '서류'가 아니라 정서적인 글이다. 2005년부터 우리는 영국과 호주에 걸쳐 있는 여러 느린 도시의 신청 자료 사본을 건네받아 보았고, 대부분의 도시를 방문해 신청에 관한 이야기를 들었다. 신청 과정은 빈틈이 없으며 1년 또는 2년까지 이어질 수도 있다. 예를 들어, 한 영국 소도시의 경우, 지도자들은 자신들의 도시가 이 운동에 맞다고 열성적으로 생각했지만 기준 중 하나를 충족하지 못했는데, 이는 인증을 받게 되기까지 긴 '싸움'을 의미했다.

인증 서류들은 여섯 개 영역에 60개가량의 기준으로 이루어진다. 신청서는 많은 경우 표 형태로 되어 있지만, 어떤 도시 지도자들은 와인이 놓인 테이블에 앉아서 논의하는 모습을 비디오로 녹화해 해당 주제와 기준을 중심으로 구조화한 영상을 신청서로 내기도 했다. 그들은 이것이 운동의 정신에 부합하고 자신들이 전달하고 싶은 내용이라고 생각했다. 그들에게 이 운동의 회원 자격을 인증하는 사람들과 우리 연구자들은 이 비디오를 보면서 운동에 속한다는 느낌을 누릴 방법들을 깨닫게 되었다. 신청서를 구성하는 주제들은 느린 도시 신청자들에게 미래지향적인 일련의 질문들에 응답할 것을 요구한다. 많은 경우에 이러한 질문들은 구체적으로 신청위원회에 특정 목표를 지켜나갈 '계획'을 묻고, 이에 따라 신청자들에게 어떤 미래는 올 수 있게 만들고 다른 것은 피할지 계획을 펼쳐 보일 것을 요구한다. 예를 들어, 호주에서 처음 인증을 받은 도시이고 이탈리아에 본부를 둔 운동 지도자들의 방문을 포함한 전체 국제 인증 절차를 거쳤던 블루마운틴의 카툼바에서는, 수Sue가 신청 과정 전반을 이야기해 주었다. 세라가 수에게 시타슬로가 어떻게 도움이 되었다고 생각하느냐고 묻자 그녀는 이렇게 설명했다.

나는 여기에서 우리가 가지고 있는 것들을 경관, 유무형의 유산 …면에서 아주 가치 있다고 생각했고, 재구성하고 싶었기 때문에 그 가치를 다른 사람들이 좀 더 쉽게 알 수 있는 … 방식으로 표현하고 싶었어요. 왜냐하면 … 어떤 정말 높은 교육을 받은 사람들은 "불도저로 밀어버리고 다 새로 시작하셔야죠" 이런 말을 하기를 좋아했고, 내게는 그것이 정말 비극으로 보였거든요.

수에게 이러한 비극은 올 수 있는 미래의 일부분이지만, 그것을 피할 방법을 찾음으로써 시타슬로는 다르게 올 수도 있는 미래를 상상하는 방법이 되었다. 이를 좀 더 경험적 맥락에서 말하자면, 다른 곳에서도 묘사한 바 있지만(Pink and Lewis, 2014), 수와 동료 나이젤이 세라와 테이니아를 데리고 이 도시를 산책하는 동안, 나이젤은 예를 들어 우리를 할인점으로 이끌고 가서는 지금은 상업적인 환경이 만들어진 자리지만 옛날에 어디에 극장의 무대와 관객석이 있었는지를 보여주는 방식, 다시 말해 건물의 현재 모습이 아니라 거기에 어떤 과거가 숨겨져 있고 미래에는 그것이 회복될 것이라는 희망을 불러일으키는 방식으로 도시의 건축을 설명했다. 그렇기에 시타슬로는 예측 기술이 아니다. 그것은 규제틀이나 우발사태 관리 형태처럼 '예방' 논리를 따르지 않으며, 미래를 알 수 있을 것처럼 굴지도 않는다. 오히려 이 운동은 불확실성의 맥락 속에서 일련의 가능성들로 미래를 상상하는 방법과 궤를 같이하며 이를 지지한다.

이러한 비선형적 시간성으로 인해 사람들은 시타슬로 인증을 통해 과거 및 현재와 연결 지어 미래를 상상할 수 있으며, 이 시간성은 다양한 방식으로 나타난다. 예를 들어, 블루마운틴 카툼바의 인증 서류 중 범죄에 관한 절에서는 과거과 현재, 미래가 한데 그려지며 앞으로의 운동과 '더 나은' 미래를 향한 개입이 계속적으로 이루어지는 과정에서 한 자리씩을 잡고 있다. 예를 들면 다음과 같다.

> 카툼바 공동체상공회의소는 낙서 제거 키트를 준비해 요청하는 상점 직원에게 나눠주었고, 지역 내 기물 파손과 낙서에 대한 무관용을 이끌어 내며 즉각 신고와 낙서 제거를 장려한다. 2007년에는 카툼바 길거리에 CCTV 카메라가 설치될 것이다.

이러한 느린 도시 신청 자료들은 평범한 지역 활동, 정책, 문제, 자료를 하나의 문서에 모은다. 평범하다고 해서 의미가 없다는 것은 아니다. 오히려 우리는 이것이 계속되면서도 숨겨져 있는 것들을 떠받치는 인프라임을 강조하고 싶다. 사실 이 문서들은 사람들이 보고 생각하며 느끼는 것들을 떠받치고 있기 때문에 의미로 가득 차 있다. 인증 서류들은 이렇듯 현재, 그리고 서류에서 드러내는 인프라들이 어떻게 도시가 미래로 가도록 '떠받칠' 것인지와 관련된다. 이 서류들을 보면 신청자들이 언어로 표현하는 부분뿐 아니라 좀 더 물질적이거나 교감적인 방식으로 느끼고 상상하는 미래와 연결되게 해준다. 그러므로 이 평범한 듯한 인증 서류가 사람들이 미래로 발전해 가는 자기 도시의 모습을 어떻게 상상하는지 보여주는 뼈대를 제공한다고 볼 수도 있다.

끝으로, 인증은 또한 신뢰의 순간이다. 인증은 자기보고, 그리고 좀 더 자리를 잡은 느린 도시 지도자들의 인솔 방문을 기반으로 한다. 모든 소도시들이 인증을 받지는 못하고 최소한 즉시 받는 것은 아니며, 이 운동은 관광 브랜딩을 위해 느린 도시 지위를 신청하는 도시들을 특히 조심하고 경계해 왔다. 이 운동과 회원 도시의 지도자들이 억제하려는 것이 바로 대규모 상업 관광이다(Pink and Servon, 2013). 도시들이 50% 이상의 점수를 받아야 하는 자기평가에서 기준에 대해 스스로 점수를 매기도록 요구한다는 점에서 계량화의 요소도 있다. 그렇지만 이것은 주관적인 계량화 형태로서 자기평가 방식이며 마찬가지로 도덕성 및 신뢰 형태에 기반을 둔다. 도시들은 한 번 인증을 받으면 진행 과정의 일부로 그 점수를 향상시킬 것이라는 기대를 받으며 주기적인 자기평가 서류 제출을 통해 계속해서 점검을 받는다.

느린 도시 인증의 시간성은 가까운 미래로든 더 먼 포부를 가지고 희망하던 미래로든 서둘러 가려는 현재와 과거를 묶는다. 인증은 과거와 현재의 긍정적인 요소를 보호하고, 환경적 지속가능성, 환대와 사회성, 유산과 더 많은 것들에 대한 이 운동의 기준을 만족하는 미래를 기획하는 형태들을 고려한다. 신청서에서 그리는 미래는 과거와 현재에 뿌리를 두고 있다. 이 미래들은 향수적이지만, 동시에 문서화할 수 있고 경험하는 현실을 실천적으로 지향하며, 그러면서도 야심 차고 기대에 차 있기도 하다. 이러한 미래는 많은 경우 인식, 실제, 경험 차원의 위기에 대처하도록 만들어졌기 때문에, 다르게 기대하거나 상상할 수 있는 미래에 맞서 부가적으로 회복력의 형태를 만드는 방법이기도 하다. 이러한 미래는 우리가 현재에 관해 알 수 있는 것들이 초래할 수 있는 불확실성에 대처할 틀을 제공하며, 이를 지지하는 데는 지역을 넘어서는 세계 느린 도시 운동의 맥락이 필요하다. 이러한 미래는 집합적으로 상상된 미래로서 경험할 수 있는 것들의 일부를 형성한다. 다음 항에서 우리는 이 운동의 지역적이고 세계적인 요소가 이 과정에서 어떻게 서로를 포함하는지를 탐구한다.

집합적 미래를 지역에 맞추어 이행하고 문서화하거나 보장하기

이탈리아 오르비에토Orvieto의 느린 도시 운동 이사회와 호주까지의 거리와 더불어, 지리적이고 정치적인 이례성이나 호주의 특수성을 고려해 국제 시타슬로는 호주 시타슬로CSA에 호주 내 지역 인증 책임을 위임했다. 이는 국가별 네트워크에 지역 상황에 맞추어 운동의 기준을 조정할 어느 정도의 자율성을 준다는 그들의 표준 접근을 따른 것이다. 호주 시타슬로의 창설은 "우리는 여행을 줄임으로써 생태 발자국을 줄이고 이것은 시타슬로의 목표 중 하나"이며, 또한 "이탈리아에서의 원래 목표를 기반으로 호주식 기준을 수립"할 수 있게 한다는 점에서 느린 도시 운동의 목표와 일관된다(http://www.cittaslow.org.au/page.asp?id=39).

네트워크 자체와 소도시들에서 지역에 맞춰 기준을 바꾸려는 노력들 역시 미래를 지향한다. 2013년 굴와 회의에서 이러한 노력은 호주의 느린 도시들이 스스로를 예이-머린딘디Yea-Murrindindi, 카툼바-블루마운틴Katoomba-Blue Mountains, 굴와-알렉산드리나Goolwa-Alexandrina라고 부름으로써 지역 정체성을 채택하고, 그리하여 단일 도시로부터의 초점을 제거하는 것으로 진전되었다. 이탈리아 모형과 달리 지방정부가 한 소도시 단위로 국한되지 않는 상황에서 이것은 네트워크의 장래 지속가능성에 중요하다. 느린 도시의 생존은 (그들이 실제 소도시이든 주거 단지이든) 지방 및 지역 정부와의 연계성과 정치적 변화에 달려 있기 때문에, 그들은 지금 있는 지역 거버넌스 단위와 원리에 관여해야 한다.

운동 구성원들이 세계화를 바라보는 복합적이고 다양한 반응은 종종 실용주의적인 향수를 나타냈다. 이 말은 사람들이 보수주의와 내 마을이라는 인식으로부터 동등하게 영향을 받고 있으며, 자신의 도시에 관해 개인적으로든 집합적으로든 무엇을 '보호하기' 원하거나 가치 있게 여기는지 미래지향적 관점에서 인식하며, 현재의 도전을 해결하려는 동기를 갖고 있다는 뜻이다. 느린 도시 운동의 활동이 어떻게 기업의 이해관계와 다른 국가 및 전 세계 이해관계의 흐름에 얽혀 있는지 알 수 있는 사례가 있다. 앤 엘리엇 Anne Elliott은 느림의 철학을 블루마운틴의 패스트푸드 체인에 맞선 싸움의 틀 안에서 소개했다. 그녀는 활동가라고 불리는 것을 편안해했다. 하지만 수는 세라와 테이니아가 블루마운틴의 카툼바에서 수와 나이젤 벨과 함께 시타슬로 이야기를 하는 동안, 시타슬로의 이상과 일치하지 않는 개발에 저항할 가능성이 거의 없는 경우가 많다고 강조했다. 그녀는 이렇게 말했다. "개발이 승인되면, 돌아올 수 없는 선을 넘은 거예요. 개발은 추진될 것이고 도시에서 빈 가게 자리가 하나 더 생기는 것은 가장 보고 싶지 않은 일이라는 것을 아니까 어찌되었든 일이 되게끔 해야 한다는 것을 알게 되는 거죠." 이와 비슷하게, 핑크가 영국의 다른 곳에서 보여주었듯, 도시 지도자들은 지역 계획 승인이 나면 대형 마트가 도시 안이나 바로 외곽에 지어지는 일을 막을 수 없다는 것을 깨달았다. 비록 그들은 이러한 개발에 대해 꽤 씁쓸하게 말했지만, 그에 맞서기보다는 함께 가야 했다(Pink, 2009). 수는 이후 이야기를 나누면서 이렇게 말했다. 시타슬로는 "세계 운동이니까 … 바라기로는 그것이 … 세계 기업의 … 대항세력으로 균형을 잡아줄 수 있겠죠, 그래요." 어떤 면에서 대항균형counterbalance이라는 개념은 느린 도시 지도자들이 무엇을 바라는지에 관한 현실적인 시각을 나타낸다.

우리가 보여준 것처럼, 실제로 이 운동이 도시 지도자들이 두려워하는 사람들에게 맞서 대안 미래를 상상할 방법을 제공하기는 하지만, 지역에서 이 운동을 이끄는 지도자 사이에서는 활동 개념을 둘러싸고 많은 양가감정이 있다. 비록 이탈리아에 기반을 둔 이 운동이 이탈리아의 국가적 맥락에서 좌파 정치로부터 나타나기는 했지만, 국제적으로 보면 느린 도시의 지역 지도자들이 꼭 같은 정당 정치에 헌신하고 있지는 않으며 정치 면에서는 다양한 집단을 대표한다. 비슷하게, 운동에 대한 이들의 의견은 광범위하고, 네트워크 구성원들은 활동 스펙트럼에서 다른 위치를 차지한다. 호주에서 운동의 의제(혹은 누군가 묘사한 것처럼 '부정적'이 되는 것)는 호주 시타슬로 네트워크에 속해 있는 느린 도시들의 정체성과 느린 도시 그 자체가 운동인지 아니면 운동을 따로 봐야 하는지를 묻는 더 큰 대화 안에 들어가 있다. 예를 들어, 2013년 회의의 한 워크숍에서는, 비록 (애들레이드 슬로 푸드Adelaide Slow Food의) 리디아 모레티Lidia Moretti가 지적한 대로 느린 먹거리(그리고 결과적으로 느린 도시)의 기원이 패스트푸드 반대를 통해 이루어지기는 했지만 호주 시타슬로는 옹호 활동에서 '[패스트푸드 체인] 반대'처럼 반대나 부정적 입장을 취하지 말아야 한다는 제안이 있었다. "우리는 전환마을이 아닙니다"라고 또 다른 참여자가 말했다. 사람들은 만약 패스트푸드 버거 식당이 호주의 느린 도시에 들어오기를 원한다면, 느린 도시에서 의무 사항으로 두고 있는 반대 정책을 적용하지 말아야 한다는 시각을 공유했다. 그 대신 느린 도시가 해당 업체들이 도시에 들어오는 조건을 지시할 수 있어야 한다는 데는 동의했다.

이 대화에서는 패스트푸드 할인점에 반대했던 단데농Dandenong/테코마Tecoma의 싸움이 언급되었는데, 이에 관해 어떤 사람들은 정말 느린 도시 활동으로 인정하기에는 초점이 충분히 넓지 않다는 우려를 했었다(Pink and

Lewis, 2014). 이 논의에서는 호주 시타슬로 대표단이 인증에 관심을 표명했던 한 도시를 방문했을 때, 그들이 인증을 얻으려는 목적이 오로지 한 슈퍼마켓 개발을 막기 위한 것임이 얼마나 분명했었는가에 관한 이야기도 나왔다. 하지만 개발에 반대하는 캠페인을 하고 있는 도시 대표자들을 그렇다는 이유로 도외시하지 말고, 왜 그들의 도시가 느린 도시가 되어야 하는지에 관한 더 종합적인 시각을 갖도록 도와주어야 한다는 의견도 있었다. 이는 호주 시타슬로 네트워크 가입에 관심이 있는 도시들을 '양성'하면서, 회원 가입을 독려하기 위해 고안된 맞춤 과정과 목표의 일부분을 만들어 가려는 더 큰 동기와 관련이 있었다.

전국 단위의 이 논의는 호주의 느린 도시 네트워크의 입지를 자본주의 성장에 직접 저항하는 캠페인 조직으로서가 아니라, 이 운동의 기준이 환경적으로 지속가능한 미래를 향해 표현되고 쓰이는 환경을 만들고자 하는 조직으로 잡고 있다는 사실을 분명히 보여준다. 그렇다고 해서 이 운동이 반드시 국제적으로나 국가 또는 지역 차원에서 자본주의 성장을 지지한다는 뜻은 아니다. 오히려 이것은 이 운동이 휘두르는 정치적·경제적 권력과 운동의 토대를 이루는 목표 면에서 이 운동이 실제로 무엇을 성취할 수 있을지를 바라보는 시각을 제공한다. 이러한 접근은 칼리스가 쓴 장(이 책의 2장)에서 제시된 정치·사회·경제 개혁의 탈성장 의제를 본질적이거나 극적인 방식으로 생산하거나 뒷받침하지는 않더라도 지역 규모에서 그 효과를 낼 것이다. 그러나 간접 활동이라는 형태는 기업이 지역 환경에서 상업 활동을 하는 데 영향을 줄 수 있다. 예를 들어, 블루마운틴 지역의 카툼바에서 일부 대기업은 지역 계획법 때문에 사업을 시작할 수조차 없다. 영국 사례에서, 지역의 느린 도시 지도자들은 지역 사람들과 조직들이 느린 도시의 기준에 맞는 지역 서비스와 사업체를 이용하고 협동조합과 농산물 시장에서 장을 보도록 독려'하면서' 지역 축제와 의례의 순환을 통해 이러한 가치와 활동 및 관련 경제가 자리 잡게 했다. 이것은 회복력의 형태를 만들어 냈다. 이것은 느린 도시 원칙의 적극적 실천과 경험을 통해 원하지 않는 미래를 피할 수 있기 때문에 회복력을 유지하는 미래를 향하는 방식으로 지금에 대처하는 것이다.

이렇듯 느린 도시 운동은 자본주의 성장 모형에 대안을 제공하고, 사람들을 실제로 그렇게 살게끔 초대함으로써 이를 구현하며, 그렇게 해서 그들을 현재와 미래에 살게 한다. 하지만 그것은 직접 저항에 대한 대안이기도 하다. 번화가에 있는 지역 건축 유산의 소실, 슈퍼마켓 체인의 성장, 글로벌 패스트푸드 할인점의 출현처럼 운동 구성원이 반대하는 많은 것에 대한 직접 저항은 많은 경우 성공하지 못했다. 따라서 세계 전역에서 다양하게 나타나는 느린 도시 운동은 특정한 역할이 있으며, 저항보다는 회복력을 형성하려고 한다는 점에서, 다양하고 잠재적으로 상반될 수도 있는 정당의 정치적 의제들도 실제로 포괄할 수 있다고 볼 수 있다.

회복력 있는 미래를 만들기 위한 함의

회복력의 미래지향적 양식은 느린 도시 같은 운동이 바라보는 세계의 고통을 해결하거나, 자본주의 성장 모형 추구를 멈추거나, 고통의 강도와 직접 저항의 희망을 대체할 수 없다. 하지만 그것은 위기 시에 도움이 되는 일상적이고 기대할 만한 좋은 삶의 형태를 성취하고, 참여하는 공동체를 두렵게 하거나 위협하는 것보다 더 낫다고 느껴질 미래를 기대할 토대를 제공한다.

자본주의 성장 모형을 통해 상상할 수 있는 것과 다른 미래를 만들려는 느린 도시의 접근은, 위협이나 위기에 직면했을 때 완전한 해법이 아니라면, 더 추상적이고 전체적인 해법보다 실재하는 가능성을 활용하는 접근이 어떻게 한숨 돌릴 여유를 줄 수 있는지를 보여준다. 다른 곳에서 논의되었듯(Pink and Servon, 2013; Pink and Lewis, 2014), 느림 운동은(예를 들어 Parkins and Craig, 2006가 주장한 것 같은) 대안 시간성을 만들지 않으며 근대성의 빠름을 '늦추는' 교정물도 아니다. 이 운동이 만들려는 것은 오히려 다른 존재와 경험 방식이며, 이것이 불가피하게 미래지향성을 갖게 되는 것이다. 이러한 대안은 전체적인 해법을 성취하는 일의 어려움을 인정하고 그 대신에 어쩔 수 없이 부분적이고 그렇기에 저기에 있는 무언가 '다른' 것과 연결되었을 때라야 이해할 수 있는 미래로 가는 경로를 만든다.

미래는 현재처럼 평범하고 지저분하며 복잡할 것이다. 우연성과 저기에 있는 '다른 어떤' 것들이 만드는 조건은 어떠한 명확한 미래 비전이든 가로챌 것이다. 만일 우리가 미래를 얽혀 있는 것으로 본다면, 느린 도시 운동과 같은 접근은 아마도 아직은 알 수 없는 다른 실마리들과의 관계를 통해 지속가능하고 공정한 미래를 이루는 실마리가 될 것이다.

참고문헌

Adam, B. and Groves, C. 2007. *Future Matters: Action, Knowledge, Ethics*. Leiden: Brill.

Anderson, B. 2010. "Preemption, precaution, preparedness: Anticipatory action and future geographies." *Progress in Human Geography*, Vol.34, No.6, pp.777~98.

Anderson, B. 2015. "What kind of thing is resilience." *Politics*, Vol.35, No.1, pp.60~6.

Australian Government. 2015. State of Australian Cities: 2014~15. Available at: https://infra structure.gov.au/infrastructure/pab/soac/files/2015_SoAC_full_report.pdf

Castells, M. 2012. *Networks of Outrage and Hope: Social Movements in the Internet Age*. Cambridge: Polity.

Cittaslow. 2014. Cittaslow International Network. Available at: http://www.cittaslow.org/down load/DocumentiUfficiali/CITTASLOW_LIST_april_2014_PDF.pdf

Henry, R. 2012. *Performing Place, Practising Memories: Aboriginal Australians, Hippies and the State*. Oxford: Berghahn.

Ingold, T. 2007. *Lines*. London: Routledge.

James, R. 2015. *Resilience & Melancholy: Pop Music, Feminism, Neoliberalism*. Alresford: Zero Books.

Parkins, W. and Craig, G. 2006. *Slow Living*. Oxford: Berg.

Pink, S. 2009. "Urban social movements and small places: Slow cities as sites of activism." *City*, Vol.13, No.4, pp.451~65.

Pink, S. 2012. *Situating Everyday Life: Practice and Places*. London: Sage.

Pink, S. and Lewis, T. 2014. "Making resilience: Everyday affect and global affiliation in Australian Slow Cities." *Cultural Geographies*, Vol.21, No.4, pp.695~710.

Pink, S. and Servon, L. 2013. "Sensory Global Towns: An experiential approach to the growth of the Slow City movement." *Environment and Planning A*, Vol.45, No.2, pp.451~66.

Sharma, S. 2014. *In the Meantime: Temporality and Cultural Politics*. Durham, NC: Duke University Press.

Simons, M. 2003. *The Meeting of the Waters: The Hindmarsh Island Affair*. London: Hodder Headline.

Tomlinson, J. 2007. *The Culture of Speed: The Coming of Immediacy*. London: Sage.

결론

마누엘 카스텔

경제위기는 재화와 서비스 생산, 소비, 교환 실천의 문화적이고 정치적인 기반을 드러낸다. 나는 위기를 시장과 제도에 구현된 운영 절차 속에서 실천이 제대로 수행되도록 보장하던 기제가 기능을 멈추는 상황으로 이해한다. 금융기관이 파산하고, 투자가 마르고, 주택담보대출의 담보권이 행사되고, 기업이 도산하고, 직업을 잃고, 임금이 깎이고, 가족들이 집에서 쫓겨나고, 정부의 빚이 쌓이고, 가장 필요한 순간에 사회서비스와 실업연금이 삭감된다. 이러한 경우에 기관들은 긴급 절차를 시행해, 경제를 돌리던 시장과 민간 투자를 공적 지출로 대체해야만 한다. 그 사이 사람들은 부지런히 일하고 충실하게 따르면 살아남을 것이라고 약속받았던 방식 밖에서 생존해야 할 필요에 직면하며, 자신의 실천을 재발명하고 궁극적으로는 자신을 재발명하도록 등 떠밀린다. 일부는 불공정하고 자신의 삶에 해를 끼치는 기업 관행과 공공정책에 맞서 싸운다. 하지만 어떻게 그들이 현재 위기의 중심에 있으며 어떤 행위자도 통제할 수 없는 세계 금융 흐름에 효과적으로 맞서 싸울 수 있겠는가? 정부 자체가 금융의 회오리바람을 만드는 데 기여했고 그것에 크게 의존하는 상황에서 어떻게 정부로 하여금 자본을 규제하고 부를 재분배해서 소비, 투자, 고용을 자극하도록 압박할 수 있겠는가? 그리고 정치의 관료화와 금융 이해관계에 따른 정당 통제와 시장 근본주의의 이데올로기에 가로막힌 상황에서 정부와 기업이 어떻게 정치적 대표성의 통로를 활성화할 수 있겠는가?

때로 체계위기를 유발한 기능장애는 체계 자체의 프로그램에 내재된 모순의 결과다. 또 다른 경우에 체계의 작동을 막는 장애물은 이 체계의 환경이 작동하면서 의도하지 않게 나타나는 결과로부터 기인한 되먹임 효과에서 온다. 체계가 조직 논리를 바꾸지 않고서는 새로운 기술을 운영할 수 없기 때문에 오는 한계도 있다. 게다가 만일 위기 관리가 관리제도의 위기로 방해를 받는다면, 위기는 통제 불능의 소용돌이를 일으키며 경제와 사회에 파괴 효과를 유발할 수 있다. 끝으로, 사람들의 행동은 미리 정해진 것이 아니기 때문에, 모든 차원에서 삶을 규제하는 어떤 체계가 그 기대 목표를 보장하지 못하게 되면, 사회행위자들은 이 체계의 규칙과 제도에 도전해 위기를 심화시킨다.

이 책은 지난 10년 동안 세계 정보자본주의 체계, 우리 시대의 지배적 경제·사회·문화 형태를 뒤흔들었던 위기의 다중성에 맞선 사회의 대응을 분석했다. 자본주의에서 위기는 예외적이지 않다. 사실 자본주의는 모든 사회경제체계와 마찬가지로 위기를 통해 진화하고 변화한다. 각 위기의 특징과 여파 속에서 자본주의의 성과를 복구하기 위해 자본주의를 재구성하려는 실천이 새로운 자본주의 형태를 결정했다. 그렇게 해서 처음에는 1930년대 자유방임주의적 자본주의가 제2차 세계대전 동안 전시경제로 대체되었다. 그리고 나서는 국가의 경제 개입과 공공지출 및 공공정책을 통한 소비 및 고용 촉진을 특징으로 하는, 이른바 케인스주의 경제정책이 1940년대 말부터 1970년대 중반까지 경제성장과 생산성 증가의 시기를 촉발했다. 걷잡을 수 없는 인플레이션과 자본의 이윤율 저하로 나타났던 1970년대 경제위기는 자본주의의 재생산 확장을 보증할 새로운 경제 및 조직 전략을 요구했다 (Castells, 1980). 이러한 전략의 특징으로는 세계화(시장, 자본, 노동, 투입 확장), 조직 변화(연결), 제도 개혁(자유화, 규제 완화, 회사 및 시장, 특히 금융시장 민영화)을 꼽을 수 있다. 정보통신기술 혁명을 기반으로 한 새로운 기술 패러다임은 새로운 자본주의 형태를 유도하는 이 엄청난 변화에 필요한 인프라를 제공했다. 내가 여러 저작에서 분석했던, 금융자본주의를 중심에 둔 세계 정보자본주의가 그것이다(Castells, 2000a; 2000b; 2004). 비록 이 글에서 다 설명할 수는 없지만, 이러한 위기와 변환이 단순히 경제적이기만 한 것은 아니었음은 반드시 말해야겠다. 그것들은 사회적이고 제도적이며 문화적이고 정치적이었다. 케인스주의는 1930년대와 1940년대 새로운 정치의 결과였다. 1980년대 정부와 기업에 의한 세계 자본주의의 전략적 창조는 신자유주의 이데올로기, 산업화 시대부터 이어진 노동조합과 연대조직의 종말, 사회민주주의의 위기로 정당화되었다(Crouch, 2004). 지난 10년 동안, 새로운 자본주의 형태를 향한 비슷한 위기와 탈바꿈의 과정이 아직은 배아 상태에 있지만 새롭게 떠오르는 형태로 일어났다(Mason, 2015).

2008년 미국에서 먼저 터지고 뒤이어 유럽에서 터진(그러나 세계 다른 곳에서는 아니었던) 위기는 1930년대 대공황 이후 가장 심각한 경제위기다. 2008년 9~12월 사이 주요 금융기관의 파산이 들불처럼 번지면서 금융자본주의는 무너졌다. 세계 대다수 은행을 보장하던 거대 보험회사 AIG는 부채를 감당할 수 없어서 실질적으로 파산했다. 미국 정부가 지분의 80%를 사서 이 회사를 사실상 국유화하는 방식으로 개입하면서 붕괴는 피했다. 금융시장의 자기조정 능력이라는 신화는 이렇게 깨졌다. 결국에는, 내가 다른 곳에서 조사했던 잘 알려진 이야기의 세세한 사항까지 가지 않더라도(Engelen et al., 2011; Castells et al., 2012), 미국과 유럽 모두에서 정부가 납세자의 돈을 유례없는 규모로 가져다 씀으로써 금융기관을 구했다. 몇 년이 지나면서 위태위태한 안정성은 얻었지만, 사회에서 위기의 결과는 실직, 거주지 퇴거, 연금 축소, 의료, 교육, 사회보장의 심각한 삭감으로 수백만 명을 완전히 무너뜨렸다. 게다가 위기의 비용을 감당하기 위한 정부의 대규모 부채를 긴축정책 시행의 논리로 사용하면서 금융시장 의존이 커졌고, 유럽에서는 인구의 상당수가 안전망 없이 방치된 상태로 위기의 비용과 기간이 악화되었다. 이와 동시에 상위 계급은 절대적으로나 90%의 사람들과 비교했을 때나 부를 늘리면서 소득 및 자산 불평등은 전례 없는 수준으로 높아졌다(Piketty, 2013). 이렇듯, 2008년 금융시장위기는 경제성장의 근원에 있던, 특히 부동산 부문에서의 무책임한 대출 탓에 가구, 회사, 정부가 대출과 이자를 갚을 수 없게 됨으로써 촉발되었다(Schiller, 2008). 이것은 실수가 아니라 금융 부문이 새로운 금융 정보 기술을 활용해 모든 것을 증권과 파생상품으로 만들면서 가상 자본을 만들어 전례 없는 비율로 확장한 체계에 따른 결과였다. 이러한 체계의 역동성은 체계 자체의 종말로 이어졌다.

동시에, 인간이 만든 세계 기후변화에서 전형적으로 나타나듯, 자본이 전 세계로 확장되고 (중국, 인도, 인도네시아, 브라질 같은 거대 국가들이 세계시장으로 통합되는 현상과 더불어) 세계 전역에서 산업적 생산과 소비가 가속화하면서 파국으로 치달을 잠재성을 품고 있는 환경 결과를 촉발했다. 좀 더 일반적으로 말해, 이러한 특정 성장 모형의 생태적 한계가 완전히 드러났고 금융경제위기에 대규모 생태위기를 보탰다(Castells and Himanen, 2014). 이렇게 서로 얽힌 위기들은 전 세계 사회의 각기 다른 부문에서 어려움을 불러일으켰다.

가차 없는 자본 가상화 경향의 원천에 있는 금융체계의 기술 변화는 블록체인 기술을 기반으로 결제수단을 혁신하고, 돈을 없애고, 비트코인 등 완전히 가상화된 화폐 형태를 만들어 고급 금융의 지배에 대항할 대담한 실험을 촉발했다. 이러한 가상 화폐들은 선진화된 디지털 기술을 익명의 결제 형태와 새로운 기업가 세대의 손에 자본을 축적하는 실험에 활용함으로써 금융기관과 국가 모두에 도전했다. 이러한 기술적 묘기의 밑바탕에는 지식과 혁신 역량을 사용해 국가와 기업자본주의로부터 자유를 얻으려고 노력하는 유토피아 문화가 있다. 이 책 4장에서 라나 스와츠가 썼듯이, "이러한 프로젝트가 공상으로 드러난다 하더라도, 블록체인은 욕구의 발명으로서 의미가 있다. 이것은 다름alterity의 동력원이자, 다른 세계를 상상하고 그 다른 세계가 어떻게 돌아갈지의 역동성을 상상할 기회다."

게다가 정부는 재빨리 금융자본주의 구제에 나섬으로써 시민들을 상대로 정당성의 위기를 심화했다. 실제로 시민 또는 납세자가 자본주의 기업의 잘못된 행동에 자신이 돈을 내야 하고 체계를 복구하기 위해 시행된 긴축으로 고통받아야 하는 편파적 정책에 반대하면서 위기 관리 제도 자체가 위기에 빠졌다. 일련의 체계 실패의 결과로 사회적 저항과 사회운동이 나타났고, 많은 사회에서 특히 유럽연합이라는 제도와 각 나라의 전통적인 정당의 정당성에 의문을 제기하면서 정치체계가 불안정해졌다.

이것이 유럽, 미국, 그리고 다른 곳에서 이 책에서 기록하고 분석한 다수의 대안 경제실천이 나타난 맥락이다. 그중 일부는 생존 전략의 결과였고, 다른 것들은 예측할 수 없고 길들여지지 않는 세계 금융시장에 덜 취약한 새로운 형태의 경제생활과 새로운 삶의 방식을 찾으면서 나온 결과였다. 금융 가치와 금융·화폐 용어로 측정된 삶의 가치는 금융 개입 없는 인간적 삶의 가치를 긍정함으로써 도전을 받았다. 의미 있는 존재로서의 필요와 욕구 충족은 이윤 추구 시장의 제약을 넘어서는 새로운 경제실천을 위한 탐구로 한데 모였다.

이러한 실천 중 일부는 새로운 경제행위 형태를 찾는 것을 목표로 한다. 다른 일부는 푸른 지구와 함께 살아갈 수 있는 생태적 생산과 소비 탐색을 포함하기도 한다. 또 다른 실천들은 기술 유토피아로부터 새로운 화폐체계를 기획하려고 한다. 그리고 모두는 금융자본주의라는 결함 있는 체계가 기대고 있는 권력관계를 대체하려는 시도로 수렴된다. 이러한 사회·경제적 실천의 다양성으로부터, 예를 들어 탈성장 이론과 정책, 새로운 문화적 기초에서 생산, 소비, 일자리 창출과 생활 보장이 가능한 새로운 경제활동 형태의 기획, 사람을 귀하게 여기는 경제의 도입과 같은, 경제를 새롭게 이해하는 방식들이 나타났다(이 책 3장을 참조할 것; Schumaker, 1999). 현재 경제체계의 당연하게 여겨지는 불가피성에 도전하려는 또 다른 표현은 '느린 도시' 운동에 영향을 미친 새로운 지역 발전 전략의 출현으로, 지역이 주민의 삶의 질 보존을 돕기 위해 도시 성장을 제한하고, 그렇게 해서 성취하는 존재로 탈바꿈의 상상을 유도하는 것이다(이 책 8장을 참조할 것).

독일과 유럽위원회, 국제통화기금이 북부 유럽과 독일의 은행 및 정부 이익을 보호하기 위해 부과한 긴박한 긴축정책으로 투기 금융 및 부동산 체계의 파국적 위기가 심화되었던 남부 유럽에서 가장 단호하고 널리 퍼진 실천들이 주로 일어났다는 사실은 그다지 놀랍지 않다(Castells, 2016). 그리스 경제는 산산조각 났고, 스페인 경제의 인위적인 호황도 실업이 25%가 넘고 청년 실업은 약 45%에 달하면서 끝이 났다. 그리스와 카탈루냐에서 진행된 실증연구들이 보여주듯, 생산 및 소비 협동조합, 물물교환 네트워크, 시간은행, 자주관리 생태농업 농장, 도시 과수원, 연대 네트워크, 윤리은행, 주택 협동조합, 이윤 추구 시장을 거치지 않는 자립형 도시 및 농촌 공동체 같은 다양한 혁신적 경제실천이 위기의 시간 동안 꽃피었다. 게다가 우리 연구의 바르셀로나 사례에서는 상당한 비중의 인구가 대안 실천의 상대적으로 작은 실험을 넘어서서 일상생활의 여러 차원에서 전형적인 경제관행을 대체하는 비자본주의 실천에 관여하고 있음이 드러났다(이 책의 7장을 참조할 것). 수천 명의 사람들이 이미 삶 속에서 의미 있는 대안을 탐구하고 있었기 때문에 이러한 실천 중 다수는 사실 이전부터 존재해 왔다. 많은 사람이 자신의 삶이 달린 재화와 서비스를 시장이 가져다줄 것이라는 약속으로부터 배신당했다고 느끼면서, 위기는 이러한 실천을 확장하고 심화했다. 우리의 직접 관찰은 그리스와 카탈루냐로 한정되었지만, 이탈리아, 포르투갈, 남부 프랑스 등 다른 나라들의 일화적 증거들은 많은 땅에서 비슷한 실천이 있었음을(그리고 계속되고 있음을) 보여준다. 사실 제 기능을 하지 못하는 시장논리로부터의 예리한 분리는 대체로 경제위기의 혹독함이 가져온 한 기능이기도 했지만, 이러한 경험들에 스며들어 있는 의미 있는 삶의 문화는 자본주의 안에 항상 있던 훨씬 심층적인 경향과 연결되었다가 최근 시기에 새로운 경제 형태들을 자극했다. 이에 따라 노동시간 감축(이데올로기에 따라 이에 맞먹는 임금 삭감을 하기도 하고 안 하기도 한다)은 경제성장 그 자체보다 (자유 시간으로 측정되는) 삶의 질을 향상하기 위해 생산성 향상을 이용하려는 새로운 고용정책의 최전선에 등장했다. (자동차, 자전거, 시설 등의 공유 사용 방식으로 예시되는) 공유경제 개념은 긴축의 시대에 자본주의를 개선하는 한 부분이기는 하지만, 자본 축적 논리보다 감당할 수 있는 소비를 위시하는 효용 기능이 뜨고 있음을 알려준다. 다양한 협동 모형에 따른 생산과 소비의 자주관리는, 위기로부터 교훈을 얻고 자본주의 기업에 자신의 삶을 맡길 수 없다고 결정한 집단들의 실천을 뒤에서 강력하게 떠받치고 있다. 이 문제에 관해서는 정말 필요했을 때 정부와 기업으로부터 공격을 받은 복지국가도 마찬가지였다.

우리의 연구가 카탈루냐에서 경험한 한 가지 일화는 이러한 중요한 사회적 경향의 예를 보여줄 수 있다. 우리의 초점집단 중 한 곳에서 자립 형태의 공동체 생활에 참여하는 사람들과 이러한 대안적 삶의 방식이 의미 있다는 데는 동의하지만 노년에 연금을 잃게 될까 두려워하는 사람들 사이에 활발한 토론이 있었다. 대담에 참여한 대안 주체들의 답은 이랬다. "만일 자본주의의 진화가 지금같이 진행된다면, 여러분이 은퇴할 나이가 되었을 때 연금기금은 바닥나서 여러분의 수급권을 감당할 수 없을 겁니다. 반면 우리는 우리 연대 네트워크에 투자하고 우리 사이에 유대를 만듦으로써 언제나 친구와 협동조합의 동료 조합원들에게 의지할 수 있겠죠." 배제적 시장과 파산한 복지국가 사이에서 새로운 형태의 사회연대는 호혜와 지지의 수평적 연결망으로 기획되었다. 그것은 자본주의 문화와 국가주의 문화를 떠나 사람들을 인간 존재로 묶는 인간성의 문화로 출발 신호를 보냈다.

아직까지 우리의 관찰과 분석은 종종 언론 전문가나 현실과 동떨어진 학자들의 특징인 회의주의에 막혀 묵살되곤 한다. 하지만 역사상 주요 사회개혁과 인권의 긍정은 문화 변화에서부터 나타났다. 유급휴가, 실업보험, 퇴직연금의 개념은 1930년대와 1940년대에 노동자의 권리로서 시행되기 전까지는 자본주의 아래에서 공상적인 것처럼 보였다. 그것이 실재하게 된 것은 그 시기에 이루어졌던 사회 투쟁, 정치 변화, 공공정책의 결과였다. 결국 엄밀하게 자본주의적인 논리는 자본주의의 문화와 제도에 우호적인 권력관계 아래에서라야 강화될 수 있다. 사회운동과 정치행위자들의 압력 아래 권력관계가 변화하면, 자본주의는 개혁되고 새로운 사회경제적 실천이 나타나 사회 전반에 확산된다.

같은 맥락에서, 2008년 위기의 여파에서 '대안적'이고 심지어 이상적으로만 보였던 경제실천들은 후에 이 위기로 촉발된 새로운 사회운동들이 사회적 정당성을 얻어 정치권력을 확보한 나라와 기관에서 제안되고 시행되었다. 이 책에서 칼리스와 바르바루시스가 기록하고 분석한, 시리자가 이끈 정부에서 연대부Ministry of Solidarity를 만들어 풀뿌리 수준에서 출현한 공유화 실천 중 많은 수를 확대한 그리스의 사례가 그랬다. 이와 비슷하게, 2015년 5월 29일 스페인의 지방자치선거에서는 가장 큰 도시인 마드리드와 바르셀로나, 발렌시아에서 2011년 5월의 분노운동으로부터 출현한 정당들, 특히 포데모스Podemos와 그 연합 출신의 시장이 선출되는 결과가 나타났다. 이러한 정치 변화는 사회운동의 일부 요구를 시행하고, 위기 동안의 대안 경제 실천을 법제화하는 여러 가지 정책 변화로 이어졌다. 예를 들어, 주택담보대출 담보권 행사로 인한 퇴거 금지, 부동산의 재정을 지원해 왔던 은행의 투기 관행에 대한 엄격한 규제, 도시의 상품화를 제한하고 다른 경제발전 모형을 탐색하기 위한 바르셀로나의 신규 관광 개발 중지 선언(호텔 건설과 일반 주택의 민박 임대 중단)이 있었다. 위기 동안 자발적으로 생겨났던 주택 및 소비 협동조합 중 다수가 지역 당국의 지원을 받았고, 반합법적이었던 근린 사회센터들이 법적 보호와 재정 지원을 받게 되었다. 지역 당국은 이 글을 쓰는 시점에 (이민자를 포함한) 모든 사람들에게 수급권과 관계없이 사람이라는 이유만으로 생활보조금을 지급하는 입법을 준비하고 있다. 그리고 이들 도시의 시장은 대다수 시민의 지지를 받으면서 스페인 정부의 정책을 거스르며 중동에서의 전쟁으로 생겨난 수천 명의 난민에게 보호를 제공하고 있다.

이렇듯 대체로 위기 동안 나타났던 사회운동들과 연결된(Castells, 2015)

대안 경제실천의 부상은 권력관계 변화를 기반으로 문화를 변형하고, 새로운 상상을 만들며, 새로운 정책을 시행함으로써 사람들의 삶에 의미 있는 변화를 불러일으킬 조짐으로 나타났다. 비록 우리의 논거는 일단 우리가 조사할 수 있었던 국가들에 제한되어 있지만, 2차 자료에 의거해 우리가 관찰한 내용은 문화 변형, 정치 변화, 경제조직화 사이의 상호작용에 관한 잠정적 근거 이론을 주장하기에 충분히 의미가 있다.

오랜 학술 전통을 통해 확립되었듯, 모든 사회실천과 마찬가지로 경제실천은 문화를 체화하며 제도에 뿌리내린다. 나는 문화를 사람들의 행위를 이끄는 일련의 가치들로 이해한다. 하지만 문화는 모든 사회에서 다양하다. 따라서 어떤 문화가 (지역 또는 세계에서) 전체 사회에 스며드는가는 특정 행위를 보상하거나 제재하는 주어진 문화(혹은 다양한 문화들의 혼합물)의 제도화에 달려 있다. 제도는 권력관계에 기반하며, 이 관계는 언제나 지속적으로 유동적인 상태에 있다. 다양한 이유로 문화가 변화하고 제도화된 질서와 모순을 일으키면 기존의 지배적인 문화가 도전을 받고, (국가뿐 아니라 사회 전반에서) 권력관계가 수정되면서 새로운 문화의 보급을 이끌 것이다.

다른 정치행위자들이 비슷한 자본주의 논리를 강화하는 경우들에서처럼 문화 변화 없이 정치가 변화하는 경우도 있겠지만, 문화 변화는 정치 변화에 선행한다. 이것이 심층적 사회 변화가 사람들의 경험을 인식하고 평가하며 상상하는 새로운 방식의 출현에 달려 있는 이유다. 이윤 추구 시장이 경제활동을 조직하는 것처럼 특정 문화의 제도화는 대부분의 사회행위자들에게 그 논리를 부과하는 특정 경제체제의 매끄러운 재생산을 보장한다. 확실히 반대문화는 항상 있고 그렇기에 대안 경제실천의 가능성도 존재한다. 하지만 심지어 부당하고 불평등하더라도 큰 방해 없이 삶의 정돈된 순서가 지속될 수 있는 한, 종전과 같은 경제는 모든 사람과 사물이 맞춰야 하는 유일하게 가능한 경제로 보인다.

하지만 자본주의 경제는 다른 모든 경제와 마찬가지로 가변적 강도로 나타나는 주기적 위기의 대상이다. 위기가 경기순환 침체기와 단순하게 연결되어 있을 때는, 사람들의 고통이 불황과 연결된다 하더라도 그 고통은 자본주의 논리로 묵살되거나 그렇지 않으면 자선단체에 떠넘겨지고, 규제 권력과 시장 수정이 큰 변화 없이 우세한 논리를 회복한다. 하지만 1930년대와 2000년대 말에서처럼 체계 재생산 기제가 막히면, 지배적인 경제문화와 인간 주체들의 경제실천에서의 경험 사이에 괴리가 생긴다. 그리고 보통의 규제적 조정이 너무 많은 사람들에게 또는 너무 오랫동안 종전의 경제활동을 회복시키지 못하면, 경제실천의 대안 형태들은 다른 문화를 구현하며 자발적으로 나타난다. 이들 새로운 경제문화의 확대 가능성은 시간과 공간의 구체적인 상황에 달려 있다. 그렇지만 모든 경우에 이것은 커다란 경제 변화가 출현할 수 있는 문화 자원이다. 경제적 삶과 삶 자체를 이해하는 새로운 형태들은 경제정책의 청사진에서 거의 고려되지 않는다. 이것들은 오히려 사람들이 자신의 존재 조건을 정의하고 재정의할 자율 역량에서 태어나는 프로젝트(혹은 꿈)이다. 새로운 문화들은 사회 투쟁의 결과로 결국 새로운 권력관계로 이어지고, 궁극적으로 새로운 종류의 경제를 시행하는 새로운 제도로 이어질 수도 있다. 그렇지만 경제체제, 그중에서도 기업자본주의에 대한 비판은 전통적으로 그 논리에 반대하는 국가주의처럼 완전히 적대적인 (이데올로기적으로 사회주의 또는 공산주의라는 이름이 붙은) 경제체제의 획일적인 논리로 여겨져 왔다. 사실 사람들의 실천은 초기 단계에는 더 양가적이게 마련이다. 20세기의 자본주의 착취에 도전한 결과로 국가주의가 통과되었던 것은 이행기에 발현되었던 여러 경제 대안을 인간성의 문화보다는 국가권력의 문화와 연결된 권력관계 논리로 포획함으로써 결정되었다. 그에 따라 사람들의 경험은 국가 논리에 따르는 경제문화와 자본 축적을 위한 자본 축적이라는 지배 논리로 통합된 다양한 경제문화로 갈라졌다. 세계 금융시장에서 자본 가상화의 자기파괴 역량의 중심을 관통한 위기로 인해, 자본주의 세계화 시대에 온 지구를 품는 승리를 거두었던 자본주의 논리에 의문이 제기되었다. 자본주의 논리가 이를 견디고 계속되는 것은 보통 어떤 대안이든 격동의 20세기 동안 우리의 정치경제적 상상을 형성했던 총체성을 수정하는 것과 같은 맥락에서 구상되기 때문이다.

그렇다 하더라도, 지난 10년의 위기 안에서 위기를 통해 성장한 대안 경제실천으로부터 발현된 문화 자원은 다른 문화를 실현한다. 네트워크 사회의 특징을 이루고 우리 시대의 네트워크화된 사회운동에서 강력하게 시행해 온 자율성의 문화가 그것이다(Castells, 2015). 이러한 실천은 자율성의 문화를 실현하는 새로운 경제조직 형태의 조짐으로 보인다. 우리는 그 새로운 형태가 어떤 것이 될지 모른다. 하지만 규제받지 않는 세계 정보자본주의의 현재 브랜드가 경제적으로나 사회적·생태적으로 지속가능하지 않다는 것을 안다. 또한 국가주의 논리가 자본주의 논리를 대체할 가능성은 역사 속으로 묻혔고, 심지어 극도로 괴로운 조건 속에서도 대다수 사람들이 자유가 최고의 가치이고, 평등과 양립할 수 있다고 여기기 때문에 무시되었음을 안다. 그리고 미래의 정확한 윤곽은 모르지만, 만일 우리가 위기로부터 발현된 대안 실천의 창의성에 주의를 기울인다면, 다른 경제를 만들 수 있다는 사실은 안다.

참고문헌

Castells, M. 1980. *The Economic Crisis and American Society*. Princeton, NJ: Princeton University Press.

Castells, M. 2000a. *The Rise of the Network Society*, 2nd edn. Oxford: Blackwell.

Castells, M. 2000b. "Information technology and financial capitalism." In: Hutton, W. and Giddens, A. (eds.). *On the Edge: Living in Global Capitalism*. London: Jonathan Cape.

Castells, M. (ed.). 2004. *The Network Society: A Cross-Cultural Perspective*. London: Edward Elgar.

Castells, M. 2015. *Networks of Outrage and Hope: Social Movements in the Internet Age*, 2nd edn. Cambridge: Polity.

Castells, M. 2016. *De la Crisis Economica a la Crisis Politica*. Barcelona: Libros de Vanguardia.

Castells, M. and Himanen, P. (eds.). 2014. *Global Development in the Information Age*. Oxford: Oxford University Press.

Castells, M., Caraça, J. and Cardoso, G. 2012. *Aftermath: The Cultures of the Economic Crisis*. Oxford: Oxford University Press.

Crouch, C. 2004. *Post-Democracy*. Cambridge: Polity.

Engelen, E., Ertürk, I., Froud, J., Johal, S., Leaver, A., Moran, M., Nilsson, A. and Williams, K. 2011. *After the Great Complacence*. Oxford: Oxford University Press.

Mason, P. 2015. *Postcapitalism: A Guided Tour to Our Future*. London: Allen Lane.

Piketty, T. 2013. *Le Capital au XXIème siècle*. Paris: Seuil.

Schiller, R. 2008. *The Subprime Solution*. Princeton, NJ: Princeton University Press.

Schumaker, E.F. 1999. *Small is Beautiful: Economics as if People Mattered*, 2nd edn. London: Hartley and Mark Publishers.

찾아보기

(ㅇ)

지은이

마누엘 카스텔(Manuel Castells)은 서던캘리포니아 대학교 교수이자 커뮤니케이션 기술과 사회를 연구하는 윌리스 애넌버그(Wallice Annenberg) 스쿨의 석좌교수다. 또한 버클리 캘리포니아 주립대학교 명예교수로, 서던캘리포니아 대학교에 임용되기 전 1979년부터 2003년까지 이곳에서 도시와 지역계획 및 사회학을 강의했다. 카탈루냐 개방대학교의 사회학 교수이자 케임브리지 대학교 세인트존 대학의 펠로이기도 하며, 파리에 있는 인문과학재단 글로벌연구대학(Collège d'études mondiales, Fondation Maison des sciences de l'homme)에서 네트워크 사회 분야를 총괄하고 있다.

세라 배닛 와이저(Sarah Banet-Weiser)는 로스앤젤레스 서던캘리포니아 대학교(University of Southern California, Los Angeles) 애넌버그 커뮤니케이션 스쿨(Annenberg School for Communication)의 교수이자 학장이다. USC 커뮤니케이션 학부와 미국학 및 민족학과 교수이기도 하다. 여성주의 이론, 인종과 미디어, 청년문화, 대중 소비문화, 시민권과 국가 정체성을 중심으로 연구하고 가르친다. 문화와 의사소통, 젠더와 미디어, 청년문화, 여성주의 이론, 경제문화를 포함한 문화연구 과목들을 강의해 왔다. 저서 『진품(Authentic™)』으로 상을 받은 바 있다.

스비아틀라나 흘레비크(Sviatlana Hlebik)는 금융 및 위험관리 경제 사이버네틱스 전공으로 석사학위를 마쳤고 경제정책 박사학위를 취득했다. 금융위기 시기의 통화정책, 은행업, 대안 경제실천에 대한 여러 연구를 출판했다. 현재 은행업 규제에 관한 연구를 수행하고 있으며, 이탈리아 파르마(Parma)에 있는 카리파르마 크레디 아그리콜(Cariparma Crédit Agricole)의 재무관리 이사로 일하고 있다.

이오르고스 칼리스(Giorgos Kallis)는 생태경제학과 정치생태학을 연구하는 환경학자다. 런던 SOAS대학교의 레버흄 초빙교수(Leverhulme visiting professor)이자 바르셀로나 자치대학 ICTA의 ICREA 교수다. 이전에는 버클리 캘리포니아 대학교 에너지 및 자원 그룹의 마리 퀴리 국제펠로를 거쳤다. 런던왕립대학에서 화학을 전공했고, 폼페우 파브라 대학교(Universitat Pompeu Fabra)에서 환경공학으로 석사를, 그리스 에게이안 대학교(University of the Aegean)에서 환경정책 및 계획학 박사를 마쳤다.

세라 핑크(Sarah Pink)는 디자인 미디어 문화기술지 전공 특임교수이자, 왕립 멜버른 공과대학교(Royal Melbourne Institute of Technology) 디지털 문화기술지 연구소의 소장이다. 또한 스웨덴 함스타드 대학교(Halmstad University) 및 영국 러브버러 대학교(Loughborough University)의 방문교수이자 독일 베를린 자유대학교 초빙교수다. 최근 『디지털 물질성(Digital Materiallties)』(2016), 『디지털 문화기술지(Digital Ethnography)』(2016), 『스크린 생태학(Screen Ecologies)』(2016), 『미디어, 인류학, 그리고 공공참여(Media, Anthropology and Public Engagement)』(2015), 전자책 『불/확실성(Un/certainty)』(2015) 등을 공저했다. 단독 저서로는 『감각 문화기술지 하기(Doing Sensory Ethnography)』(2판, 2015)가 있다.

커스틴 실(Kirsten Seale)은 웨스턴시드니 대학교의 선임연구원이다. 현재 도시의 비공식 길거리 시장을 중점적으로 연구하고 있다. 비공식 도시 길거리 시장들이 노동과 소비에 관한 전통적인 관심뿐 아니라 문화와 공간의 연속성 면에서도 어떻게 공식 및 비공식 경제가 생겨날 수 있게 만드는지 탐구해 왔다. 실은 이러한 시장들에서 드러나는 세계화되고 빠르게 도시화되는 시대의 도시생활과 사람, 지식, 재화의 흐름을 연구한다.

리사 서본(Lisa J. Servon)은 뉴욕 뉴스쿨 대학교의 교수이자 국제관계, 경영, 도시정책을 연구하는 밀라노 스쿨(Milano School of International Affairs, Management, and Urban Policy)의 전 학장이다. 서본 교수는 브린모어 대학(Bryn Mawr College)에서 정치학 학사, 펜실베이니아 대학교 예술사 석사, 버클리 캘리포니아 대학교에서 도시계획학 박사를 마쳤다. 밀라노 스쿨에서 도시정책 과정을 가르치면서 도시 빈곤, 지역사회 개발, 경제발전, 성 및 인종 문제 분야의 연구를 하고 있다.

라나 스와츠(Lana Swartz)는 뉴잉글랜드에 있는 마이크로소프트연구소 소셜 미디어 연구단의 박사 후 연구원이다. 그녀는 2016년 가을 버지니아 대학교의 미디어 연구 조교수로 부임할 예정이다. 정보전달의 한 형태이자 관계, 기억, 문화의 배열로 나타나는 의사소통 수단으로서의 돈에 관한 책을 준비하고 있다.

앙겔로스 바르바루시스(Angelos Varvarousis)는 바르셀로나 자치대학에서 바르셀로나 지역을 연구하는 연구원이다. 바르셀로나 연구개발그룹의 일원으로, 그리스에서의 대안 경제실천들에 주로 관심을 두고 있다.

옮긴이

이가람은 연세대학교 사회발전연구소 연구원이다. 사회적 가치, 사회적경제, 지속가능한 사회 발전에 관심을 두고 있으며, 가치와 문화에 기반한 사회적경제의 실천과 의미, 가능성을 연구한다. 연세대학교 사회학과에서 「한국 사회적경제에서 '사회적인 것(the social)'의 의미」라는 논문으로 박사학위를 받았고, 이후 한국 사회의 맥락에서 다른 경제를 실현하려는 실천들의 가능성을 연구하고 강의하고 있다. 『보틀마니아』(2009), 『감정노동』(2009), 『스무 살의 사회학』(2013), 『세계는 어떻게 움직이는가』(2012), 『콤무니타스 이코노미』(공역, 2020) 등 해외 사회과학 양서 번역 작업을 통해 해외의 사회과학 저작을 국내에 소개하는 일도 꾸준히 하고 있다.

한울아카데미 2515

다른 경제는 만들 수 있다
위기 시대를 건너는 경제와 문화

지은이 마누엘 카스텔·세라 배닛 와이저·스비아틀라나 흘레비크·이오르고스 칼리스·
　　　　세라 핑크·커스틴 실·리사 서본·라나 스와츠·앙겔로스 바르바루시스
옮긴이 이가람
펴낸이 김종수
펴낸곳 한울엠플러스(주)
편집책임 조수임
편집 정은선

초판 1쇄 인쇄 2024년 5월 10일
초판 1쇄 발행 2024년 6월 10일

주소 10881 경기도 파주시 광인사길 153 한울시소빌딩 3층
전화 031-955-0655
팩스 031-955-0656
홈페이지 www.hanulmplus.kr
등록번호 제406-2015-000143호

Printed in Korea.
ISBN 978-89-460-7515-3 93300